ちくま学芸文庫

宗教の哲学

ジョン・ヒック
間瀬啓允・稲垣久和 訳

筑摩書房

日本の読者に

本書が日本の学生および日本の読者の手元にとどけられることをうれしく思います。そのために翻訳の労をとってくださった方々、とくに慶應義塾大学教授間瀬啓允氏には心から御礼申し上げます。同氏は日本と西欧をむすぶ哲学のかけ橋です。二つの思想の世界に詳しく、自由に行き来することのできる人です。そういう人から本書を日本の読者諸氏に紹介してもらえるのは有り難いことです。

本書は初版一九六三年、第二版改訂版一九七三年、第三版一九八三年につづく、第四版一九九〇年です。この第四版にも、さきの初版につづく内容上の展開があります。つまり、宗教と言えば直ちにキリスト教ないしは少なくとも一神教を想定する西欧の伝統的な宗教の哲学の発想からは抜け出しています。それでも本書の多くは、ユダヤ-キリスト教的神の概念や神の存在をめぐる哲学的な論証、一神教とむすびついた宗教言語の問題や信仰と啓示の問題に当てられています。(これらの章のなかには、今回新たにプロセス神学における悪の問題が論じられています。プロセス神学というのは今世紀前半の哲学者A・N・ホワイトヘッドの影響から出てきた神学の学派で、現在アメリカでは大きな力を持っています）。しかし、こうした西欧志向の議論に加えて、世界の宗教伝統間の関係の問題——世界の宗教伝統の間には、究極的実在の本性についての考え方の相違から生じる、相容れない真理の主張がしばしば見受けられる——を論じた新たな章もあります。

そこには、世界の偉大な諸信仰は超越者に対する人間のさまざまな応答をあらわしたものだという見解が示されていますが、そうした見解にいくらかでも賛意を示して下さる方々が日本の読者のなかにもいらっしゃることを私は大いに期待しています。またそこには、死と死後の生についてのキリスト教の考え方を補足するものとして、ヒンドゥ教と仏教による生まれかわりと再生についての考え方に関する章もあります。

この第四版には、西欧のように高度に世俗化した現代日本にもよく適合すると思われるような別の側面があります。科学・技術の支配するこの現代世界において、宗教的信念をもつことが本当に合理的なこと（理にかなったこと）でしょうか。西欧の宗教の哲学では、いま新たな宗教擁護論が展開されています。それは私たちの信念を経験に基礎づけることが合理的なこと（理にかなったこと）であり、正しくはここに宗教的経験は含まれるべきものだと論じる経験論の基本的原則から出発しています。証明ぬきの合理的信念というこの考え方は、西欧における現代的な議論の中心になっており、本書でも新たな章において論じられています。

この機会を通して日本の読者の皆さんに御挨拶を述べるとともに、本書で取り上げようとしている幾多の諸問題に、皆さんも共に取り組んで下さるよう心からお願い申し上げます。

ジョン・ヒック

序文

本書は主として哲学や宗教学の学生たちのために書かれたもので、その初版は一九六三年に出版された。さらに続く主題の展開に合わせて、一九七三年および一九八三年にはそれぞれ改訂版が出版された。しかし、この第四版が、これまでの版のように十年の歳月を待たずして出版されることになったのは、主題の変化が加速的に進んだためである。たしかに、宗教の哲学は、今日の哲学研究のうちでは、最も活発な領域の一つなのである。

この第四版は、各章において最新の一般的問題を取り上げているが、それだけに留まらず、さらに現代の宗教認識論に関する、まったく新しい議論をも取り込んでいる（第六章）。しかし、本書にかかる費用と分量を抑えつつ、それでいて新鮮な教材であるためには、他の章のいくつかの節は削除されねばならなかった。

この小さい書物が、いまもなお、この魅力的な、またこの極めて重要な主題に関して、学生たちのための良い手引書であり続けて欲しいと、著者は心から願っている。

ジョン・ヒック

宗教の哲学　目次

宗教の哲学

凡例

1 本書は John H. Hick, *Philosophy of Religion*, 4th edition, 1990, Prentice-Hall, Inc. の全訳である。
2 強調のイタリック体には傍点を付した。
3 原文に出てくるコロンやセミコロンは、句読点で代替した。
4 原文で「アクィナス」の表記が現われた場合には、「トマス」に統一した。
5 註はまとめて巻末においたが、訳註は当該パラグラフの後においた。
6 索引は原書のものを参考にしながら作成した。

序論　宗教の哲学とは何か

宗教の哲学とは何だろうか。それはかつて宗教的確信を哲学的に擁護するという意味で、宗教的に哲学することを意味する、と一般に理解されていた。それは「啓示神学」と区別される「自然神学」の研究を引き継ぐものである、とみなされていた[1]。その目的は合理的に神の存在を証明することであり、またそうすることにより啓示について主張するための準備を整えることであった。しかし、この仕事は「自然神学」と呼んだ方がよいであろうし、また宗教的信念に対するより広い哲学的な擁護の方は「弁証学」と名づけるほうがより適切であるように思われる。そうすれば「宗教の哲学」という名称は（科学の哲学、芸術の哲学等との類比から）その本来の意味内容、つまり宗教についての哲学的な思考という内容のゆえに保持されることになるだろう。

　そういうわけで、宗教の哲学は、宗教的な教えのための道具ではない。実際、それは宗教的な立場から企てられるべき必要さえも全くない。無神論者も不可知論者もまた信仰に厚い人たちも皆宗教について哲学することができるし、また哲学しているのである。したがって、宗教の哲学は神学の一部門（「神学」を宗教的信念についての体系的な定式化の意味にとって）ではなく、哲学の一部門なのである。それは宗教の諸概念や信念体系を研究するのみならず、それらの信念体系の基礎でもあり、また母体でもある宗教的経験の原現象や、礼拝、瞑想などの諸活動をも研究する。

それゆえ、宗教の哲学は、その主題から離れたところで営まれる二次的な活動である。それ自身は宗教的領域の一部分ではないが、それに関係している。ちょうど、たとえば法の哲学が法律上の諸現象の領域や、司法上の諸概念や推論の様式に関係し、あるいは芸術の哲学が芸術上の諸現象や美学論議のカテゴリーや方法に関係するのと同様である。こうして宗教の哲学は、科学の哲学が専門的な個別科学に関係するように、世界の個別宗教や神学に関係する。それは神、ダルマ、ブラフマン、救い、礼拝、創造、犠牲、涅槃、永遠の生命といった諸概念を分析しようとしたり、また日常生活、科学的発見、道徳、芸術の想像的表現などにおける言説と比較することによって、宗教的言説の本性を規定しようとしたりする。

けれども、宗教とは何なのだろうか。いくつもの異なった定義がこれまでに提示されてきた。そのうちのあるものは現象学的であり、すべての宗教形態に共通する内容を明確にしようとする。それによると、たとえば、宗教とは「超人的な支配力、とりわけ服従と崇拝に値する人格神なり神々に対する人間の認識」（オックスフォード辞典）である、とされている。また、あるものは釈義的である。したがって、それらは心理学的な定義である。たとえば、宗教とは「孤独な状態にある個々の人間が自分で神的であるとみなすものとの関係にあると覚知している限りでの、その人の感情、行為、経験である」（ウィリアム・ジェームズ）。また、あるものは社会学的である。たとえば、「宗教とは人々が様々な社会において展開してきた信念、実践、そして制度の集合である」（タルコット・パーソンズ）。さらに、またあるものは自然主義的である。たとえば、「宗教とは我々の能力の自由な行使を妨げる一連の良心の咎めである」（サロモン・レナック）。あるいは、より好意的なものとしては、「宗教とは、感情によって高められ、高揚され、照らしだされた倫理である」（マシュー・アーノルド）。なお、そのほかに宗教に対する宗教的な定義もある。たとえば、「宗教とは、万物が人知を超えた大いなる力の顕現であると認識することである」（ハーバート・スペンサー）とか、また「神的なるものに対する人間の応答」である。

しかし、それらの定義はみな取り決め的なものである。つまり、用語の使用法を定め、これを定義の形にして押し付けている。おそらく、もう少し現実的な見解は、次のようなものであろう。つまり、「宗教」という言葉には単一の正確な意味はなく、ただそのもとに包摂される数多くの様々な諸現象が、実は哲学者ウィトゲンシュタインによって家族的類似性と特徴づけられた仕方で、関係し合っているだけなのである。彼の挙げた例は「ゲーム」という言葉であった。ゲームは娯楽のためのもの、と定義することはできない（というのも、金儲けのためになされることもあるからだ）。また、それを競争と定義することもできない（というのも、一人の演技による場合もあるからだ）。また、技巧を必要とするもの、と定義することもできない（というのも、運によることもあるからだ）。また実際に、どれか一つの特性によって捉えられるかのようでもある。しかし、これらの様々な種類のゲームは皆いくつかの他の種類と性格が重なり合い、それが今度は他のあり方でさらに他の種類のものと重なり合い、その結果、分岐的な全体が諸々の類似性と差異性とから成る一つの複雑な網の目状において相互に関わり合うことになる。それをウィトゲンシュタインは一つの家族の内に現れるいくつもの類似性と差異性になぞらえたのである。[2]ウィトゲンシュタインのこの考えは、「宗教」という言葉に当てはめてみることができるだろう。おそらく、宗教と呼ぶことのできる全てに対して当てはまるような、ただ一つの特性は存在しないのであって、むしろかえって一連の「家族的類似性」が存在するだけであろう。ほとんど、どの宗教においても、神なり神々なりに対する礼拝がみられるが、それでも、たとえば部派仏教[*]においてはそうではない。また、宗教はしばしば社会的団結に役立つもののようであるが、しかしそのなかには、宗教は「孤独において行じられるもの」（A・N・ホワイトヘッド）と特徴づけられるのが適切なものもある。またさらに、宗教はしばしば個人の内面的調和の助けになるものであるが、しかし、それでも最も偉大な宗教的刷新者たちのなかには、かれらの同時代人の眼にはかれらが錯乱していたり、狂気でさえあるようにうつることがあった。家族的類似性のモデルはそういった差異性を許容する。またそれは、一層標準的な宗教の例証とマルクス主義のような世俗的な信仰とのあいだに見られる様々な類似性と差異性とを承認させる。マルクス主義には、究極の無階級社会という終末論的な理想、歴史的必然による予定説、独自の聖典があり、予言者、聖人、殉教者たちがいる。したがって、その他の、おそらくはもっと中心的な特性には欠けるとしても、マルクス主義には宗教の持つ幾分か家族的特性が共有されているとみなすことができる。しかし、ある運動が宗教的であるかどうかは、あれかこれかの二者択一的な判断の問題ではなく、様々な類似性と差異性とから成る大きな網の目のなかでの程度の問題なのである。

＊　本書二六五頁の訳註を参照されたい。

しかしながら、家族的類似性というこの分岐的な集合体の内部には、普遍的とまではいえないとしても、極めて広範囲におよぶ一つの特性がある。これは救済とか解放と様々に呼ばれているものへの関心である。おそらく、これは「原始的」とか「古代的」といわれる宗教の特性ではないだろう。というのも、この宗教の場合には、万事を平静な状態に保って破局を避けるということのほうに一層多くの関心が向けられていたからである。しかし、高度に発展を遂げたすべての偉大な世界宗教には救済論的構造（救済論的、ソテリオロジカル、ギリシア語のソテリアからの派生語）がある。すべての偉大な世界宗教は、根本的に不満足な状態から無限により良き状態への移行を提示する。どの世界宗教も、それぞれ異なる仕方で、通常の変てつのない状況に生きる私たち人間存在の誤った、歪みのある、欺瞞的な性格について語る。それは神からの疎外において営まれている「堕落した」生活である、あるいは「マーヤー」の幻影世界に捉えられている生活である、またあるいは、「苦」という根本的な不満足のなかに置かれた生活である、等々。けれども、どの世界宗教もそれぞれの福音の基礎として、われわれの現在の存在が離接しているところの究極者、実在者、神的存在者は善であり、恵み深いものであるとか、または探究され、応答されるべきものであると宣言する。つまり、究極的実在は究極的価値でもあるとされているのである。その救済論的構造を完成させるために、世界宗教はそれぞれ究極者へと至る独自の道を提示する。それは、神の恵みに応答する信仰によるとか、神に対する全面的な自己供与とか、悟りや解放へと通じる霊的訓練と成熟とによるとか、等々。いずれの場合も、救済とか解放は、自我中心から実在中心への移行によって生じる新たな、そして無限により良き存在の質から成り立つのである。

これまでの議論において、私は伝統的な宗教観、つまりキリスト教、ヒンドゥ教、仏教、等々というように、宗教を明確に確立された実体とみなす伝統的な宗教観に従ってきた。

しかしながら、実態はこれ以上に複雑である。そこで第九章では、現代においてウィルフレッド・カントウェル・スミスによって提示された「宗教」概念に対する重要な批判が取り上げられるだろう。

しばらくの間は、ユダヤ‐キリスト教的な神の概念に議論が集中するだろう。というのも、それが西欧文明の背後にあって、今なおわれわれの文化における主要な宗教的選択肢であり続けているからである。けれども、現代の哲学的方法がいかにして全く異なる宗教的伝統の観念に適応され得るのだろうか、ということについて考えてみることも重要であろう。このことは、一つの例証として、インド人の輪廻信仰に関連してなされるであろう（第一一章）。さらに今日の「一つの世界」において、様々な宗教の真理の主張が明らかに相反するものであるという問題に立ち向かうことも必要である。この問題は現代における宗教の哲学においてますます重要視されている論点の一つであるが、これは第九章において探究されるであろう。

第一章　ユダヤ-キリスト教的神の概念

1　一神教

神についての主要な思考方法のために用いられる用語は、神にあたるギリシア語のテオス（theos）か、それと同義のラテン語のデウス（deus）か、のいずれかをめぐって形成される。

否定的な評価の一端から説きおこすならば、無神論はいかなる神も存在しないとする信念である。不可知論は文字どおり「不-可知-論」であるが、この文脈においては神の存在を肯定したり、否定したりする十分な理由をわれわれは持ち合わせていないとする信念である。懐疑主義はたんに疑うことを意味する。自然主義は、人間の道徳的、宗教的生活を含むすべての経験の側面は人間が集団性をもつ知性的な動物で、その生活が物質的な環境に有機的に結びついているという、その存在の在り方から十分に記述できるし、また説明がつけられる、とする説である。

肯定的な評価の側面に移るならば、理神論は大昔に宇宙を運動のもとにおき、その後は宇宙の運動から身を引いたという「不在者」の神という観念か、それとも歴史学上の一つの用語として、自然神学のみが宗教的に事足れりと教えたイギリスの一八世紀の理神論者たちの立場か、のいずれかに関係している。[1] 有神論（しばしば一神教と同意語で使われる）は、厳密にはある神性に対する信念であるが、一般にはある人格的な神性に対する信念という意味で使われる。多神教は原始的な民族の間に共通で、古代のギリシアやローマにおいてその古典的な表現に達するが、これは人間的な神々が多数存在し、それぞれの神がそれぞれ異なる生活部門を支配すると信じる信念である。[2] 単一神教の形態をとる信仰者は、多数の神々の存在を認めはするが、そのうちの一つの神、つまり一般には自己の種族なり、民族なりの神のみに自己の忠誠を誓う。汎神論（神が全てとする説）は若干の詩人たちにより、おそらく最も感銘深く解釈されているであろうが、これは神と自然、あるいは神と世界全体とが同一であると信じる信念である。汎在神論（全てが神のなかにあるとする説）は万物が究極的に「神のなか」に存在するという見解である。一神教は唯一の至高者が存在すると信じる信念である。この至高者は人格的であり、道徳的であり、その被造物である人間から全面的、無条件的な応答を求める。この考えは次のようなことばの中ではじめて十分効果的に人びとの自覚にのぼるようになった。「イスラエルよ聞け。われわれの神、主は唯一の主である。あなたは心をつくし、精神をつくし、力をつくして、あなたの神、主を愛さなければならない」[3]。以上の歴史的なことばがさし示しているように、キリスト教とイスラム教に受け継がれたヘブライ的な神の理解はどこまでも堅く一神教的である。

『旧約聖書』(ユダヤ教の正典であり、『新約聖書』とともにキリスト教の正典でもある)は一神教の勃興を記録しているが、多神教と単一神教との闘争をけっして十分には解決しなかった。ヘブライ人の神はもともと一種族の神、イスラエルのヤーウェとして礼拝されたが、この神はペリシテの神ダゴンとか、モアブの神ケモシというような異邦の神々にまさっていた。しかし紀元前八世紀、七世紀、六世紀の偉大な預言者たち(とりわけアモス、ホセア、第一イザヤ、エレミヤ、第二イザヤ)がしきりに説いたことは、当初は信じてもらえなかったが、ヤーウェはヘブライ人の神であるのみならず、天地の創造主でもあり、あらゆる歴史とあらゆる民族の審判者でもある、ということであった。たしかに、神はこの世に対する啓示を実現するための生ける媒介者として預言者たちの民を特別な使命のために召し集めたけれども、神は彼らの神であるのみならず、異邦人の主、つまり外国人の主でもある、とヘブライの預言者たちは教えた。ある偉大な聖書学者は、「義そのものが普遍的なものでなければならないのと同様に、終始、義である神もまた普遍的でなければならないという直観的な理解を通して、ヘブライの一神教は誕生した」と述べている。このような神は同じ「信仰の家族」に属する仲間に対するだけでなく、あらゆる人種や集団に属するすべての同胞に対しても仕える責任を負うに相違ないのである。世俗的な世界と切り離された特殊な宗教的領域というものはなく、人間存在の全領域が神との関係に立つ、という説があらゆる人間生活に及ぶ神の主権という預言者たちの教えから推論されて出てくる。したがって宗教は世俗化される。つまり――逆の言い方をすれば――日常生活は宗教的な意味を帯びることになる。リチャード・ニーバーのことばを引用すれば、

しかしながら、この世俗化と対をなすものは万物の聖化である。今やすべての日が主の造りたもうた聖日である。すべての国民はその場所へ、その時間に、そして主の栄光のために、主によって召し出された聖なる民である。すべての人間は主の像、主のすがたに似せて造られた神聖なる存在である。地上のもの、天上のもの、水中のものなど、すべての生物は主の被造物であり、自己の存在の中で主をさし示す。全地はあまねく主の栄光に満ちる。無限の空間は主の宮であり、すべての被造物はそこに呼び出されて、主の前に沈黙する。[5]

何百年もの間、一神教の教えに支配されてきた文化の内部であってすら、このような信仰を実際に保持することは困難であり、われわれ自身の生活の中にも多神教的、単一神教的な要素が入り乱れていることは明らかであろう。他の遊星から宗教的に鋭敏な訪問客でも現われれば、彼は明らかに、われわれが自己の労力を分散させて多くの神々——金銭、会社、成功、権力、地位の神々、そして（一週一度のわずかな時間だけ）ユダヤ-キリスト教的信仰の神——に仕えていると報告するであろう。われわれがこのような実用的な多神教の域を超えると、今度は一般に、グループ外に対するグループ内の連帯性を享受するために、国家に対する、あるいはアメリカ的な生活様式に対する、単一神教的な献身の状態に陥ってしまう。これらの要素が抱き合わせになっているために、預言者たちや新約聖書の純粋な一神教も存続しなければ、また神を歴史の主とする生きた自覚も存続しない。だから他人を倒してまでも富や権力や威信を高めようとする気違いじみた闘争は、全生活を包容する恵み深い神の目的のもとではまったく無用のものなのだ、とする考えは、どうしてもできないのである。

2　無限、自存的

ユダヤ-キリスト教的な一神教は、『聖書』のいましめや祈り、詩篇や預言、たとえ話や教えの中に主として表わされているが、長いキリスト教の思想史を通じてこれが哲学的に仕上げられ、定義されていった。もとより、キリスト教はユダヤ教より神学的にいっそう整然とした宗教であるから、われわれの扱う資料は大部分がここから取り出されるであろう。

多くの点で繰り返される基本的な考えは、神は無限（infinite）である、つまり無限定（unlimited）である、という考えである。

これ（神は存在するという言明）は神を限定する言明であるから、われわれは神が存在すると述べることさえしてはならない、とパウル・ティリッヒをして主張せしめたものは、神は無限定の存在であるという上の基本的な考えからである。「だから神の存在の問題は問われも、答えられもしない。もし問われるならば、その本性上、存在を超越しているものについての問いであり、それゆえ、その答えは――否定的であっても、肯定的であっても――神の本性を潜在的に否定する。神の存在を否定することが無神論的であるように、それを肯定することも無神論的である。神は存在そのものであって、一個の存在者ではない」[6]。「神は存在しない」というこのパラドックスは、おそらく神学者の口の中で反響しているに相違ないのであるが、しかしこれは当初ほどには驚くべきことではない。それは有限的な神性に対するどの信念の形態をもすべて明確に退けるものとなっている。ティリッヒは、「神」という言葉はいかなる実在にも言及していないと言っているのではなく、その言葉の言及している実在はたんに何らかの群れの中の一者でもなければ、また第一者あるいは最高者でさえもない、それはまさしくあらゆる存在の根底であり、根拠である、と言っているのである。要するに、ティリッヒは「存在する」という言葉を被造物の有限的な領域に限定すべきだと主張しているのである。またそう主張することによって、ティリッヒは無限の創造主が存在するか否かを問題にしたり、あるいはその存在を肯定したり、否定したりすることが不適当であるとみなしているのである。ただし、以上については、神が存在するという言明をティリッヒは拒否するという、この限定的な用法に基づいてのみ有効な説である。彼は、創造主と被造物とは完全に同一の意味で存在すると述べることはできないという、あの中世のスコラ学者たちになじみの論点を、ここで強調しているのである。

そこで、ユダヤ教やキリスト教によれば、神は無限定の存在である、あるいは無限定の存在をもつ、といわれる。いろいろの神的な「属性」なり、特性なりにはいろいろの様式があり、これらの様式に基づいて無限の神的な実在が在り、あるいは存在し、あるいは存在をもつ、といわれるのである。

これらの属性のうちでは、スコラ学者たちによって自存性（aseity）と呼ばれたもの（自己からの存在という意味のラテン語 a se esse からきたことばで、英語では普通 “self-existence” と訳される）を筆頭に置くことができよう。自存性の概念は偉大な神学者たちの著作に見られるとおり、二つの要素を含む。

1 神は神の存在なり、特性なりのいずれに対しても、自己以外のいかなる実在にも依存しない。神はいかなる高次の存在者によっても造られなかった。何ものも神を構成したり、神を破壊したりすることはできない。神は究極的な実在として、無制約的な実在として、そして万物を制約する実在として、存在の無限の豊かさと充実の中で、ただ在って在るものなのである。抽象的な用語で言えば、神は絶対無条件の存在論的自立性をもっているのである。

2 以上から、神ははじめもなく終わりもない永遠の存在ということになる。もし神にはじめがあるとすれば、その神を存在せしめた先なる実在がなくてはならないであろう。また神の存在を終わらせるためには、終わらせることのできる何らかの実在がなくてはならないことになる。しかしこれらの考え方は、それぞれ神の絶対無条件の存在論的自立性によって退けられる。

しかしながら、神の永遠性はただ神がはじめもなく終わりもなしに存在するということではなく、それ以上のことを意味する。これは以下のアンセルムス（Anselmus, 1033-1109）の著書の中で示されているとおりである。

たしかに、あなたは昨日とか今日とか明日とかにいらっしゃるのではなく、ひとえにいっさいの時間の外にいらっしゃるのである。なぜなら、昨日も今日も明日も、これらのものはまったく時間の中に存するものにほかならないからである。しかし、あなたは、あなたなしには何も存在しえないけれども、場所や時間の中にいらっしゃるのではなく、いっさいのものがあなたの中にいるのである。なぜなら、いかなるものもあなたを含まないが、あなたはいっさいのものを含まれるからである(『プロスロギオン』長沢信寿訳参照)[7]。

3　創造主

ユダヤ-キリスト教的伝統においては、神は無限、自存的、神以外に存在するすべてのものの創造主であると考えられている。この教義においては、創造はすでに与えられた質料から新たな形相を作ること(たとえば、大工が家を建て、あるいは彫刻家が像を彫るように)ではなく、もっとはるかに、それ以上のことを意味している。それは無からの創造(creatio ex nihilo)、つまり神以外には何も存在しなかったときに、宇宙が現出せしめられたことを意味する。この考えから重要な二点が推論されて出てくる。

第一は、神と神の被造物との間には絶対的な区別があるという点が導き出されることである。したがって、被造物が創造主になることは論理的に不可能である。造られたものはどこまでも造られたままのものである。永遠に創造主は創造主、被造物は被造物である。だから人間が神になるという思想は、この創造という考え方によって、無意味な思想として除外されることになる。

第二は、被造物の領域は創造主であり、その存在の永続の源泉でもある神に絶対的に依存する、という考えが導き出されることである。それゆえ、われわれは無からの創造という根本的な考えが神に対する依存感として、つまり人間の生存は一刻の猶予もなく神に依存してやまないという依存感として、祈りや礼典の中に表わされている、ということを知らされる。われわれが世界の一部を占めるのは何か当然の権利によってではなく、神の恵みによってである。そして一日一日が神の賜物であり、われわれは感謝と責任をもってこれを受けとめなければならない。

この考えには、どのような科学的な意味が含まれているのだろうか。この考えから、物的世界の創造が太古のある一定時間に起こったという説を導き出すことになるのだろうか。

トマス・アクィナス（Thomas Aquinas, 1224/5-1274）は、創造という観念は造られた宇宙が永遠でありうるとする可能性をかならずしも除外するものではない、と考えた。彼によれば、神は永遠に創造的であり続けている。だから、宇宙が創造され、創造主に依存するものではあっても、それにもかかわらず、宇宙ははじめを持たなかったのである。しかし、彼はこうも考えた。創造の概念はそれ自身はじめを含意するものではないが、キリスト教の啓示ははじめを断定するのだ、と。そしてこの根拠に基づいて、彼は永遠の創造という観念を退けたのである。[8] これとは違った一層実りのある思想がアウグスティヌスによって示唆されている。すなわち、創造は時間の中では起こらなかったが、時間そのものは造られた世界の一側面である、と。[9] この見解が正しいならば、相対性理論が示唆しているように、時間‐空間は内部的に無限のものである、と言ってもいいかもしれない。すなわち、時間‐空間の連続体の内部からみれば、宇宙は時間的にも、空間的にも、束縛されたものには見えない、ということである。この場合には、宇宙はいかなる初期状態も持たない。しかし、それにもかかわらず宇宙は、それが内部的に無限のものではあっても、その存在とその本性とについては超越的な神の意志に依存しているのかもしれない。そしてこれが創造に対する宗教的な教義の本質なのである。つまり、時‐空的全体としての宇宙は、神との関係によって存在している、ということなのである。このような教義は、科学的宇宙論において展開される宇宙の現状の起源に対するさまざまな対立的理論の中で、中立的なものなのである。[10]

言うまでもなく、『創世記』のはじめの二章にわたる雄大な創造物語は、今日、責任ある宗教思想家たちによっては科学的な記述であるとはみなされていない。むしろ創造の物語は、自然の全秩序が神的な創造によるという信仰の古典的な神話的表現であるとみなされている。たしかに、宗教的な神話をこのように読む読み方はたいそう古くからあり、すでに三世紀にオリゲネスによって書かれた以下の節によっても指摘されているとおりである。

なぜなら第一日目、第二日目、第三日目、そして夜と朝が、太陽や月や星がないのに存在したり、空がないのに第一日目があったりしたなどと、分別のある者がどうして考えるであろうか。また神が百姓のやり方にならって東方にエデンの園をすえ、そこに目で見て、手で触れることのできる生命の木を植えたり、それは人がその実を口にすれば生命が得られるためであったり、また木から取ったものを口にすることにより人が善悪にあずかる者となったりすると考えるほど馬鹿な人間がいるであろうか。そこで、もし神は日暮れに園をお歩きになり、アダムは木の茂みに身を隠すと言われるならば、これらのことは比喩的に、ある奥義をさし示している……と、だれでも疑いをさしはさまないで考えるであろう、とわたしは思う[11]。

4 人格的

神は人格的である――それではなく、彼である――という確信は、『聖書』の中でも、また後のユダヤ教やキリスト教の信仰的、神学的な文書の中でも、いつもはっきりと含意されてきた。『旧約聖書』の中では、神は人格的なことば遣いで語られている[12]（たとえば、「わたしはあなたの先祖の神、アブラハムの神、イサクの神、ヤコブの神である」）。そして預言者や詩篇記者たちは人格的なことば遣いで神に語りかけている（たとえば、「神よ、わたしの叫びを聞いてください。わたしの祈りに耳を傾けてください[13]」）。『新約聖書』の中では、神の人格的な特性に関するこれと同じ確信は、父という姿で具体化されている。これは神を思考するのに最適な地上のイメージとして、絶えずイエスによって使われたものでもある。

それゆえ、神の汝性に対する信念は、ユダヤ-キリスト教的伝統の中では浸透したものであるはずなのに、神が人格的であるという教義が明示されたのは比較的最近のことで、これは一九世紀の神学と、とくに二〇世紀の神学の特徴である。現代ではユダヤ人の宗教思想家、マルチン・ブーバー（Martin Buber）により、我-汝、我-それ、という根本的に異なる二つの関係が指摘された[14]。そして多くのキリスト教神学者たちがこの明察の含意——神はご自身の像に似せてわれわれを人格として創造し、われわれの人格的な自由と責任を尊びながら、つねにわれわれとかかわりをもたれる神的な汝である——を発展させた[15]（このテーマについては、第五章の啓示と信仰についての論議のところで、ふたたび取り上げられるであろう）。

たいていの神学者たちは神を「一人格」（a Person）として語るよりも、むしろ「人格的」（personal）として語る。前者の語句は壮大な個人を想像させる（神的なものをこのように思考することは擬人論〈anthropomorphism〉と言われる。これはギリシア語のanthropos〈人〉とmorphe〈姿〉の合成語で、「人の姿をとって」という意味にあたる）。したがって神が人格的であるという言明は、神は「少なくとも人格的」であるということ、すなわち、たとえ神がわれわれの思惟を越えているにもせよ、神は少なくとも人格的である、つまりたんなるそれではなく、つねに高次の超越的な神的汝である、ということを意義づけることを意図している。

含みとしては、以上の信念は人間が神について語る場合の類比的、ないしは象徴的な性格の問題を提起するが、この問題についてはさらに第七章で検討されるであろう。

5 愛、善

愛と善とは、さらに神の二つの属性として一般に論じられている。しかし『新約聖書』においては、神の善、愛、恵みは、実際上すべて同意語である。そして、これら三つの用語の中では愛が最も特徴的である。

『新約聖書』で神の愛といわれているものを理解するためには、まずエロス（eros）とアガペー（agape）というギリシア語によって使い分けられる二種類の愛を区別することが必要である。エロスは「欲望する愛」であって、最愛の者を欲望する性質から出てくる愛である。この愛は対象の愛らしさから出てきて、またこれに依存する。彼が彼女を愛するのは彼女が美しくて、魅力があって、かわいいからである。彼女が彼を愛するのは彼がハンサムで、男らしくて、聡明だからである。両親が自分の子を愛するのは、それが自分の子であるからだ。しかしながら、『新約聖書』が人類に対する神の愛について語るとき、アガペーという違った言葉を用いている。アガペーはエロスと違って、その射程が無条件であり、普遍的である。ある者にそれが注がれるのは、彼なり彼女なりが特異な特性をもっているからではなく、その人がそこに人格として存在しているからである。アガペーの本性は、彼なり彼女なりの最高の安寧と充足を広く積極的に求めるような仕方で人格を尊重することである。『新約聖書』が人類に対する神の愛について語るのはこの意味においてである。たとえば「神は愛である(16)」、「神は……この世を愛して下さった(17)」という場合に使われている言葉はアガペーであり、またこれと同語源の言葉なのである。*

* アガペーとエロスについての包括的な、そしてすぐれた議論は Anders Nygren, *Agape and Eros: Study of the Christian Idea of Love.*（岸千年・大内弘助共訳『アガペーとエロス』全三巻、新教出版社）に見られる。

被造物である人間に対して神の注ぐ普遍的な愛、つまり人間の徳行ないし功績に基づく愛ではなく、神自身のアガペーとしての本性に根ざしている愛は、神を人間生活の最終的な救いであり、守りであると認める宗教の側にとっては基盤となるものである。「神はわれらの避け所、また力である。悩める時のいと近き助けである」(18)。恵みの究極はまた力の究極であり、人間の最終的な充足と安寧とを保障する至上の愛であるとも信じられている。無限である神の愛は、人間生活の全面的な服従を神は求めておられると悟る場合に体得される宗教体験の側面をも生じさせる。神はわれわれの「父」であると同時にわれわれの「主」であり、「王」であるとも考えられる。神の命令は絶対無条件の命令、つまりどのような利害にもなびかない命令、生命そのものにすらなびかない命令といった調子で迫ってくる。命じ求めるというこの要素は、人間の内面に潜在する最善のものを見いだそうとする神の愛の一表現である、と見ることができる。人間同士の間でさえ、愛ほどきびしく命じ求めるものは他にない。愛はわれわれの最高善を追求する。そして自己の可能的な最善に達していなければ、愛はけっして満足することができない。愛は無限であるから、自己の像に似せて造った被造物に対する創造主の愛は、絶対無条件であるこの種の道徳的な要求を含意する。

以上の説明においては、神の善は神の愛のもとに包摂されていた。しかし、この考えは、神は善であるとする信念に関して、ある重要な哲学的問題を回避するものではない。それでは、この信念は神の外部にある道徳的基準を含み、この基準との関係によって神は善であると言われているのであろうか。それとも神は定義上、善であり、その結果、神の本性が何であれ、その本性が善の規範であると言われているのであろうか。

いずれの立場も困難を伴っている。もしも神が何か独立した基準との関係で善であると言われ、またこの基準に基づいて善であると判断されるならば、神はもはや唯一の究極的な実在ではなく、神以外の何ものかによって定められた特性をもつ道徳的な世界に存在するだけのものとなる。またもしも定義上、善であり、それゆえ神の命じることは何でも正しいということが同語反復的なものであるとするならば、さらに許容しがたい別の意味合いのものが生じてくる。たとえば、以前はしてはならないと命じたことを明朝からはすべて行なえと、神が人間に命じると仮定しよう。そうすれば憎悪、残酷、利己主義、ねたみ、悪意が、今度は徳行となる。神がそれらを命じるのである。そして神は善であるから、神の命じることは何でも正しいことになるからである。この可能性は、われわれが検討してきた見解から導き出されてくる。しかしこの可能性は、現行の道徳的な原理と直観が概して健全であり、あるいは少なくともこれらが完全に誤った方向にわれわれを向かわせるものではないという仮定と衝突する。

おそらくこのディレンマを解く最も有望な解決策は、率直にいって、循環論法的なものであろう。善は関係概念であり、それは存在者の本性とその基本的な欲望の充足とに関係する。人間が神を善と呼ぶときの意味は、神の存在と活動とが人間の最高善の条件を構成するということである。このような信念には、次のような大前提がある。すなわち、人間の本性は神によって造られているから、その最高の充足はこの神との関係の中で見いだされねばならない。倫理学や価値論一般は神に言及しなくても諸原則を定式化できるという意味で、宗教から独立している。しかし、究極的にはこれらの学問といえども、神の特性に基礎を置く。というのは、神が人間に与えている本性は、人間の充足が神の善を規定する、というものだからである。

神の善に関連して、神の「怒り」にも触れなければならない。これはパリサイ派やピューリタンの思想の中で、きわめて顕著な役割を果たした。「来たるべき怒りから逃れよ」は多くの警告的な説教の主旨であった。しかし皮肉なことに、聖パウロ——彼の文書が神の怒りに関する標準的な典拠を与えている——が用心深く避けて通った擬人論をその説教の大部分が取り込んでしまっている。ドッド(C. H. Dodd)は聖パウロ研究の中で、つぎの点を指摘した。パウロはけっして神が怒るとは記さず、いつも注目すべき非人称の形で神の怒りを語る。それは宇宙に対して神が定めた道徳的な秩序の、不正に対して必然的な反応に触れるためであった。人間生活に対する諸条件は、ある個人またはグループが人格的な秩序の構造に抵触すればきまって災難をまねくという具合のものになっている。「この災難のことをパウロは伝統的なことばで、「怒り」といい、また、稀に「神の怒り」とも言っている……それから「怒り」はぞっとするような因果のなわめを織りなす罪の増大する恐れとして、われわれの眼前に啓示される」[19]。

6　聖

以上の神の特性の一つ一つは、それがユダヤ‐キリスト教の伝統の中で考えられているとおりに個別的に取り上げられるならば、抽象的な哲学的観念として提示される。しかし、宗教者は見えない神の臨在を意識するので、無限な他者として、また自己より偉大なものとして、神的実在を身に感じる。神の無限性と他者性というこの感覚は、忘れることのできないほどあざやかに、預言者イザヤによって表現されている。

それで、あなたがたは神をだれとくらべ、
どんな像と比較しようとするのか。
偶像は細工人が鋳て造り、
鍛冶が、金をもって、それをおおい、
また、これがために銀の鎖を造る。
貧しい者は、ささげ物として
朽ちることのない木を選び、
巧みな細工人を求めて、

動くことのない像を立たせる。
あなたがたは知らなかったか。
あなたがたは聞かなかったか。
初めから、あなたがたに伝えられなかったか。
地の基をおいた時から、
あなたがたは悟らなかったか。
主は地球のはるか上に座して、
地に住む者をいなごのように見られる。
主は天を幕のようにひろげ、
これを住むべき天幕のように張り、
また、もろもろの君を無きものとせられ、
地のつかさたちを、むなしくされる。
……
聖者は言われる、
「それで、あなたがたは、わたしをだれにくらべ、
わたしは、だれにひとしいというのか」。
目を高くあげて、

だれが、これらのものを創造したかを見よ。[20]

また、神は「いと高く、いと上なる者、とこしえに住む者、その名を聖ととなえられる者[21]」であり、その「……思いは、あなたがたの思いとは異なり、わが道は、あなたがたの道とは異なっていると主は言われる。天が地よりも高いように、わが道は、あなたがたの道よりも高く、わが思いは、あなたがたの思いよりも高い[22]」。聖としての神意識は、恐ろしいまでに神秘的なお方に対する意識である。それはいわば人間が無にさらされた場合の壮烈さであり、「……われわれの正しい行いは、ことごとく汚れた衣のようである[23]」と見られる場合の完全さであり、その面前においてはわれわれ人間は恐れかしこみつつ、ただ黙して頭をたれうるのみであるとするような目的、威力にも似たものなのである。

さて、われわれはユダヤ‐キリスト教的神の概念を、次のように要約することができよう。神は無限、永遠、造られずして造った、人格的な実在——自己以外の存在するすべてのものを造り、またその被造物である人間に対して、自己を聖とし、愛として啓示された——と考えられる。

第二章　神の存在に同意する論証

本章では、神の実在に対する信念を正当化するために与えられる最も重要な哲学的論証を吟味する。以下の伝統的な「有神論的証明」は哲学の大きな関心事であり、また近年では、世俗的と宗教的との双方の著者たちから少なからぬ注目を受けてきている。

1　存在論的な論証

神の存在に同意する存在論的な論証は、キリスト教会の最も独創的な思想家のひとりであり、カンタベリーの大司教をつとめたことのある最高の神学者、アンセルムスによって、はじめて展開された[1]。

アンセルムスは、一神教的な神の概念を次のように定式化することから始める。神とは「それ以上に大なるものは何も考えられないところのもの」である。「それ以上に大なるもの」ということばでアンセルムスが、空間的により大きいということでなく、むしろ完全であるということを意味していることは明白である。[2] 考えうる最高完全者という観念は、存在する最高完全者とは異なる、という点に注意することが重要である。存在論的な論証は後者の考えに基礎づけることはできないであろう。というのは、存在する最高完全者が存在するということは、定義上、真ではあっても、この存在者がアンセルムスのいう神であるという保証はどこにもないからである。したがって、アンセルムスは、神を存在する最高完全者とするのではなく、それ以上に完全なものは何も考えられないほど完全であるところの存在者であるとする。

論証の第一形式

論証に対するつぎの決定的な段階で、アンセルムスはあるもの x が知性の中にのみ存在するということと、それが実在の中にも存在するということとを区別して考える。もし考えうる最高完全者が知性の中にのみ存在するとすれば、それ以上に完全な存在者、すなわち知性の中に存在すると同時に実在の中にも存在する同一の存在者がさらに考えられる、という矛盾を招くことになる。それゆえ、考えうる最高完全者は知性の中に存在すると同時に、実在の中にも存在しなければならない。アンセルムス自身による以上の古典的な哲学的推論の一片の定式化は、『プロスロギオン』の第二章において見いだされる。

それゆえ、もし〈それ以上に大なるものは何も考えられないところのもの〉が、ただ知性のうちにしか存在しないとすれば、〈それ以上に大なるものは何も考えられないところのもの〉そのものが、〈それ以上に大なるものが他に考えられるところのもの〉になる。けれども、このことは明らかに不可能である。それゆえ、疑いもなく完全に、〈それ以上に大なるものは何も考えられないところのもの〉は、知性のうちに存在すると同時に、実在のうちにも存在することになる。

論証の第二形式

『プロスロギオン』の第三章でアンセルムスはふたたび同論証に言及し、今度は神の存在のみならず、神のユニークな必然的な存在のことにも論を向かわせている。そこでは、神は存在しないと考えることは不可能なものとして定義される。必然者というこの考え方の核心は自存性（aseity）[3]である。無限で完全な神は、時間の中で、あるいは時間によって制約を受けないから、かつては神は存在したが、今は存在をやめている、という二つの可能性は等しく除外され、神の非存在は不可能とされる。さて、論証は以下のようにすすむ。

なぜなら、およそ非存在とは考えられないものが何か存在する、と考えられる。それゆえ、〈それ以上に大なるものは何も考えられないところのもの〉が、もし非存在と考えられるならば、それ以上に大なるものは何も考えられないところのもの〉が、〈それ以上に大なるものは何も考えられないところのもの〉と同一のものでなくなる。これは矛盾である。とすれば、〈それ以上に大なるものは何も考えられないところの何ものか〉がきわめて真に存在することになるので、このものが非存在であるとはおよそ考えられないことになる。

同論に向けられた批判

存在論的な論証を導入する際、アンセルムスは心の中で「神はない」という詩篇記者の「愚か者」に言及している。[4] このような者といえども、考えうる最大者としての神の観念は持ち合わせている、と彼は述べる。そして、この観念の意味の含みを取り出してみるならば、われわれはそのような存在者が実際に存在するに相違ないということがわかる、というのである。この論証に対する最初の重要な批判者、ガウニロ——フランスのマルムティエの修道僧で、アンセルムスと同時代の人——は、そこでアンセルムスに対する返書を『愚か者に代わって』(*In Behalf of the Fool*) と題した。彼は、アンセルムスの推論は別の領域に応用されるならば馬鹿げた結論に至るであろう、と主張する。そして、彼はこれと平行するような存在論的な論証を設定して、最高完全な島を論証しようとする。ガウニロは多くの島の中の最高完全な島について論じ、考えうる最高完全な島については論じなかった（彼は後者のほうを論じるべきであった）。けれども、彼の論証はこの後者の観念によって言い換えることができるであろう。たとえば、島という観念が与えられるならば、アンセルムスの原則を用いて、もしその島が実在のうちに存在しなければ、それは考えうる最高完全な島ではありえない、とわれわれは論じることができるからである。

アンセルムスの回答は、存在論的な推論が神の観念にのみあてはまることを示そうとしてこの観念の独自性を強調するものであり、論証の第二形式に基礎づけられる。神の観念の中にはあっても、最高完全な島という観念の中には欠けている要素は、必然的な存在、である。島（あるいは何らかの物的な対象）は定義上、偶然的な世界の一部分である。最高完全な島はそれが正真正銘の島であるかぎり——「水で周囲をかこまれた一片の土地」であり、それゆえ物理的な球面の一部分である——定義上、依存的な実在であり、したがって存在しないものと考えても矛盾は生じない。そして、それゆえ、アンセルムスの原則はこれには当てはまらない。これが当てはまるのは、ただ考えうる最高完全者——永遠で独立の（すなわち、必然的な）存在をもつもの、と定義される——に対してのみである。とすれば、これまでのところでは、アンセルムスの論証の第二形式は批判によく抗しうるように思われる。

しかしながら、第一形式におけるアンセルムスの論証はガウニロの批判に抗しうるであろうか。この点は、考えうる最高完全な島という観念が首尾一貫した矛盾のない観念であるか否かにかかっている。考えうる最高完全な島の特性を明記することは、理論上だけでも可能であろうか。これは読者自身の考察すべき問題である。

論争の第二の局面は、しばしば近代哲学の父と呼ばれるデカルト（René Descartes, 1596-1650）が同論を焼き直して、広く一般の注意を引いたときに開かれた。[5] デカルトは存在論的な論証に対するたいていの近代の議論が向かった論点、すなわち存在は一つの性質ないし述語であるとする仮定を前面にうちだした。彼ははっきり存在を性質上のものとして扱い、任意のxによってその性質をもつ、もたない、の問題は適切に探究されねばならない、としている。個物の本質、または個物を定義する本性は、ある一定の述語を含む。それゆえ、存在は神を定義する述語の中に含まれねばならない、とデカルトの存在論的な論証は主張する。内角の和は二直角の和に等しいという事実が三角形の必然的な性格であるように、存在は至上なる完全者の必然的な性格である。三角形の性質が定義されなければ三角形は三角形でないように、存在（という一つの性質ないし述語）をもたない神は神でないであろう。最も重要な差異は、三角形の場合には存在が三角形であることの本質ではないから、三角形が存在することをわれわれは推論することができないということである。しかしながら、至上なる完全者の場合には存在が本質的な属性であり、これなくしてはいかなる存在も無限定に完全であることはないであろうから、われわれは存在を推論することができるということである。

存在論的な論証に対するデカルトのこの説明には、のちに偉大なドイツの哲学者、カント（Immanuel Kant, 1724-1804）(6)によって、二段がまえの異議が唱えられることになった。

第一段階では、三角形の観念が分析的に三平面図形の概念に属するように、存在の観念は分析的に神の概念に属する、というデカルトの主張をカントは認めた。いずれの場合も、述語は必然的に主語に結びつく。しかし、このことから主語が述語とともに、実際に存在するということにはならない、とカントは答えた。分析的に真であるとは、もし三角形があるならば、その三角形は三つの角度をもつに相違ないということであり、またもし無限なる完全者がいるならば、この無限なる完全者は存在をもつに相違ない、ということである。カントの言うように、「三角形を仮定しておきながら、三つの角度を否定することは自己矛盾である。しかし、三角形を三つの角度とともに否定することは自己矛盾ではない。同様のことが絶対なる必然者の概念についても言える」。

しかしながら、いっそう高次の段階で、カントはデカルトの論証が拠りどころとしている基本的な仮定、すなわち「存在は三角形であることの性質のように、あるものがこれをもったり、もたなかったりする一つの述語であり、またある場合には、分析的に一つの主語と結びつく一つの述語である」という仮定、を退けた。カントは（もっともそれ以前にスコットランドの哲学者であったヒューム（David Hume, 1711-1776）により、別の文脈の中ですでに指摘されていたが[7]）存在という観念はある特定のものなり、ある特種のものなりの概念に対して、何ものをも付け加えない、という点を指摘する。たとえば、何百ドルという想像上の紙幣は、何百ドルという本物の紙幣と同じ枚数から成っている。しかし、たくさんのドル紙幣が実在するとか、存在するということを肯定するとき、われわれはその概念が世界において例証されていると言っているのである。それゆえ、あるもの x についてそれが存在すると述べることは、x のもつさまざまの属性に加えて、存在するという属性を x がもつと述べることではなく、この実在世界に x があると述べることなのである。

さらに最近では、これと本質的には同じ要点のことがバートランド・ラッセル（Bertrand Russell, 1872-1970）によって、「存在する」ということばの分析の中で指摘された[8]。彼はつぎの点を明らかにした。「存在する」は文法的には述語であるが、論理的には違った機能を果たす。そして、この機能はつぎのような翻訳によって明らかにされうる。「牛が存在する」とは「「x が牛である」が真であるようなそういう x がある」という意味である。この翻訳によって明らかにされることは、牛が存在するとは牛に特定の性質（すなわち存在）を帰せしめることではなく、「牛」ということばに約言された記述のあてはまるような対象物が世界にある、ということを主張することである。同様に、「ユニコーンは存在しない」は「「x がユニコーンである」が真であるようなそういう x は何もない」

と等意である。* 否定的な存在命題——ある特種のものが存在するということを否定する命題——を構成するこの方法は、存在しないと断定のできる「何ものか」の身分について問う、といったような古くからの謎かけを回避させる。たとえば、ユニコーンについてわれわれは語ることができるから、何らかの意味でユニコーンはいるに相違ない、あるいは生存するに相違ない、と考えたり、あるいはおそらく非存在なり、可能的存在なりの逆説的な領域に棲息する、と考えたりすることは容易である。しかしながら「ユニコーンは存在しない」はユニコーンについての言明ではなく、「ユニコーン」の概念、ないし記述についての言明であり、またこの概念には実例が見当たらないとする主張である、という点をラッセルの分析は明らかにしている。

* 現代論理学では命題の真理値を決定するために命題関係を量化して、これを$\forall xF(x)$とか$\exists xF(x)$というように記号化する。xはある特定のものではなく「何かあるもの」(ラッセルはこれを論理的な主語と呼んだ)を意味する。また$\forall$を全称記号、$\exists$を存在記号と呼ぶが、とくに$\exists x$を「存在する」と解釈することによってこれまでにない一つの新しい視野が開かれるようになった(沢田允茂著『哲学の基礎』有信堂、一九六六年、七六―八二頁参照)。

この点が存在論的な論証にかかわり合うことは明らかである。もしもアンセルムスやデカルトが仮定したように、存在が一つの性質、あるいは述語であり、これは定義の中に含まれることができ、そしてまた望ましい属性として、これは神の定義の中にも含まれねばならないとするならば、その場合には存在論的な論証は有効である。というのも、考えうる最高完全者が存在という属性を欠くならば、自己矛盾を招くことになるからである。しかし、存在が文法的には一つの述語の役目を果たすように見えても、本当は実在する何かに記述があてはまるということを主張しているのだというまったく別の論理機能をもつものであるならば、この場合には神の存在証明とされた存在論的な論証は失敗に終わる。なぜなら、存在が述語でなければ、神を定義する述語であるわけにはいかなくなるし、また実在する何ものかが、考えうる最高完全者の概念に対応するか否かは、まだ決められない問題だからである。神の定義は人間の神概念を叙述する。しかし、そのように叙述された存在者が現実に存在するかどうかは、この定義からでは証明されないからである。

ここで言い添えておかねばならないことは、ある神学者たち、とりわけカール・バルト(Karl Barth, 1886-1968)により、アンセルムスの論証は試論的な神の存在証明ではなく、神の自己啓示の意義を開示したもの――信徒はこの神を考えうる最高の実在以下のもののように考えてはならない――であると理解されている点である。この理解に基づけば、アンセルムスの論証は無神論者を改宗させようとするためのものではなく、かえって既存のキリスト教の信仰をなおいっそう深いその対象の理解へと導くためのものである、ということになるであろう。(9)

存在論的な論証は絶えず哲学者の心を捉えてきたが、近年になってまた多くの新しい議論が見えている[10]。

2　第一原因と宇宙論的な論証

つぎに重要な神の実在を論証するための試みはトマス・アクィナスのものである。トマスは五つの道によって神の存在を証明している[11]。トマスの証明は、神の観念に注意を集めてその内部的な意味の含みを開示することにすすむ存在論的な論証とは違って、われわれの身辺に見られるこの世の一般的な特性から始めて、神といわれる究極的な実在がなければこの独自な特性を備えたこの世もありえないであろうと論じる。第一の道は運動の事実から始めて第一運動者にいたり、第二の道は原因から始めて第一原因にいたり、第三の道は偶然者から始めて必然者にいたり、第四の道は価値のさまざまな度合いから始めて絶対価値にいたり、そして第五の道は自然の中の合目的性を示すさまざまな証拠から始めて神的な計画者にいたる。

ここではトマスの第二と第三の証明に注目することにしよう。第一原因にいたる論証として知られているこの第二の証明の道は、つぎのように提示される。生じるものには原因がある。そしてこの原因にはまた原因がある。こういう系列は無限であるか、または第一原因に出発点があるか、のいずれかでなければならない。トマスは原因を無限にさかのぼるという可能性を退ける。そこで第一原因がなければならないと結論する。そして、われわれはこの第一原因を神と呼ぶ（運動の事実から出発して第一運動者を推論する彼の第一証明も、基本的にはこれと同じである）。

この論証の弱点は、トマスが言明しているように、初期状態を必要としない出来事についても無限にさかのぼることは不可能なこととして排除するという考えの難点（トマス自身もこれをどこかで認めている）[12]のうちにある。

しかしながら、若干の現代のトミストたち（すなわち、一般にトマス・アクィナスに従う思想家たち）はこの難点を避けるために、上の論証の再解釈を行なっている。[13]彼らは、上の論証が退ける無限系列を、時間の中で出来事を過去にさかのぼらせること、とは解釈しないで、無限に、それゆえ永遠に定まらないまま説明をさかのぼらせること、と解釈した。もしAという事実がB、C、Dという事実（Aに先行する事実であるか、あるいはAと同行する事実であるかもしれない）との関係から理解されるならば、また、もしこれらの事実が別の事実から、複合した背景の中でそれぞれ順に理解されるならば、その存在が全体の究極的な説明となるような自己解明的な実在がなくてはならない。もしこのような実在が存在しなければ、宇宙はただ不可解で野蛮な事実でしかないことになる。

しかしながら、以上の再解釈はまだ上の論証に対して二つの主要な難点を残している。第一に、宇宙がけっして「ただ不可解で野蛮な事実」ではないことが、われわれにどのようにして分かるのか。感情的な色づけをしないで上の成句を取り上げるならば、まさしくこれは懐疑論者の信じるところのものである。また、この可能性をはじめから除外してしまえば、当の問題になっている議論を回避するだけのことになる。上の論証は、事実上、ディレンマを提示する。第一原因が存在するか、それとも宇宙は究極的に不可解なものであるか、のいずれかである。しかし、このディレンマのどちらか一方を受けいれねばならないと、われわれは強制されているわけではない。

第二に（ここでは以下の難点を示唆するだけの紙面しかないので、議論の展開は読者自身にゆだねなくてはならないのであるが）、上の論証はこれまで疑問視されてきたし、またたしかに疑問視されうるあの因果律の見解にやはり依存している、という点である。焼き直された同論の仮定によれば、ある出来事の因果的な条件を指摘してやることが、その出来事の理解に通じることであるという。この仮定は、因果律の本性についての若干の理論に基づけば真であるが、それ以外の理論に基づけば真ではない。たとえば、もしも（多くの現代科学が仮定しているように）、因果律は統計的な確率を言明する[14]とするならば、あるいは（ヒュームが論じたように）因果関係はただ観察された一連の出来事を示すにすぎない[15]とするならば、あるいは（カントが示唆したように）それは人間の精神構造の投影である[16]とするならば、上のトミストの論証は失敗に終わる。

次に、世界の偶然性から始める論証、すなわちもっぱら宇宙論的な論証の名によって知のものは偶然的である。すなわち、個々の内容物についてはそれがまったく存在しなくてもよかったし、またそれ以外のかたちで存在してもよかった、ということは真である。このことを証明するのは、それの存在しなかった時間があったということである。この本のページがあるのは、多数の化学法則や物理法則に対する現代的な操作に基づくとともに、材木伐出し人夫、運送業者、製紙業者、出版業者、印刷工、著者、その他の先行した諸活動に基づいて、偶然的である。しかも、これらのおのおのがまた順に、他の要因に依存する。つまり、あらゆるものが自己を越えて他のものをさし示しているのである。そこでトマスは、もしあらゆるものが偶然的であったとするならば、何ものも存在しなかった時間があったに違いない、と論じる。この場合、いかなる因果的な作用も存在しなかったのであろうから、何ものも現出せしめられなかったわけである。それなのに現存するものがある。とすれば、偶然的でないものが存在しなければならない。そして、このものをわれわれは神と呼ぶ。

何ものも存在しなかった時間があった、という仮説的な時間に対するトマスの論及は、彼の論証を強めるどころか、かえって弱めているように思われる。なぜなら、時間の連続において重なりあい、その結果いかなる出来事によっても所有されない瞬間というものが生じないような、有限にして偶然な出来事の無限系列が存在するかもしれないからである。

しかしながら、現代のトミストたちは、一般に同論のこの局面を論じようとしない（たしかに、トマス自身も別の著作の中でそうしているとおりである[17]）。時間に対するこの論及を回避しても、われわれには偶然的な世界（この世界は出来事の無限系列に存すべきであるとしても）と偶然的でないそれの根拠とを論理的に関連づけるような論証が別にある。ある著者は時計の働きを一つの類比としてあげる。それぞれ別個の歯車と歯の運動は、隣接する歯車とのかみ合い具合から説明される。ところが、時計全体の操作ということになれば、歯車と歯の運動以外のもの、つまりぜんまいに論及しなければ説明不可能なままに終わってしまう。一組のかみ合った歯車がそこで活動するためには、ぜんまいがなければならない。同様に、偶然的な実在の世界がそこにあるためには、偶然的でない存在の根拠がなければならない。自己存在の源泉を自己の中に含んでいる自存的な実在のみが、万物の存在の究極的な根拠となることができる。それゆえ、万物の究極的な根拠があるとすれば、「必然者」がいなければならない。そしてこの「必然者」をわれわれは神と呼ぶ。

右の推論に対して近年提出された最も典型的な哲学的反論は、「必然者」という観念が不可解である、という反論である。すなわち、事物ではなく、命題のみが論理的に必然的でありうる。そして論理的に必然的な存在者について語るのはことばの誤用である、と言われる[18]。しかし、宇宙論的な論証に対するこの反論は誤解に基づいている。というのは、同論は論理的に必然的な存在者という考えを用いているわけではないからである。主要な神学的伝統（アンセルムスとトマスの両者によって例証されている）の中で用いられている「必然者」の概念は、論理的な必然性でなく、むしろ神の場合の自存性（aseity）[19]と事実上等値な、一種の事実的な必然性とかかわっている。この理由から、神が「必然者」であるという観念は、「神は存在する」が論理的に必然的な真であるという見解と同等視されてはならないのである。

しかしながら、宇宙論的な論証に対する重要な反論がまだ一つ残されている。そして、これは第一原因にいたる論証にもあてはまる反論のうちの一つに相当する。推論の宇宙論的形式の威力はディレンマに帰する。すなわち「必然者」が存在するか、それとも宇宙は究極的に不可解なものであるか、の、い、ず、れ、かである。第二の選択肢のほうが除外されさえすれば、同論は明らかに人を承服させる力をもつ。しかしながら除外されるどころか、この第二の選択肢こそが懐疑論者の立場を代表するものとなる。この不可解な宇宙という可能性を除き去ることができないので、懐疑論者には宇宙論的な論証が神の存在証明とはならないのである。そして、結局のところ、このような証明を必要とするのは懐疑論者だけなのである。

今日、宇宙論的な論証について、その有効なかたちのものがいろいろある、と主張するネオ・トミストの重要な思想家たちの群れがある。この見解から書かれたもので、最も重要な著書のいくつかは巻末の註に掲げられている[20]。

3　計画性による（または目的論的な）論証

有神論的な論証の中では、いつでもこの論証がいちばん好かれてきたし、また素朴な意味でも洗練された意味でも、この論証には、ごく自然な同感が呼び起こされている。同論は哲学的な文書の中では、プラトンの対話篇『ティマイオス』以降から起こっている（トマスの五つの道の中では、この論証は第五の道として再現されている）。近代では、計画性から出発する、ないしは計画性へとさかのぼる、この論証の最も有名な解明の一つは、『自然神学、すなわち自然の外観から集められた神性の存在と属性の明証性』（一八〇二年）[21]におけるウィリアム・ペーリー（William Paley, 1743-1805）のものである。この論証は今なおさかんに用いられており、とくに神学の保守的な陣営の中で重宝がられている。[22]

ペーリーの時計の類比はこの論証の本質を伝えている。たとえば、ある荒野をさまよい歩いているうちに、わたしは地面に岩があるのを見つけて、この物体がどうしてここに存在するようになったかを自問するとしよう。わたしはこの場合、風、雨、熱、霜、火山活動などの自然の力の作用によるという意味で、当然その物体の存在を偶然に帰せしめることができる。しかし、地面にわたしが一個の時計を見つける場合には、これと同様な方法で、合理的にこれを説明することはできない。時計は歯車、歯、心棒、ぜんまい、均衡などの複合した配置から成っており、この全部が正確に働いて、時間の経過を規則正しく測定する。右の金属部品を一つの機能的な機械に仕上げる構成組立を、たとえば、風雨のような要因の偶然的な作用に帰せしめるのは、少しも当を得ているようには思えない。そこでわれわれはこの現象に責任を負う一つの知性的な精神を要請しなければならなくなる。

ペーリーは時計と世界の類比にとって重要ないくつかの注釈を付け加える。第一に、われわれが事前に時計を見たことがなかったにしても（この世以外の世界をわれわれは見たことがないのと同様に）、そして、それゆえ、時計が人間の知性の産物であるとは直接的な観察からでは理解できなかったにしても、この類比はわれわれの推論を弱めないであろう。第二に、時計のメカニズムがいつも完全には作用しないことがわかったとしても（世界のメカニズムの場合もそうであるように思われるのと同様に）、この類比は時計から時計の製作者にいたるわれわれの推論を無効にはしないであろう。われわれはやはり時計の製作者を要請しなければならないであろう。そして第三に、その機能がわれわれにわからないような時計の部品があるとしても（自然についてもそのような部分があるのと同様に）、われわれの推論はくつがえされないであろう。

ペーリーは、自然界は時計のように複合したメカニズムであり、明らかに計画されたものであると論じる。太陽系の惑星の公転、地上の規則正しい四季の移り変わり、生物の器官の複合構造と相互依存的な適応性、このすべてが計画を暗示している。たとえば、人間の脳の中では、無数の細胞が等置された体系の中で相互に機能し合っている。眼は自己調整のきくレンズ、高度な正確さ、色彩感度、一度に長時間も継続的に活動しうる能力などを備えた最良の映写機である。このように複合した能率の高いメカニズムが、たとえば自然の力によるでたらめな作用によって形成される石のように、偶然に出現しえたであろうか。

ペーリーは（この点ですこぶる典型的な一八世紀の宗教的な護教論者であるが）事実上、当時のあらゆる科学を利用しながら、長々とした累積的な論証を展開させる。神的配置の例として、彼は動物の生存を可能にさせているその特性や本能を指摘する（たとえば、空気に対する鳥の翼の適合性、水に対する魚のひれの適合性）。彼は昼と夜の交替があるから、動物がうまく一定時間の活動のあとに休みをとることができるという事態に感銘する。われわれは一層最近の論者によって与えられた例によって、結論に向かってもいいであろう。この論者は、大気圏内にあるオゾン層を論じる。オゾン層はわれわれが知るかぎりの生命を地球の表面で生存可能にさせるに十分な太陽の強い紫外線を濾過する。彼によれば、

オゾンガス層は創造主の事前の配慮をしめす有力な証拠である。この配慮をいったいだれが偶然による進化の過程に帰せしめることができるであろうか。生きとし生けるものを死から守る壁、ちょうどうってつけの厚さで、しかもぴったりと狂いのない正確な防

衛、は計画をあらわすすべての証拠である。[23]

計画性による論証に対する古典的な批判は、ヒュームの『自然宗教に関する対話』の中に見えている。ヒュームの著作はペーリーのものより二三年も早く、一七七九年に出版された。ところが、ペーリーはヒュームの批判をまったく考慮していない。これは神学者たちとその哲学的な批評家たちとの間に対話がなかったことを示す一例証である。ヒュームの主要な批判はつぎの三点である。

1 宇宙はきまって計画されたもののような外観を呈するものである、と彼は指摘する。[24] なぜなら、かなりの程度まで構成部分が相互に適応し合わないような宇宙はありえないからである。たとえば、羽が生えていても、魚のように空中に住むことができなければ、鳥は鳥でありえないであろう。どのような生命でも比較的固定した環境の中に住みつくということは、秩序と適応性とを前提としているからである。そして、このことがいつもきまって慎重な計画の所産であると考えられるのである。しかしながら、問題はこの秩序が意識的な計画以外のものから生じえたのか否かである。一つの選択肢として、ヒュームはエピクロス的な仮説を示唆する。宇宙はでたらめに運動する有限個の粒子から成っている。これらの粒子は無限の時間の中で、可能なかぎりのあらゆる結合をしてみせる。これらの結合のうちのあるものが安定した秩序（一時的であれ、永続的であれ）を成せば、この秩序がやがて実現され、これがわれわれの住むこの秩序のある宇宙となるのであろう。

この仮説は、秩序あるこの世界を自然主義的に説明するための一つのきわめて単純なモデルを提示する。このモデルは専門諸科学のもとで修正され、拡張されうる。たとえば、ダーウィンの自然選択説は、計画されたように見える動物のからだの特性をいっそう具体的に説明してみせる。ダーウィンの説によれば、どの世代にも個体間に無作為の小異変が生じ、次のような単純な理由から、つまり不断の生存競争において適応性の乏しい個体は滅び、種を保存することができないでいるという単純な理由から、種は比較的たやすくその環境に順応するのだという。「生存競争」はさらに完全な適応性をもつための不断の圧力になっているが、これは生命がますます複合した形態をとって、ついにはホモ・サピエンス(homo sapiens)にいたるという生命の進化の背後に見いだされる。オゾン層に話をもどせば、地上の動物的生命がこの濾過作用の配置によって奇しくも守られているという理由は、神がまず動物を造って、つぎにこれを保護するためのオゾン層をしいたのではなく、むしろはじめにオゾン層があり、この層を貫く紫外線の放射状の高さで生存することのできる生命形態のものだけが、この地上に発展したのである。

2　世界と人工物、たとえば時計や家屋、の類比はむしろ弱い[25]。宇宙はべつに巨大な機械のようなものではない。それは甲殻類に属するひどく遅鈍な生き物にたとえることもできれば、また野菜のようなものにたとえることもできるだろう。しかし、この場合、甲殻類や野菜が意識的に計画されたものであるかないかが、まさしく重大問題なのであるから、計画性による論証は失敗に終わる。世界と人工物とが顕著な類比をみせているからといって、知性的な計画者を推論していいという何か正当な根拠があるだろうか。

3 世界に対する神的な計画者を確実に推論することができたとしても、無限に聡明であり、善であり、かつ力強いユダヤ-キリスト教的伝統の神を要請することのできる権利は、まだわれわれには与えられていない[26]。任意の結果から推論できることは、その結果を生じさせるに十分ないくらかの原因だけである。それゆえ、有限の世界から無限の創造主を推論することはどうしてもできない。ヒュームの実例を使えば、わたしにてんびんばかりの一方の端を見ることができ、一〇オンスの重さの分だけ他方の端のほうが重いとわかれば、見えない物体が一〇オンス以上の重さのものだと考える証拠は十分にわたしにある。しかし、このことからこの物体の重さが一〇〇オンスであると推論することはわたしにはできない。ましてや、それが無限に重いものだと推論することはどうしてもできない。これと同じ原則に基づけば、自然の外観から、多ではなく一なる神が存在すると確言する権利はわれわれには与えられていない。というのは、世界は多様性に満ちあふれているからである。またあるいは、全面的に善なる神が存在すると確言する権利もわれわれにはない。というのは、世界には善と同時に悪が存在するからである。また右と同じ理由から、完全に聡明な神、あるいは限りなく力強い者が存在すると確言する権利もわれわれには与えられていない。
それゆえ、計画性による論証は、それが神の存在証明と考えられるかぎりでは、ヒュームの批判によって決定的に弱められたものになっている。これがたいていの哲学者のみてきたところである。

4 有神論と確からしさ

ヒュームの時代以降、さらに拡大されたかたちの計画性による論証が、二世代前にはテナント(F. R. Tennant)[27]により、また今日ではスウィンバーン(Richard Swinburne)[28]によって与えられている。両者はともに、次のように主張している。もしも十分に包括的なデータの範囲を、つまり生物学的進化のもつ目的論的特性だけでなく、人間の宗教的、道徳的、美的、認知的な経験[29]*をも考慮するならば、神は存在しないとするよりも、存在するとしたほうが累積的に確からしいといえる。有神論は最も確からしい世界観、あるいは最も確からしい形而上学的体系として提示されている。

*「認知的」(cognitive)ということばの意味については、本書二〇七頁を参照せよ。

これらの思想家たちは、有神論的な世界の解釈だけが宇宙の物質的な側面に対して正当な場所を与えるとともに、人間の道徳的、宗教的な体験に対しても十分な考慮をはらうから、他のどの選択肢よりもすぐれている、と主張する。言うまでもなく、この主張は有神論的でない思想家たちによって反論される。彼らはとくに悪の存在を指摘して、これが宗教的な哲学よりも、自然主義的な哲学のほうにいっそうよくあてはまると考える。悪の問題は第四章で検討されるであろう。ここではさしあたり、確からしさという考えが神の存在、非存在という対立的な仮説に対して正しくあてはまるかどうか、を考察しなければならない。

確からしさ、あるいは確率についての二つの主要な理論――「頻度」論と「信念の合理性」論――は、確率の統計的、帰納的な意味と呼ばれることのある主題を論じ、これを展開させた現代の著書の中で見いだされる。最初の理論によれば、確率は統計的な概念で、事象が複数ある場合にのみ用いられる(30)(たとえば、サイコロの面は六つであり、どの面も平等に出るようになっているから、ある特定の数字を振り出す確率は六分の一である)。ヒュームが類比的な推論についての議論の中で指摘しているように、宇宙はただ一つしかないとする事実は、宇宙についてのわれわれの確率的な判断を締め出すものである。ありえないことではあろうが、もしもたくさんの宇宙が（たとえば、一〇）あることがわかっているとして、さらに、たとえばその半数が神の生み出したもの、残りの半数がそうでないものとわかっているとするならば、われわれの宇宙が神の生み出したものであるというである。

確率は二分の一である、と演繹することができるであろう。しかしながら、「宇宙」ということばで、われわれは存在するすべてのもの（宇宙の創造主を除いて）の全体を意味するのであるから、確率の頻度論に基づいて宇宙の特性を推論することは、明らかに不可能である。

もう一つのタイプの確率の理論によれば、言明pが言明qより確からしいと述べることは、この二つの言明が、先行する（例証を述べている）共通の命題群との関係で考察される場合に、qよりpを信じるほうがより「合理的」である、またはpはqよりいっそう信じるに値する、と述べることと同じである[31]。合理性をどう定義するかはむろん問題であるが、ここにはまた別の困難な問題もある。それは宇宙の「神的な」特性、あるいは「神的でない」特性、あるいは神的でない特性を評価するためにこの概念を使おうとしても、実はそれができない、という問題である。宇宙全体というユニークな例の場合には、われわれに利用できる、先行的な、証拠明示的な命題群は何もない。というのは、すべてわれわれの命題は宇宙そのものの全体についてであるか、または部分についてであるか、のいずれかでなければならないからである。言い換えれば、宇宙の外には宇宙の本性に関する証拠とみなすことのできるようなものは何もないからである。宇宙はただ一つしかない。そして、このただ一つの宇宙は有神論的にも、無神論的にも、両方に解釈しうるのである。

われわれは「論理と無関係な」確からしさについても語ることができる、つまり、たとえ数学的な定式化ができなくても、日常の常識的な判断からするという意味において、神が存在しないとするよりも、存在するとしたほうが当たっている、あるいは確からしい、と主張してもいいということが示唆されている[32]。この見解によれば、神仮説を支持する考察は、これと逆の仮説を示唆するよりもはるかに重みがあるとされる。しかしながら、これは明らかに問題を回避するやり方である。なぜなら、たとえば、悪の実在に対する人間の道徳的な義務感、あるいは邪悪の事実に対する人間の宗教的な体験を測るというような共通のはかりはないからである。また、人生に対する宗教的な解釈のほうが自然主義的な解釈よりも優先的にいっそう確からしいとか、あるいはその逆であるとか言わせるような有効な手段もどこにもないからである。われわれはユニークな現象を扱っているので、これには確率、あるいは確からしさ、というカテゴリーは正しく当てはまらないのである。

他方、リチャード・スウィンバーンは最近、宇宙の特性についての有神論的な説明がおよそ可能なかぎりでの最も単純で、最も包括的なものであり、またベイズの定理を使えば、それが二分の一よりも高い確率を持つ説明であることが示せる、と論じている。かれの論証は魅力的で複雑であるが、また手厳しく批判もされている。けれども、研究の進んだ学生には、かれの議論は格好の題材である[33]。

5　道徳的な論証

道徳的な論証はさまざまな形式において、人間の倫理的な経験と、特に同胞に対するその不可譲の義務感とが、何らかの仕方で、この義務の源泉あるいは根拠として、神の実在を前提にしている、という点を主張する。

第一形式

この論証は一つの形式においては、次のような論理的な推論として提示されている。すなわち、客観的な道徳法則から神的法則の賦与者にいたる論理的な推論として、あるいはまた道徳的価値ないし価値一般の客観性から価値の超越的な根拠にいたる論理的な推論として、あるいは良心という事実からその「声」が良心でもある神にいたる論理的な推論として、たとえば枢機卿ニューマン（Cardinal Newman, 1801-1890）の次のことばにあるように、提示されている。

よくあるように、良心の声を犯して責任を感じ、恐れを抱くならば、それに対してわれわれが責任を感じ、それの前で恥じ、われわれに対するそれの要求を恐れるところの一者が存在するということを、このことは意味している……これらの感情のわく原因がこの可視的な世界に属さないとすれば、〔良心的な人間の〕知覚が向けられる対象は超自然的なものであり、神的なものであるに相違ない……[34]。

この種の論証はすべて、人間の欲求や欲望、我欲、人間性なり、人間社会なりの構造からするいかなる自然主義的な説明も、またあるいは、超自然的なものに訴えないでする他のいかなる方法も、道徳的な価値を説明することができない、という基本的な仮定を前提としている。しかし、このような仮定をたてることは議論を回避することである。それゆえ、価値論から神を推論しようとする本質的な前提は問題である。また、自然主義的な懐疑論者の観点からすれば、ここには確証されているものは何もない。

第二形式

第二の道徳的な論証は、それが厳密には証明とはいえないので、右と同じ反論にはさらされない。それはつぎのような主張から成っている。道徳的な諸価値を自分の人生に向けられた至上なる要求として受け入れ、これに献身しようと真剣に誓う者は、これらの価値のために超人間的な根拠であり、根底である実在を、暗黙的に信じなければならない。そして、宗教はこの実在を神と呼ぶ。それゆえ、カントは、霊魂の不死と神の存在とはともに道徳生活の要請、すなわち無条件的な要求を自己に正しく課することを以って義務と認める者には当然大前提として首肯されうる信念である、と論じている[35]。また、さらに最近の神学者は、つぎのように問うている。

神信心がわれわれの道徳的な意識に欠かせないものであり、これなくしては後者は無意味になると述べることは、現代の世界においては逆説的にすぎるであろうか。……われわれの道徳的な価値は、実在の本性と目的とについて何事かをわれわれに語るか（すなわち、宗教的な信念の胚種をわれわれに与えるか）、それとも、これらの価値は主観的であり、それゆえ無意味であるか、のいずれかである[36]。

右の内容が誇張されたものでないかぎり、その内容にはある限定された有効性があるように、今のわたしには思われる。道徳的な要求を他のいっさいの利害に先立つものと決めることは、暗黙のうちに自然界以外に実在を信じることであり、この実在が人間よりすぐれており、人間に服従を強いる権利がある、と認めることである。それは、少なくとも、ユダヤ－キリスト教的伝統の中では至上なる道徳的実在として知られている神を信じる方向に向かわせるものである。しかし、以上によって神の存在証明が提示されたということにはならない。なぜなら、道徳的義務に対する至上の権威ということは疑問視されうるし、また、仮に道徳的な価値が超越的な根拠をさし示していると認めたにしても、これらの価値が無限、全能、自存的、人格的、という聖書的な信仰の対象である創造主をさし示しているとは断言できないからである。

第三章　神の存在に反対する論証

不可知論的であろうと、無神論的であろうと、責任ある懐疑論者は、宗教者たちがある体験をもち、この体験の結果として彼らが神の実在を確信するようになったということを頭から否定することに関心があるわけではない。しかしながら、これらの体験は、神を要請しなくても、宗教に対する自然主義的な解釈をとることによって、十分に説明がつけられる、と懐疑論者は信じている。そこで、この自然主義的な解釈のうちでも、最も大きな影響力をもつ二つのものが、はじめに検討されるであろう。

1　宗教に対する社会学の理論

今世紀のはじめに、主としてフランスの社会学者たち、とりわけエミール・デュルケーム（Emile Durkheim）[1]によって展開されて以後、このタイプの分析は、とくに社会がその構成員の精神を、良かれ悪しかれ、形成する力を持っているという事実に鋭敏な世代に対して強く訴えている。

社会学の理論は、人びとの礼拝する神々は知らない間に社会が道具として作り上げた想像上のものであり、社会はこれを利用して個人の思想や行動を制御するのだという点を示唆するとき、この力に論及する。

この理論は、人間がその個人的生活を超越する高等な力や、その生活に道徳的な至上命令としてその意志を押しつけてくる高等な力の前にあるという宗教的感情を抱くとき、たしかに人間は偉大な環境的実在に直面しているのだと主張する。しかしながら、この実在は超自然的な存在ではない。それは社会の自然的な事実なのである。人間集団の全体は神の属性をその集団の構成員との関係の中で活用し、これらの構成員の頭の中に神の観念を生じさせる。それゆえ神の観念は、事実上、社会に対する一つの象徴となるのである。

聖なるものに対する意識や、崇拝者に全面的な服従を求める聖なる要求の源泉としての神に対する意識は、それゆえ、社会がその構成員に絶対的な忠誠を求めることを反映するものだと説明される。デュルケームの理論がもともとそれとの関連で立てられたオーストラリアの先住民社会では、無条件に服従と忠誠とを求める権利が集団にはあるというこの意識が非常に強かった。種族なり氏族なりは心的な有機体であり、この有機体の内部で人的構成員は細胞として生きた。しかし、その構成員はまだ十分に個として集団意識から離れられないでいた。種族の慣習、信念、要件、タブーなどは至上のものであり、それらは集合的に聖なるものという畏敬の側面を帯びていた。文明社会では、この原始的な結合は、たとえば国家精神が国民に対してほぼ無制約的に権威をふるうことのできるような、戦時体制において部分的な復活を示している。

デュルケームによれば、神が人間の最終的な救いであり、守りであるという相補的な意識を解くカギは、生活上のあらゆる主要な危機においてその属する社会によっていかに支えられ、いかに維持されるかの仕方のうちに見いだされるという。われわれ人間は自己存在の根底にいたるまで社会的なものであり、自己の集団に深く依存している。そして、もしも自己の集団から疎外されるならば、不幸になる。自己の集団は人間の心的活力の主要な源泉であり、それゆえに、もしも自分がひとりの礼拝者として、自分の仲間とともに自分たちを結びつけている宗教を祝うならば、そこから力を得、また補強されることになる(「宗教」religion はラテン語の ligare から出来たことばで、縛るとか、結びつけるという意味がある)。

したがって、神として象徴化された具体的な実在を構成するのは、個人の上に立つ偉大な環境的実在としての社会、つまり個人の小さな生命が現われるはるか以前から存在し、またそれが消滅してからも存続しつづけることになっている真の「日の老いたる者」*としての社会、である。この理論は、心像や象徴を造り出そうとする人間精神の普遍的な傾向に注目することにより、社会の自然的な圧力を神の超自然的な臨在の中へと変形させる過程を説明している。

＊　これは『旧約聖書』の「ダニエル書」七章二二節からの引用句で、神を意味する。

ここには簡単ではあるが、宗教についての観察可能な諸事実に向けられた一つの解釈がうかがわれる。この解釈の中では、神は人間と人間の住むこの世界を創造した超自然的な存在であるという点には触れられていない。それどころか、この解釈によれば、神を創造したのは人間という動物であり、それは自己の社会的な存在を維持するためであった、ということにされている。

宗教思想家たちは、以上の理論に対してさまざまな批判を与えてきたが、とくに以下の難点が強調されている。[2]

1　時には経験的な社会の枠からはみ出して、人類一般に対する道徳的な関係を認めることのある、宗教的に精通した良心が存在する。その良心の及ぶ普遍的な範囲を、右の理論は説明することができない。一神教的信仰に生きた偉大な教師たちをみるとき、一神教の系がこれをいちばんよく力説していたことがわかる。神はすべての人間を愛し、すべての人間に対して、互いに兄弟姉妹としていたわり合うように命じているのである。

この驚くべき現象は社会学の理論の範囲の中に、どのようにして取り込むことができるだろうか。もしも神の召命が、ただその社会の利益になる行動形態をその構成員に課するだけの社会にすぎないとするならば、すべての人間に平等の配慮を与えるべきであるとする義務の起源はどういうことになるのだろうか。人類全体というものは社会学の理論の中でその語が使われるとおりの一つの社会なのではない。もしも神の声が、ねたましいほどよく保護されている集団の特権をアウトサイダーの者にまで及ぼすようにと人間に強制するならば、その神の声と人間集団の声とは、どのようにして同等視することができるのだろうか。

2　社会学の理論は預言者的精神の道徳的な創造性を説明することができない。道徳的な預言者というものは、既存の道徳法則を踏み越えて、新たないっそう遠大な道徳性の要求を自己の生活の上に認めよと自己の仲間に要求する刷新者であることを特徴的とする。しかし、もしも自己保存と自己高揚に夢中な組織集団の経験以外には他のいかなる道徳的責務の源泉もないとするならば、上のことはどのように説明しうるであろうか。社会学の理論はスタティックな「閉じた社会」にはあてはまる。しかし、集団に対して道徳的に先を行く先駆者たちの明察から生み出される倫理的な進歩は、上の理論ではどのように説明がつけられるのであろうか。

3　社会学の理論は社会的に超絶した良心の力を説明することができない。批判の焦点はふたたび社会と衝突する個人の上に注がれる。というのは、たとえば、当時のヘブライ社会を公然非難したアモス（Amos）のような人や、時代をくだれば、南アフリカに住む白人による黒人支配を拒んだアラン・ペイトン（Alan Paton）なり、ハドルストン神父（Father Huddleston）なりのように、あるいはまたロシアのソルジェニーツィン（Sol-zhenitsyn）やコロンビアのカミロ・トレス（Camilo Torres）やヴェトナム反戦論者たちのように、社会と衝突する個人は「異なる方向に雄々しく進んでいく」からである。社会学の理論が正しいとするならば、右のような場合、神に支えられているという意識は最小限のものであるか、それともまったくあってはならないものでなければならない。もし神がたんに偽装した社会にすぎないとするならば、預言者は神の支えを受けて社会に抵抗することができない。しかしながら、記録の示すところによると、右のような状況では神に押し出され、神に支えられているという意識がしばしば最大限に表わされている。右の人びとは、召命と指導権とを永遠者から授けられたというあざやかな意識に支えられている。ヘブライの預言者たちは、どの例の中でも、自分たちが民によって退けられるときに、かえって神を身近かに感じる、と表現している。しかし、それでも彼らは自意識と民族意識のきわめて強烈な社会——社会学の理論によれば、社会の構成員に対してその意志を最上に極印することができるとされる社会——に属していたのである。

それゆえ、宗教を純粋に自然的に説明しようとする試みに対しては、まだ「証明不十分」という判定が下されることになるように思われるのである。

2　宗教に対するフロイトの理論

フロイト(Sigmund Freud, 1856-1939)は精神分析の創始者で、ガリレオ、ダーウィン、あるいはアインシュタインと並び称せられる重要人物であるが、彼は宗教の本性に大きな関心を寄せていた[3]。彼は宗教的な信念を「……幻想、つまり人類の求めて止まない最古にして最強なる願望の充足」とみなした[4]。宗教は、フロイトの見るところでは、自然のもたらすいっそう脅威的な側面——地震、洪水、台風、病気、避けられない死——に対する精神的な防衛である。フロイトによれば、「自然はこれらの力を使って、堂々と、残酷に、そして容赦なく、われわれに立ち向かって来る[5]」。けれども、人間の想像力は、これらの力を神秘的な人格的力に変形させる[6]。

非人格的な力や運命には〔と、フロイトは言う〕近づくことができない。これらのものは永遠の隔たりをもつ。けれども、もし自然の力のなかに、われわれの心と同じような熱情が躍動しているとするならば、あるいは、死そのものが自然のものではなく、邪悪な意志の暴力行為であるとするならば、さらに、もし自然の中のいたるところで、同じ社会に属するなじみ深い存在者にとりまかれているとするならば、そうした場合にはわれわれは自由に息をつくことができ、その無気味なものの中でくつろぐことができ、そして心的な手段により、われわれのなくもがなの不安を処理することができる。それでもなお防衛ができたとは、おそらく言えないかもしれないが、もはや手も出ないというわけではない。われわれは少なくとも反応を示すことができる。たしかに、防衛ができているとさえも言っていいであろう。われわれは自分の社会で用いる手段をそのまま、これらの暴力をふるう超人に対しても適応することができる。泣きおとしたり、なだめすかしたり、買収したりすることができる。このような働きかけによって、いくぶんかはこれらの自然の力をやわらげることができるであろう。

ユダヤ-キリスト教的宗教に当てられた解決は、一つの偉大な防衛力としての埋もれた父の記憶を宇宙に投影することである。揺りかごの中でわれわれにほほえんでみせた顔が今や無限に拡大されるので、今度は天からわれわれにほほえみかける。だから宗教は「……人間性につきまとう普遍的な強迫神経症」[7]なのである。しかし、この強迫神経症は人びとがやがて世界と対面することを学び、もはや幻想ではなく科学的に確証された知識を信頼するようになるとき、取り除かれることになるかもしれない。

『トーテムとタブー』の中で、フロイトはエディプス・コンプレックス[8]（同時発生の両面感情*に基づく）という独特の概念を使い、人間の宗教生活の中にみられるきわめて強烈な情緒性や、これに伴って生じる罪責感や、神的なものの命令に服する義務感を説明してみせる。彼は家族構成が父親、母親、子供から成り立つ「原始群族」(primal horde)という人間の先史的段階を要請する。父親は支配的な男性として女性を治める独占的な権利をわがものとし、彼の地位を掠奪しようとする息子は追い出すか、殺すかした。息子たちは個人の力では権力者の父親を打ち負かすことができないと見てとると、彼らはとうとう団結して父親を殺害し(そして、食人でもあったので、これを食べ)てしまった。これは親殺しの原初的な犯罪であり、この犯罪が人間の魂の内部に緊張感を生み出した。また、この緊張感から道徳的な禁忌、トーテミズム、その他さまざまの宗教現象が発展した。父親を殺害したあとで、兄弟は自責の念にかられる。また、兄弟のすべてが父親の地位を受け継ぐことができず、引き続き自制が必要であることをも知る。したがって、死んだ父親の禁令が近親相姦を禁じるタブーとして、新たな(「道徳的な」)権威を帯びることになる。エディプス・コンプレックス——これは男性において更新される[9]。——をこのように宗教と結びつけて考えると、人間精神にみられる神の神秘的な権威や、人びとをそのような空想に従わせるところの強力な罪責感をも説明することができる。したがって、宗教は「被抑圧者の回帰現象」なのである。

* 両面感情(ambivalent feelings)とは同一人物に対する正反対の感情、すなわち愛情と同時に敵意のこもった感情の方向を意味する。フロイトはこれを人間のかくされた感情生活の一特徴とみる(フ

ロイト『精神分析入門』下、豊川昇訳、新潮文庫、一九五六年、二三八頁参照)。

フロイトの宗教論を検討した文献は大量にあるが、ここではそれを要約して述べることはできない[10]。「原始群族」という仮説はダーウィン(Darwin)やロバートソン・スミス(Robertson Smith)からフロイトが受け継いだものであるが、今日では一般に人類学者たちにより退けられている[11]。またエディプス・コンプレックスそのものも、今ではフロイトの後継者の多くの者たちでさえ、これがあらゆる問題を解くカギであるとは考えていない。さらに、哲学的批評家たちは、フロイトの心的原子論と決定論が観察された事実の報告ではなく、哲学的に思弁された理論であることを指摘している。

宗教に対するフロイトの説明は、全体的に見ればきわめて思弁的であり、おそらく彼の思想の中で最も薄命な部分ではなかろうかと思われる。しかし彼の一般的な宗教観——信仰は一種の「心理的な松葉づえ」であり、空想的な思考の性質をもつ——は、俗に宗教といわれる多くのものにあてはまるので、内部的にも外部的にも多くの批評家たちから是認されている。経験的な宗教はいろいろな要素の混合物であり、明らかに願望充足が混入し、これが多くの信奉者たちの心の中で主要な要因となっているのである。

フロイトの理論に対してなされた、おそらくいちばん興味深いものと思われる神学的な論評はつぎの通りである。フロイトは父親像に関する解釈の中で、神が神自身の観念を人間の心の中に創造していくメカニズムを暴露してみせたことになるかもしれない。なぜなら、ユダヤ‐キリスト教的伝統が教えているように、もしも父親の子供に対する関係が、神の人間に対する関係と類比的であるとするならば、人間が神を自分の天の父親であると考えたり、また幼児期における完全依存の体験を通して、あるいは成長期の子供の時期の、家族の内部でかわいがられ、いたわられ、しつけられるという体験を通して、神を自分の天の父親であると知るようになることは、何も驚くにはあたらないからである。前以って自然主義的な説明にコミットしていない者にも、心理学的な諸事実に対しては、自然主義的な解釈と、宗教的な解釈との両方があることは明らかなのである。

ここでもふたたび、判定は「証明不十分」ということになるように思われる。社会学の理論と同様に、宗教に対するフロイトの理論は真であるかもしれないが、まだ真であることは示されていないのである。

3　近代科学の挑戦

近代における科学的知識の驚異的な増大は、宗教的な信念に深い影響を及ぼした。さらにこの影響は、本書の主要な関心事であるユダヤ‐キリスト教的伝統の内部において最大限に現われている。科学的な知識と宗教的な知識の主張の間には一連の特殊な権限論争があったし、また現代の知的な風土の中でも、宗教に対して批判的な主要因を構成するさらに一般的な累積的結果も出てきている。

ルネッサンス以来、世界についての科学的な情報は、たとえば天文学、地理学、動物学、化学、物理学のような学問の分野で着々と拡大されてきた。そして直接の観察や実験からでなく『聖書』から取られた主張で、これらの分野の中では矛盾するものは破棄されてきている。科学者と教会教職者との間の大きな闘争においては、いつでも科学的な方法の妥当性のほうが、その実際的な成果のゆえに良しとされた。そこで、科学者たちによる発見と衝突する宗教的信念の側面には、必要な調整がなされた。こうした長い論争の結果から、次のことが明らかになった。すなわち聖書記者たちが、歴史に働く神の活動についての経験を記録するとき、彼らは自己の証言をその時代の前科学的な世界理解のことばで表現せざるをえなかった、ということである。さらに知識の進歩に伴って、神の臨在と召命についての彼らの記録と、彼らの思考の枠組みを形成した原始的な世界観とを区別することが必要となった。そこで、この区別をしたことにより、現代の読者は、神との出会いを人間の目標にたてるという前科学的な文化を反映したところが『聖書』にはある、ということを認めることができるようになったのである。したがって、たとえば三階層の宇宙という『聖書』の宇宙論——頭上の天国、脚下の地獄、地球を回る太陽、ただしヨシュアの命令に服して太陽はその運行を停止する——は、現代の知識に照らせばもはや信じられないものであることがわかる。六〇〇〇年余の大昔に天地が創造され、そのとき人間と他の動物が現在のままの姿で存在するようになったということは、もはや合理的な信念としては認められない。また、いつか未来に、過去の人間の死体が元の健康体にもどり、神の審判を受けるために大地に立ちあがるであろうという期待は、もはや受け入れられない。しかし、それでも、右のすべての場合に、教会教職者たちは、当初はしばしばきわめて激烈に、そして熱情的に、彼らの慣習的な信念と衝突する科学的な証拠に対して抵抗を示した[12]。この抵抗は、部分的には物騒がせな新学説よりも、なじみの深い科学の定説のほうを好むという保守的な考えをする人びとの自然な反応を表わしていた。しかし、この反応は、啓示に対する命題的な見方を無条件に受け容れるという態度に支えられ、補強されていた（一三三―一三八頁参照）。この考え方は、『聖書』の言明はすべて神の言明であるということを仮定する。その結果、神の言明を疑うことは神を偽証者として非難することであるか、それとも『聖書』が神の霊感を受けて書かれたものであることを否定することであるか、のいずれかということになる。

科学的進歩と神学的退歩を重ね合わせたこの長い歴史の中で、さらに一般的な遺産となったものは、今世紀の西欧世界の中で思想の特徴的な風土の一部ともなっている仮説、すなわち科学は宗教の主張をとくに反証はしなかったけれども、それは世界を明るみにさらけ出したので、もはや信仰は無益な私的空想としてしか考えられなくなってしまった（宗教の語る世界とはどの点においても出会うことなしに）という仮説である。宗教は存在理由を失って、ますます人間の知識の領域から締め出される運命に追い込まれ、遂には占星学——われわれの経験的な知識があまり進んでいなかった先代の頃から、からくも生きのびてきた、いわば文化的な「第五車輪」*——の身分にまで落ちぶれてしまったように思われる。

＊ 車の第五輪のような余計なものの意。

科学は自然の秩序の自律性を累積的に確証した。広大無辺なすがたに心をしびれさせられる銀河系から、想像しがたいばかりに微小な素粒子の世界の出来事や存在物にいたるまで、そしてまた、これらの実質的な無限の間に横たわるわれわれ自身の世界の無際限な複合性のどこをとらえても、神には触れずに自然は探究できる。科学によって探究される宇宙は、あたかも神は存在しないかのように進行していく。

以上の事実から本当に神は存在しないという結論が出てくるであろうか。

否定的な結論に導く有神論的な信念の形式もあれば、そうでない別の形式のものもある。もしも神の実在に対する信念が前科学的な時代の文化的前提に縛られているならば、この一群の信念は、全体的にみれば、もはや有効なものではない。けれども、神はこの宇宙の創造が人間に関係するかぎりにおいて、これを中立的な領域として創造し、この領域において被造物は十分な自律性を与えられ、創造主との自由な、容認された関係に入ることができるようにされていると（多くの現代神学とともに）考えるならば、状況はおのずと違ったものになる。この観点からすれば、神は人間に対して一定の距離を保持していることになる。つまり、いつでも相対的で制約を受けてはいるが、それでも人間が責任を負う人格者として存在するためにふさわしい自立性に対して一定の限界を与えているのである。この「距離」は空間的なものというより、むしろ、認識的なものである。これは、人間の知性に対してどうしても明証的ではない神が、ただ強制されない信仰の応答によってのみ知られうるという事情に基づいて成立する。[13] この事情は、実際にわれわれの有する自律性を人間の環境がもつようにと要求している。その環境は探究者がその内部に、またはその背後に、神を一要素として要請しなくても、どこまでも探究を続けていくことのできる自律した作用体系を成すものでなければならない。神に対するこの考え方の観点からすれば、自然の自律性はそれがますます科学によって確証されるとおり、宗教的な信仰と何の矛盾も起こさない。科学は神によって創造され、維持されている宇宙を探究しているが、その自律性と完全性とは神によって与えられたものなのである。神と神のこの世に対する目的とをこのように理解すれば、はじめに多くの宗教者たちにより大きな脅威と思われた科学の諸発見——達成されたものと、計画されているものとを含めて——は取り込むことのできるものとなる。動物界と人間の連続性の跡をたどること、実験室における自然の化学反応の再現からその結果を予想しつつ、地表面に起こる自然の化学反応の中から有機的な生命の起源をつきとめること、大気圏外の宇宙の探検と、地球以外の惑星に住む進んだ生命形態との出会いの可能性、人格の作用を探り当て、いまわしい「洗脳」の技術を完成させること、遺伝子の抹消や分岐により、人間の遺伝物質を制御する可能性を新たに造り出した現代の分子医学の革命、核エネルギーの利用と、核戦争による人類破滅の恐ろしい可能性——これらすべての事実と可能性とは、善悪のいずれともなる莫大な潜在能力を秘めているとはいえ、それ自身、自律的な構造を備えた自然の秩序の諸側面なのである。宗教的な信仰によれば、神はこの秩序を一つの環境として創造し、この環境の中で人間が自由な、そして責任を負う行為者として生存しつつ、神との関係の中に入ることができるようにさせたのである。この宗教的な主張に対する科学的な知識のかかわりについて言えることは、どの専門科学の領域にも右の主張はあてはまらないということだけである。科学は右の主張を確証することも、否定することもできないのである。

右の神学的な観点からすれば、『聖書』の中や、昔からの教会記録の中に豊富に見られる奇跡物語、かなえられた祈りの記事の身分はどういうことになるのだろうか。これらのものは、自律的な自然の秩序が科学に固有な領域であるとする認識と矛盾するものであると考えられねばならないのだろうか。

この問いに対する答えは、われわれが「奇跡」を定義する方法にかかっている。奇跡は自然法則の破棄または留保として、純粋に物理学的な、非宗教的な用語で定義することもできれば、あるいはまた宗教的な用語で、それはあざやかに神の自覚を呼び起こし、これを取り次ぐところの驚くべきまれな出来事であると定義することもできる。もしも「奇跡」が自然法則の破棄と定義されるならば、奇跡などというものは全くないと、ア・プリオリに断定することができる。しかしながら、このことから宗教的な用語の意味における奇跡までもないという結論は出てこない。なぜなら、自然法則と衝突する出来事は何もないと述べる原則から、あざやかに神の自覚を呼び起こし、これを取り次ぐところの驚くべきまれな出来事は何もないとする結論は出てこないからである。自然法則というものは、実際の出来事が何であれ、それを網羅するために、回顧的に定式化された一般化から成る。もしこれまでに容認されてきた一般化によっては網羅しきれないような出来事が起こった場合には、その名にふさわしい科学的な応答とは、その出来事が起こらなかったと否定することではなく、その出来事をも含むために現行の自然の解釈を修正し、拡大するように努めることである。重大な事実を無視して、たとえば、イエスが手のなえた男をもとどおりに癒したという話（ルカによる福音書六章六－一一節）は本当ではないとか、あるいは、昔なり今なりの、これと類似の話が本当でないとか、言うことはできない。この種の驚くべきまれな出来事が起こったということは、科学的に不可能なことではない。神の臨在と活動に対するあざやかな意識を呼び起こし、これを取り次ぐという宗教的な意義を有する出来事は、本当に起こったかもしれない。たとえ現在の非常に限られた人間の知識の段階では、自然の一般的な成り行きとそれらの出来事との連続性はまだつきとめられないでいるとしても……。

　昔の護教論的な体系の中では、奇跡は重要な役割を果たした。奇跡は信仰を要求し、信仰を強制する力を宗教に与えると思われた。この伝統的な見方に反して、今日では、奇跡は宗教的な信仰にはじめの基礎を考えるどころか、逆にこのような信仰を奇跡のほうが前提としている、と多くの神学者たちは考えている。奇妙な偶然の一致なり、予期せぬ出来事の発生なりの中に神の目的を感じとる宗教的な応答は、ある出来事を一つの奇跡とみなす。したがって、奇跡はどこまでも信仰の共同体の内面的な生活にふさわしいものではあっても、それはけっして宗教団体が外部の世界を教化するために求めることのできる手段ではないのである[14]。

　それゆえ、本章の結論は前章の結論と類似する。前章では、神の存在は決定的に証明することができないもののように思われた。本章でも、神の存在は決定的に反証することができないもののように思われる。さらにわれわれは、多くの人びとにとって愛なる神の実在性を疑わせる最も大きな理由は何かについて、つまり人間の苦しみと邪悪という二つの莫大な重みについて考察しなければならない。これは実に由々しい問題であるから、次章はすべてこの問題に当てられるであろう。

第四章　悪の問題

1　問題

多くの者にとって、愛すべき創造主の観念を受け入れ難いものにさせ、したがって宗教に対するいろいろの自然主義的な理論のほうにかえって好意をもたせてしまうものは、何よりもまず、恐ろしく深くて広い人間の苦しみという事実であり、またこれを生み出す利己心と貪欲さである。

「悪」を何らかの神学理論の用語で定義しようとするよりも（たとえば「神の意志に反するもの」というように）、その言葉によって言及されているものを指し示すことによってそれを直示的に定義するほうがよいように思われる。悪とは肉体的な痛み、精神的な苦しみ、道徳的な邪悪のことを指す。この最後のものは前の二つのものを生み出す原因の一つである。というのも、非常に多くの人間の苦しみが人間の非人道性から生じているからである。この苦痛のなかには貧困、抑圧、迫害、戦争、そして歴史のなかに生じてきたあらゆる不正、屈辱、不法といった主要な苦しみの種が含まれている。病気でさえ、ある程度まで、個人とその社会環境のなかに潜む情動的、あるいは道徳的な要因からはぐくまれる。そして、この病気の広がる範囲については、いまだに心身医学によっても決定されずにいる。しかしながら、非常に多くの痛みや苦しみが人間の行為によって引き起こされているとはいえ、なお一層多くのものがバクテリアや地震、嵐、火災、稲妻、洪水、そして干ばつによっても引き起こされているのである。

有神論に対する挑戦として、悪の問題は伝統的に一つのディレンマの形で出されてきた。神が完全に愛ならば、神は悪を無くしたいと望まれるはずである。そして神が全能であるならば、神は悪を無くすことができるはずである。ところが悪が存在する。それゆえ、神は全能であると同時に、完全に愛であることはできない。

一つの可能な解決策(たとえば、現代のクリスチャン・サイエンスによって与えられているもの)は、ユダヤ-キリスト教の信仰に関するかぎりでは、除外されねばならない。悪が人間の心の幻想であると述べることは、『聖書』の決然とした実在主義に基づく宗教の内部では不可能である。人生経験は善悪の混在したものであることが特徴的であることを、『聖書』の全ページは忠実に表わしている。それはあらゆる種類の悲しみと苦しみ、あらゆる様式の「人間の人間に対する非人道性」とこの世における不安極まりない人間存在とを記録している。暗黒な、醜悪な、心が裂け、胸がつぶれる思いのするもの以外に悪をみたてようとする試みはまったくない。したがって、聖書的な信仰にとっては、悪は明らかに実在するものであり、またいかなる意味においても幻想ではないことは疑いない。

悪の問題に対しては、三つの主要なキリスト教的対応がある。一つはアウグスティヌスの対応であり、義なる原初的状態からの人間の堕落という観念によるものである。もう一つはイレナエウスの対応であり、きわめて不完全なこの世における人間性の完成にいたるまでの漸進的創造という観念によるものである。そして、今一つは現代のプロセス神学の対応であり、全能ではない神という観念、つまり、人間なり自然過程なりにおいて生じる悪を、事実上、ふせぐことができないでいる神という観念によるものである。

以上の三つの対応、つまり神義論（Theodicy）[1]のそれぞれを検討する前に、これらのすべてに共通する立場というものを見ておくことにしよう。

共通の基盤というのは、少なくとも人間の邪悪という道徳的悪に関するかぎりでは、自由意志の擁護（free-will defense）と呼ばれるようになってきたものに対しての、何らかの形式のことである。というのも、キリスト教思想では、道徳的な悪はいつも人間の自由と責任という関係の中で考察されてきたからである。人間であるとは自由に対する有限的な中心存在であること、つまり自己の決断に責任を負いうる（相対的に）自由な、自己指導的な行為者である、ということである。これは正しく行為することも、正しく行為しないことも、ともに自由であることを含む。それゆえ、正真正銘の自由な道徳的行為者は、けっして間違いを犯さないであろうとする、あらかじめの保証はどこにもありえない。したがって、自由意志擁護の強い形式によれば、悪事を働くかもしれないという可能性と、有限な人間の創造ということとは、論理的に切り離して考えることはできないのである。また、罪を犯すかもしれないような存在者を神は創造すべきではなかったと述べることは、神は人間を創造すべきではなかったと述べることと同じことになるのである。

右の説に対しては、悪の問題を扱った最近のいくつかの哲学論議の中で異議が唱えられた。つまり、正真正銘の自由な身でありながら、それでも常に正しく行為すると保証することのできる人びとを、神は創造しようと望めば創造できたであろうと述べたとしても、そこには何の矛盾も含まれていない、という主張が行なわれた。これらの論議のうちの一つから引用すれば、次のとおりである。

あれこれの場合に、もしも人間の自由な善の選択には論理的な不可能性が全くないとするならば、あらゆる場合に、人間の自由な善の選択には論理的な不可能性がありえないことになる。そこで、無垢のオートマトンを造るべきか、それとも自由に行為して時には道を踏みはずすこともあるような存在者を造るべきかの選択には、神は直面しなかった。つまり、自由に行為し、しかもけっして道を踏みはずさないような存在者を造るという明らかにすぐれた可能性が、神の前には開かれていたのである。この可能性を神が利用できなかったということは、明らかに神が全能であり、かつ全く善であるということに矛盾するものである[2]。

この議論にはかなりの力があった。しかし、これに対する応答のなかで、自由意志擁護の修正された形式が示唆された。もし、自由な行為ということで、仮に外部から強制される行為ではなく、自分が自分のおかれた環境に対して反応するように、行為者の本性から自発的に出る行為をいうのであれば、たしかに、われわれが自由の身であるということと、われわれの行為が「原因される」（神から与えられた自己の本性によって）、そして、それゆえ、原理上、予測可能であるということとの間には、何の矛盾もない。しかしながら、神がわれわれのなすがままの行為の原因であり、なおかつわれわれがこの神との関係において特別に自由の身であると述べる場合には矛盾がある。つまり、神がわれわれを造ったのは、われわれが必然的にある一定のしかたで行為するためであると述べ、しかも、この神との関係においてわれわれは正真正銘の自立的な人間であると述べることの間には、矛盾がある。もしわれわれの思想と行動とがすべて神により予定されたものであるとするならば、たとえ自分がどんなに自由の身であり、道徳的に責任を負わされているもののように見えても、神の眼にはわれわれは自由でもなければ、道徳的に責任を負わされているものでもありえず、かえって、自分で自分をどうすることもできない神の操り人形であるに違いないのである。こういう「自由」はある患者が催眠術にかけられて、言われるままに行為するようなものである。被術者には、自分が自由であるように思えるが、実際は他人の意志によって、つまり施術者の意志によって、すでに彼の意思は予定されており、施術者との関係においては、患者は自由な行為者ではないのである。したがって、神はそのような存在者を造ろうと望めば造ることができたけれども、そうすることには何の意味もなかったであろう——もしも神が人間の形をした操り人形ではなく、息子や娘たちを造ろうと望まれているならば、少なくともそうすることには意味がないだろう。このように示唆されているのである。

2 アウグスティヌスの神義論

悪の問題に対する主要な伝統的キリスト教の応答は聖アウグスティヌス (St. Augustinus, A. D. 354-430) によって定式化され、それが何百年にもわたって、キリスト教の多数派の支持する理論となった。ただし、これに対する批判は近年さまざまにおこなわれるようになってきている。この理論には、哲学的と神学的の両要素が含まれている。主要な哲学的立場としては、否定的あるいは欠如的な悪の本性という観念があげられるであろう。アウグスティヌスは、宇宙は善である——すなわち善なる神の、善なる目的のための創造——というヘブライ-キリスト教的な確信を堅持する。アウグスティヌスによれば、善には大小、高低の差異があり、その種類の豊富さには果てしがない。ところが腐敗したもの、堕落したものを除けば、存在するものはすべて、それ自身の方法と程度において、善なのである。悪は——それが悪なる意志であれ、痛みの実例であれ、あるいは自然の中の無秩序なり腐朽なりであれ——けっしてその場に、神によって設定されたものではなく、それは本来善であるものの間違ったすがたなのである。例としてアウグスティヌスは盲目をあげる。盲目は「もの」ではない。盲目に関連するのは目であるが、目はそれ自体で善である。盲目という悪は、目のもつ本来の機能の欠如から成る。そこで、アウグスティヌスはその原理を一般化して、悪はつねにそれ自体では善であるものの機能不全から成り立つのだ、と主張するのである。

もともと宇宙は神の御手のうちから生じたものであるから、それは神の創造的意図を表わした完全な調和であった。宇宙は高低の存在形態から成る階層的なヒエラルキーであったが、どの存在形態もそれ自体の階層において善であった。それでは、悪はどのようにして生じたのであろうか。はじめに悪は、自由意志を含み持つ階層において生じた。つまり、天使の自由意志と人間の自由意志においてであった。天使のうちのあるものたちは、至高善（神のことを言う）から低級な善へと向かい、そのために彼らの創造主に反逆するものとなった。そして、彼らは最初の男と女を罪へと誘った。天使と人間によるこの堕罪が道徳的な悪、つまりは罪の起源なのである。病気、「牙や爪を真赤に染めた血なまぐさい自然」*、地震、台風などの自然的な悪のほうはこの罪に対する罰的な結果である。というのも、人間はもともとこの地球の保護者であったはずなのに、人間のこの欠陥がもとで、すべての自然がゆがめられてしまったからである。したがって、アウグスティヌスは「すべて悪は罪であるか、罪に対する罰であるかのいずれかに当たる」(3)と言うことができたのである。

* テニスン『イン・メモリアム』からの引用。「自然は、牙を、その爪を強掠の血に真赤に染めて……」（入江直祐訳、岩波文庫、一〇四頁）。

アウグスティヌスの神義論には、次のことが付け加わる。歴史の終わりに審（さば）きが臨む。このとき多くの者が永遠の生命に入れられるであろうが、また他の多くの者たち（彼らの自由のもとで神の救いの申し入れを拒んだ者たち）は永遠の責め苦を受けるであろう。アウグスティヌスにとっては、「罪を犯さない者が至福であるならば、宇宙は完全である。また、罪を犯す者が悲惨であるとすれば、やはり宇宙は完全である。……こうして罪の罰が罪のみにくさをつくろうのである」(4)。彼はここで道徳的平衡の原理に訴え、罪が正しく罰せられれば帳消しにされ、神の宇宙の完全性はそこなわれることがない、と考えている。

アウグスティヌスの神義論には、悪の存在を創造主の責任にはしないという意図がその背後にある。この意図はその責任を徹頭徹尾、被造物に課するというしかたで達成される。悪は人類の先史における履き違えた自由の行使に由来する。これは天使たちの堕落という不可解な天上の姿で表わされているが、なかでもその長にあたる天使が、今でいうサタン、つまり神の敵なのである。

この神義論に対しては、近年さまざまに批判が加えられてきたが、その最初の主要な批判者はドイツの偉大なプロテスタント神学者、フリードリッヒ・シュライアーマッハー(Friedrich Schleiermacher, 1768–1834)であった。(5)

根本的な批判は、次のような観念に向けられる。すなわち、宇宙は神が望まれる通りに、いかなる悪をも含まずに、全能をもって創造されたはずであったのに、どうしたものか、そこに間違いが生じてしまった、という観念である。なるほど、その一部分である自由な被造物は、堕落するもしないも確かに自由である。しかしながら、被造物は自らのうちに悪の汚染も痕跡も持たず、有限的に完全なものであるから、また彼らは有限的に完全な環境の中に存するのであるから、事実上、彼らは罪に堕することはないであろう。したがって、完全な被造物が同時に、またわけもなく、間違いをしでかすなどという観念は自己矛盾もはなはだしい、と言われる。それは悪の、無からの自己創造にも等しい観念である。ところが、どうして堕落した天使とそうでない天使とがいるのだろうか、という問いに答えて、アウグスティヌス自身、次のような結論に立ち到ったことは意義深い。「彼らは神の愛の恵みを受け取ることにおいて、その中にとどまった者たちよりも少なかった。あるいは、双方とも等しく造られていたのに、一方は自分たちの悪い意志によって堕落し、他方はいっそう大きな助けをえて満ちみてる至福へと進むことができたのである。彼らはそこにかたくとどまって、もはや落ちることはないであろう」(6)。

そこで、根本的な批判は、次のようになる。完璧な創造であれば、そこには間違いは生じないであろう。しかし、実際に間違いが生じているならば、それに関する究極的な責任はその創造主に帰せられなくてはならない。というのも、「ここに最終責任あり」*だからである。

* 第三三代アメリカ大統領、トルーマン(Harry S. Truman, 1884-1972)がホワイトハウスの自分のデスクの上に標語として掲げた有名な言葉"The Buck Stops Here"から採られている。

この批判はマッキーの論点、つまり事実上、堕落することのない自由な存在者を造ろうと望めば、神には論理上、できないわけではなかった、という論点(一〇〇―一〇一頁に引用あり)と一致する。次節でみるように、これに代わるイレナエウスの神義論は、一層すすんだ思想をとる。すなわち、神ははじめから有限的に完全な存在者を造ろうと望めばできたけれども、実際にはそうしなかった。というのも、そのような存在者は自由で責任を負う神の子らとはなりえないからである。

第二の批判は、現代の知識の観点からなされるものであるが、それは次のような主張に立つ。かつて人類は道徳的にも精神的にも完全なものであったが、やがてその状態から、今や周知の人間の自然的条件である慢性的な自己中心へと頽落していったとする考えは、今では現実に持ちえない、という主張である。あらゆる証拠に示されているように、人間性は下等な生命形態からきわめて限られた道徳意識ときわめて粗野な宗教概念を伴って徐々に出現してきた。また、病気や地震などのような自然的な悪を人間性の堕落の結果とみなすことも到底できない。というのも、人類の出現以前からそうしたものは存在していたことを、今やわれわれは知っているからである。ホモ・サピエンスの出現以前に何億年にもわたり、生命は生命をえじきにして生きていたし、また台風や地震や病気（先史時代の動物の骨のなかに関節炎のあとが発見されている）もあったからである。

第三の批判は、人類の大多数に運命としてふりかかってくる地獄の永遠の責め苦という観念に対する攻撃である。こうした罰は終りを知らないのであるから、建設的な目的には仕えることができないであろう。逆に、それは悪の問題に対するいかなる解決をも不可能なものにしてしまう、とも言われる。なぜなら、それは責められる人々の罪性と彼らの味わう痛み・苦しみとの両方を、宇宙の恒常的な構造のなかへと組み込んでしまうからである。

3 イレナエウスの神義論

アウグスティヌスの時代以前に、すでにキリスト教の伝統内には悪の問題に対する別の対応があった。これはギリシア語を話す初期の教会教父たちの思想に根差していた。なかでも、最も重要な教父は聖イレナエウス[7](St. Irenaeus, c. A.D. 130-c. 202)であった。彼は人類の創造に二段階の区別をつけた。第一段階において、人間は道徳的・霊的発展の大きな可能性を秘めた知的動物として存在するようになった。ここではまだ、アウグスティヌスの伝統でいわれるような堕罪以前の完全なアダムとエバではなく、長い成長過程のはじめにある未熟な被造物であった。創造の第二段階、今まさに進行しつつあるこの第二段階において、人間は自己の自由な応答により、人間的動物から「神の子ら」へと徐々に変えられていくのである。(イレナエウス自身はこの二段階のことを、『創世記』一章二六節にならって、はじめに人が神に「かたどられたもの」(image)から、次に神に「似たもの」(likeness)にされていくのだ、と描出している)。

イレナエウス自身を越えて、さらにこう問うとしよう。どうして人間は完全な被造物としてではなく、未熟で不完全な存在者として造られなくてはならなかったのだろうか、と。そうすると、答えは人間の自由に内属する積極的な価値というものを中心に据えることになるだろう。そして、相互補完的な二つの考察が提示される。一つは、次のような直観的判断に依存する。すなわち、自由で責任を負う道徳的選択をなすことにより、真に困難にして誘惑の多い状態の中で生じる人間の善は、人間的行為者による自由な参与を抜きにして仕上げられた出来合いの善よりも一層純正に価値がある――おそらく一層無限に価値がある――だろう。この直観は完全状態でなく、不完全状態における人類の創造を指し示している。そして道徳的なあがきを通して、この不完全状態から、最終的に完成される人間化へと移行することができるのである。

もう一つの考察は、次のようなものである。もしも男女がはじめから神の（生命・力・善・知識において無限なお方の）直接的な現臨のもとで造られていたとするならば、彼らにはその創造主との関係においていかなる純正な自由もなかったであろう。十分に人格的であり、またそれゆえに道徳的にも自由な存在であるためには、彼らは神から距離をおいて――空間的ではなく認識的な距離、つまり知識の次元における距離をおいて――造られたのだ（とも示唆されている）。彼らは神の存在が自明ではなく、ただ信仰による自由な解釈的応答によって認識されうるものとなるような自律的な宇宙の中で、またそうした宇宙の一部として、形成されているのである。（信仰についてのこの考え方については、一五〇―一五七頁を参照されたい）。したがって、人間のおかれている状態は生存本能から生じる自然的な利己主義と、さらに自己中心を超え出よとの道徳・宗教からの招きとのあいだの緊張状態なのである。アウグスティヌス神学では、われわれの完全は遠い過去にある、つまり堕落という原初的な不運によって失われた始原的状態の中にある、と解せられるのに対して、イレナエウス神学では、われわれの完全は眼前の未来にある、つまりさらに長くて険しい創造過程の終りにある、と解せられているのである。

それゆえ、道徳的な悪の起源に関する問いに対してイレナエウス神義論は、次のように答える。神から認識的な距離をおき、創造主との関係において純正な自由のある状態で、また神の非強制的な現臨に応えつつ、自由に神の子としての自己完成に向かうことのできる状態で、人間を造ることが必要な条件であったのだ、と。

それでは、痛み・苦しみの問題に移ることにしよう。現にみる人間の痛みの大部分は、履き違えた自由の行使にその唯一の、または部分的な原因をみることができるが、それでもなお、人間の意志とはまったくかかわりのないところで生じる痛みというものもある。たとえばバクテリアや地震、ハリケーンや台風、洪水や干ばつ、疫病などによるものがそうである。実際のところ、人間の悪事や愚行から出る苦しみと、外からふりかかってくる苦しみとの境界をさぐることは、しばしば不可能である。両者はともに、人生経験のなかでは複雑にからみ合っている。しかし、当面の目的のためには、確かに後者の苦しみがあり、これがまさしくこの世の構造のなかに組み込まれているという点に注目することが重要であろう。これに対応して、もしも神義論が賢明にとりおこなわれるならば、それは否定的な道をたどることになる。というのも、人間の痛みの各内容が神の善なる目的に仕えるとは積極的に示しえないからである。しかし、イレナエウスの神義論にみるように、神の目的は永遠的な快楽的天国（hedonistic paradise）として計画された世界には向けられていない、ということは示しうるように思われる。[8]

この論証の本質的な前提は、世界を造る際の神の目的の本性にかかわる。懐疑論者の仮定は、人間は完成された被造物とみなされねばならないということと、世界を造る際の神の目的はこの完全に造り上げられた被造物にかなった住家を与えることとであった、ということである。神は善であり、愛であるから、人間が住むために神の造った環境は当然できるかぎり快適であり、居心地の良いものであろう。とすると、問題は、人間がおりやかごを作り、愛玩動物をこれに入れるという問題と本質的に似かよっている。この世は事実上、艱難辛苦（かんなんしんく）、不便不自由、無数の種類の危険の根源を含むから、この世はどうしても完全に慈悲深い、全能の神によって造られたものとはいえない、という結論が出てくる。[9]

しかしながら、イレナエウスの神義論によれば、天地創造における神の目的は最大限の快楽と、最小限の苦痛とを経験するパラダイスを構築することではなかった。その代わり、この世は「魂の形成」の場所、つまり人格形成の場と見られ、一つの共通した環境の中で自己に課せられたつとめや、いどみかかってくる力と組み合いながら、自由な存在者はそこで「神の子」となり、「永遠の生命の世継ぎ」となることができるのである。この世は不完全極まりないが、それでも創造過程のこのいっそう険しい第二段階が始まっている領域なのである。

この世に対する右の考え方は（イレナエウスの神学の枠内にいようといまいとにかかわらず）「反事実的な仮説」という方法によって支持されうる。たとえば、この世が事実に反してパラダイスであり、痛みや苦しみの可能性がことごとく取り除かれたとしよう。そうすれば、この結果は実に広範囲にわたることになろう。たとえば、だれも人に危害を加えることができないであろう。殺害者の刃物は紙片に変わり、銃弾は微風に変わるであろう。銀行が百万ドルの盗難にあっても、奇跡的にまた別の百万ドルがこれを埋めるであろう。不正、詐欺、陰謀、反逆がくわだてられても、社会機構は常にいずれの損害からもまぬがれるであろう。また事故が起きても、けが人はひとりも出ないであろう。登山家、とび職、あるいは遊戯中の子供が高みから落ちても、けがをしないで地面に浮かぶであろう。向こう見ずの運転手もけっして惨事に会わないですむであろう。仕事を回避しても何の差しつかえも生じないわけであるから、働く必要がないであろう。まさかのおり、あるいは危険のおりに、他人のことを心配する必要がないであろう。というのも、このような世界では本当にまさかのおり、危険のおりなどというものはありえないはずだからである。

個々の出来事を調整して、右のような一連の出来事を継続させるためには、自然は人びとがそれを犯せば苦痛なり死なりの刑罰を受けねばならないという一般法則に従ってすすむ代わりに、「特別な摂理」によって動かねばならないであろう。自然法則はひどく融通のきくものでなければならないであろう。重力が作用することもあれば、作用しないこともあり、物体が堅くて厚いこともあれば、柔らかいこともある、というように。とすれば、探究すべき永続的な世界の構造は何もないわけであるから、科学は存在しえないであろう。自己の諸法則を用いて客観的な環境のもついろいろの問題や困難を除去していくうちに、人生は一つの夢にも似たものとなるであろう。そして、われわれはその中で愉快に、しかし何の目的もなく、安易に浮かび漂うであろう(10)。

このような世界を人は、少なくとも、想像し始めることができる。こういう世界では、明らかに、現行のわれわれの倫理的な諸概念は意味をもたないであろう。たとえば、人を傷つけるという考えが、正しくない行為という概念の本質的な要素であるとすれば、例の快楽的天国では、正しくない行為というものはありえないことになろう——また正しくない行為と区別された正しい行為もありえないことになろう。勇気や堅忍は、定義上、危険も困難もない環境の中では意味をなさないであろう。寛容、親切、アガペーの愛の側面、処世の思慮、無私無欲等々、客観的な環境の中に人生を前提して考える倫理的な諸概念はどれもまったく形にすら成りえないであろう。したがって、右のような世界はそれがいかに快楽を十分に促進しえても、人格に対する道徳的な質の向上のためには、はなはだ不向きであろう。この目的との関係においては、右の世界は、あらゆる可能な世界のうちで最悪のものであろう。

そこで、個人生活の最良の特性を自由な存在者のうちに成長させうるように意志された環境というものは、現在のわれわれの世と共通点をたくさん持たなくてはならないように思われる。この環境は信頼しうる一般法則に従って作用しなければならない。そしてほんとうの危険、困難、問題、障害、それから苦痛、失敗、悲しみ、欲求不満、敗北などのあらゆる可能性を含まなくてはならない。もしこの世の含みもつ特定の試練や危険——人間自身の貢献をかなり減じている——を含んでいないとするならば、この環境はこれらに代わる別のものを含まなくてはならないことになるであろう。

この事実を認めることは、何も詳述された神義論にとらわれることではけっしてない。それはこの世をつぎのように理解することである。「人間の肉が受け継ぐ心の痛みや無数の自然的な衝撃」を伴うこの世、つまり人間の快楽は最大限にまで増大し、人間の苦痛は最小限にまで減少させるという計画には明らかにのっとっていないこの環境は、むしろ「魂の形成」*という、まったく異なる目的のために、うまく向いているのかもしれない、と。(11)

* イギリスの叙情詩人ジョン・キーツ（John Keats, 1795-1821）は一八一九年四月に彼の弟と妹にあてた手紙の中でこの成句を用いている。「この世は神によってあがなわれるべき「涙の谷間」であると、誤って、迷信的に信じられているようであるが、これは間違いだ……この世はまさしく「魂の形

成の谷間」(The vale of Soul-making)と呼ぼうではないか」。この手紙の中で、彼は明らかに、目的論的な神義論を表わしている。なお、*The Letters of John Keats*, ed., by M. B. Forman, London: Oxford University Press, 4th ed., 1952, pp. 334-335を参照されたい。

したがって、「なぜ自然的な悪が存在するのか」という問いに対するイレナエウスの答えは、次の通りである。右にみたような一般的特性をもつ世界によってのみ、神の創造的な働きの第二段階(あるいは第二段階の始まり)に有効な環境が構成され、これによって人間的動物は徐々に、彼ら自身の自由な応答により、「神の子ら」へと変えられていくのである。

この点において、イレナエウスの神義論は死後の生命に関する主題を三つの方法で明らかにしている。なお、死後の生命については後の章で検討されるであろう。

第一に、悪に対する人間の対応のしかたによって、悪から善が勝ちとれるという驚くべき実例はたくさんあるが、しかしこの逆のことの起こる場合もたくさんある。障害は強い性格を育成し、危険は勇気と無私を呼び起こし、惨禍は忍耐と道徳的な堅実さを生み出すことがある。しかし、逆に憤怒、恐怖、利己主義、性格の破綻に導くこともある。それゆえ、地上の歴史の中で行なわれる魂の形成という神の目的が部分的、断片的な成功で満足してはならないとすれば、この神の目的は彼岸の生命にいたるまで続けられなくてはならない。

第二に、魂の形成という仕事が人生のあらゆる労苦と涙に値するものであるか否かという究極的な問いが問われるならば、それに対する答えは、未来の善に行き着くまでに起きた出来事のすべてを正当化しうるような力をもった、その未来の善に関係しなくてはならない。われわれの想像を絶する無限の生と喜びの充足感——これこそがわれわれに向けられた神の愛の最終的な成就なのであるが——により、此岸・彼岸にわたる人生の長い旅路で出くわす苦痛・苦難は、明らかに、すべて価値あるものとみなされるであろう。

第三に、イレナエウスのタイプの神義論は死後の生命についての教義を必要とするばかりか、さらにその神義論が完璧なものになるためには、万人が最終的には天国の究極状態に達するとする考えをも必要としている。

このイレナエウスのタイプの神義論は、さまざまな視点からの批判を受けてきた。キリスト教神学者のある者たちは、その神義論が人間の堕罪と最後の審判という伝統的な教義を排除している点に批判の矢を向けた。哲学者のうちのある者たちは、その神義論が、たしかに人格形成に適した世界はパラダイスではありえないということを示してはいても、だからといって、ユダヤ人大虐殺のような大がかりな悪を含み込んだ人間の苦しみの現実的な広がりをそれで正当化したことにはならない、と批判した。[12] しかしながら、別の者たちは、この神義論が次の点を示すことに成功している、とも主張している。すなわち、神の世界は偶然と自由とを含みもつ領域として存在するのであるから、残念ながら、そうした出来事さえも起りうるのだ――ただし、そうした明らさまな犯罪や恐怖がなかったならば、この人類史はもっとはるかに良いものであったであろうが……。さらに、かくも痛ましい創造過程が、最終的には無限の善に至るとはいえ、本当に神の善の表現と言いうるものかどうか、という問題については、解決不能の意見の不一致もある。

4 プロセス神義論

プロセス神学は、多数のキリスト教神学者たちが彼らの形而上学的枠組としてA・N・ホワイトヘッド（A. N. Whitehead, 1861-1947）[13]の哲学を取り込んだ、現代的展開である。この世における悪の事実をも含んだ多数の理由から、プロセス神学は、神の力は無限ではありえず、また神の創造によるものではないが、しかしそれでも影響を及ぼすことのできるこの宇宙と交互作用をする、と主張する。いろいろなプロセス神学者たちがこれまで神義論に向けての示唆を与えてきたが、体系的な見解はデイヴィド・グリフィン（David Griffin）の『神、力、悪――プロセス神義論[14]』の出版によって初めて知られるようになった。アウグスティヌスやイレナエウスによる伝統的な神義論との対照が、グリフィンの立場を説明する適切な出発点となるであろう。キリスト教の主要な伝統によれば、神は無から全宇宙を創造し、これを維持するお方であり、したがって被造物に対する神の究極的な力は無限であるとされている。しかしながら、自由な人間の存在と成長を許すために、神は無限の力の行使を控え、そうすることによって、非強制的に神の行為する自律的な被造物の領域を形成し、被造物の自由な応答を求めておられるのである。これと同様に、プロセス神学も、神は「説得」や「誘因」により非強制的に行為すると主張する。しかし、神の自己制約という伝統的な考えとは対照的に、プロセス神学は、神が支配する力ではなく説得する力を行使するのは実在の究極的な形而上学的構造からの必然性による、と主張する。神は宇宙の基本的な法則によって課せられた制約に服するのである。というのも、神は宇宙を無から創造してその構造を確立したのではなく、むしろ宇宙のほうが神性をも含んだ非創造的な過程だからである。実際、いくつかの文章のなかでホワイトヘッドは、究極の形而上学的原理ははじめに原初的な神的決定によって確立されたのだ、と述べているように見える。しかし、グリフィンは、それらの形而上学的原理は永遠の必然性であり、神の命令にかかわるものではないと考える点で、もう一人の主要なプロセス思想家であるチャールズ・ハーツホーン（Charles Hartshorne）の見解に従っている。それらの原理は絶対的な一般性の法則であり、その意味においては、これに代わるものはなにも考えられない。それゆえ、それらの原理は神の意志さえも及ばない領域に存するのである。そこでグリフィンは、次のように言っている。「神は説得を使用するのがより良いという理由だけで、被造物の支配を差し控えているのではない。そうではなくて、神は被造物を完全には支配しえないというのが必然的な真実なのである[15]」。

　この点で伝統的なキリスト教思想との第二の違いを付け加えておかなければならない。この違いは創造的過程から出てくる最終的結果との関係で重要なものとなる。イレナエウスに見るような伝統的キリスト教思想の場合には、各人の自由を介して神が完全なものにしたいと望んでいる被造物は初めに神によって創造され、したがってその本性は神に向かうように形成されている。これに対してプロセス思想の場合には、それらの創造そのものが原初的なカオスの抗争によって生じたものであるので、神的な目的は不完全にしかその本性のうちに書き込まれていないのである。

　プロセス神学によれば、究極的実在は先行する瞬時の顕現物から経験の新たな統一を生み出す創造性（creativity）である。しかし、創造性は現実態に対して、すなわち現実的に瞬間に存在するものに対して、付け加えられるべきものではない。それはあらゆる現実態のなかでの創造的な力である。あらゆる現実態、つまり「現実的実質」あるいは「現実的契機」は、創造性を帯びた瞬間的な出来事である。そのようなものとして、創造性はある程度の力を行使する。最初にそれは、先行する瞬間の与件を受け入れ組成するという仕方で、力を行使する。これが選択の力であり、この選択の力はその与件を積極的または消極的に「抱握[16]」する際に行使される。そうしてこの力は、与件の独自な「合生」となるのである。したがって、宇宙の生の新たな瞬間を構成する現実的契機の各々の波は、創造性ないし自己原因性の要素を含んでいるのである。一つの現実的契機は、けっして過去によって完全に決定されることはない。それは部分的には過去によって決定されるが、しかし部分的には未来を決定するものともなる。ちょうど現在の契機がそれ自身、次に続く諸契機によって抱握されているように、である。部分的に未来を決定するものとして、それはふたたび力を行使しているのである。この二重の効果は現実的であることと不可分であり、創造性の瞬間がそうであるように、あらゆる現実的契機もまた必然的にある程度の力を行使するのである。

しかしながら、有限な現実態は神から力を委嘱されているから、これを行使するのではない。宇宙の一部であることが創造性を行使すること、つまりは力を行使することにほかならないからである。確かに、現実的であることは創造的なことであり、それゆえある程度の力は行使するから、神でさえ力を独占することは不可能なのである。あらゆる現実的契機は、まさにその本性上、部分的には自己創造的なものであるが、また部分的には、これまた部分的に自己創造的である先行する現実的契機によって創造されるものでもある。したがって、個々の契機を支配し、諸契機全体の流れを方向づける場合の神の力は、必然的に制約を受けている。そこで、この世における悪の実在は、事実上、神の意志がどの程度にまで妨げを受けているかを計る尺度ともなる。神は個々の契機が造られるごとに、これに対して最善の可能性を絶えず提供し続けている。しかし、継続する契機は神の計画に順応しなくてもかまわない。そこで、ホワイトヘッドは述べている。「その順応が不完全であるかぎり、この世に悪は存在する」[17]。

プロセス神学によれば、善に二種類あるのと対照的に、悪にも二種類のものがある。その基準は究極的には、道徳的というよりむしろ美的である。現実的契機は経験の瞬間であり、経験によって具体化されうる価値は調和と強度である。新たな複合的統一への諸多性の合生、つまり新鮮な経験の瞬間は、多少なりとも豊かな調和と、多少なりとも鮮明な強度である。それが調和を達成しそこなうと、不調和という悪が示される。この不調和は「もっとも一般的な意味における悪の感じ、すなわち悲嘆や恐怖や嫌悪などの肉体的苦痛または精神的悪である」[18]とホワイトヘッドは述べている。経験の瞬間がもっとも適切な強度を達成しそこなうと、別のかたちの悪が示される。それは不必要な瑣末性である。ある程度まで、調和と強度とはたがいに抗争しあう。というのも、より高次の強度は複合性の増加によって可能になり、それゆえ調和を脅かすからである。したがって、不調和という悪のかたちであれ、また不必要な瑣末性という悪のかたちであれ、創造的過程の内部ではそれは事実上、避けられないのである。一層重要と思われ、また一層大きな複合性でさえ、経験をより豊かなものにしながらも、また新たな苦しみの次元を作り出す。したがって、人間は下等生物の能力を超えた次元の高い喜びを持つことができるが、また下等動物にはありえないような道徳的・精神的苦悩にさいなまれ、それがもとで自殺に追い込まれることさえある。この理由によっても、悪は創造的過程の内属的な一部なのである。

宇宙全体の進化やこの惑星にある生命の進化は、各々の現在の契機において調和と強度を最大限に高めようとする継続的な神の衝動に負うている。また、そのとき同時に、未来における一層大きな調和と強度を達成するための新たな可能態も造り出されているのである。この神の衝動は、これまで生み出され、またこれからも生み出されるはずの善が、これまで生み出され、またこれからも生み出される悪を凌駕し、これを価値あるものとみなす、という根拠に基づいて正当化される。というのも、神は原初のカオスを、高次の現実態にまで高め、これを秩序ある宇宙にまで進化させるかわりに、もともと手を付けないで放っておくこともできたはずだからである。それゆえ、混沌としたカオスから善と悪との両方の可能態へと向かうことを許すような、有限領域の展開の創始と継続に対して、神には責任がある。

それゆえ、限定的な神というこの特定の概念は、依然として、悪という事実を前にして神の善性を正当化するという神義論を必要とする。グリフィンが述べているように、「不調和の感じがすこぶる強度に感じられるような状態に向けて創造を促したという意味において、神には責任がある」[19]。そこで、次のような神義論が提示されている。世界過程において造りだされた善は、これと解き難く絡み合っているあらゆる悪の可能態と、そしてその結果でもある現実態を抜きにしては、生じえなかったであろう。神の善性は、宇宙の進化の中で、次のような危険な企てが算定されていたという点で、擁護されうる。すなわち、実際に含み込まれている悪、あるいは含み込まれることになるであろうような悪をことごとく凌駕してしまうほど十分な善の量と質とが、やがて生み出されることになるであろうし、事実生み出されてきている。というのも、創造の危険に代わりうるものは、完全な無ではなく、原初的なカオスにおける不必要な瑣末性という悪だからである。この神義論は、グリフィンによって、次のように述べられている。

神が起訴されるべきかどうかという問いは、この世で可能な肯定的諸価値がこれまでに生じた否定的な諸経験や、将来の現実的可能性としてわれわれに襲いかかってくる一層大きな恐怖とをあえて受けて立つに値するほど十分に価値あるものかどうか、という問題の観点から答えられるべきである。そもそも神はヒットラーのような人物やアウシュヴィッツのような恐怖が出現する可能性を避けるために、イエス、ゴータマ、ソクラテス、孔子、モーセ、メンデルスゾーン、エル・グレコ、ミケランジェロ、レオナルド・ダ・ヴィンチ、フローレンス・ナイチンゲール、エイブラハム・リンカーン、マハトマ・ガンジー、ジョセフ酋長、シアトル酋長、アルフレッド・ノース・ホワイトヘッド、ジョン・F・ケネディ、オリヴァー・ウェンデル・ホームズ、ソジューナ・トゥルース、ヘレン・ケラー、ルイ・アームストロング、アルベルト・アインシュタイン、ダーグ・

ハマーショルド、ラインホルド・ニーバー、キャロル・チャニング、マーガレット・ミード、そしてこの地上に生きてきた有名な、あるいは無名の、無数の素晴らしい人間たちが現われる可能性をもあらかじめ排除してしまうべきであったのだろうか。言い換えれば、神は「人間に対する人間の非人道性」を避けるために、人間性（あるいは、比較的複雑な種）をすべて排除してしまうべきであったのだろうか。この問いに誠実に答えることのできるものだけが、この世における悪を基盤にしてプロセス神学の神を真正面から起訴することができるであろう。[20]

さらに、グリフィンが強調するように、神は創造の危険にも直接にかかわっている。というのも、神的経験の質は、一部には被造物の経験の質にも依存しているからである。神は人間と喜びを共にするが、人間および人間に準じるものの抱く苦痛をもまた共有する。地上のあらゆる悲しみと苦悩、邪悪と愚かさの全体が、地上のあらゆる幸福と恍惚、聖性と非凡性の輝きとともに神の意識に入り込む。神のみが善悪の総体的バランスを知り、その危険はおかすに値することを理解している。この事実からわれわれは、悪は事実上、善によって凌駕され、正当化されるものと考えるべきであろう。それゆえ、グリフィンは次のように述べている。

プロセス思想が直視しているように、神のこの側面に気づくならば、創造に際して大きな危険をおかした無情無苦の観察者という意味での神性に向けられた道徳的憤りの根拠は取り除かれる。それればかりではなく、それによって、その危険はおかすに値するものであったことを断定するための、われわれ自身の直接的な根拠を越えたさらなる根拠をも与えられる。より強い調和のために瑣末性を乗り越えるよう被造物を駆り立てる、普遍的存在者であるその存在者は、また現実化される善悪の総体の普遍的受容者でもある。言い換えれば、創造の危険の成果として熟する甘い実と苦い実を経験的に知る位置にあるその一なる存在者が、創造的に危険を引き受けるというこの過程を促進し、また促進し続けている同じ存在者なのである。[21]

このような神義論は、主に二つの点で興味をそそられる。一つは、それが神の全能性についての信仰から生じる伝統的な問題を回避させる点である。神は宇宙の特性に対して責任を負いうるような万能の創造主ではない。そうではなくて、神は宇宙そのものの一部分——すぐれて基礎的な一部分——である。しかしその根本的構造を変えることも、またその変わりつつある細部に直接介入することもできない。したがって、神は悪を許したことに対する釈明を必要としていない。というのも、悪を妨げることは神の力の及ばないところだからである。（この点については、グリフィンの提示の中でうまく説明されている。

彼によれば、多くの痛みや苦しみを伴って動物や人間の生命を生み出してきた進化的発展のなかで、神は宇宙の「誘因」であることを差し控えることもできたはずなのである。）もう一つの点は、制し難いこの世の悪に対する果てしのない戦いにおいて神の側に与するようにと熱心に教えさとしている点である。これは有限の神に対する信仰という初期の形態の道徳的訴えであり、その神は古代のゾロアスター教やマニ教に見られるように、あるいはまた（一つの暫定的な仮説としての）J・S・ミルの思想のなかに見られるように、闇に対する光の継続的な戦いのなかでわれわれの支援を要求する。ミルは、次のように記している。

こうした教義によれば、存在しているあらゆる悪は、私たちが崇拝するべく召されている大いなる方によって計画されたものではないし、その方の取り決めによって存在しているのでもなく、むしろその方の存在にもかかわらず存在しているのである、ということが信じられるものとなる。この理論によれば、高潔な人間はいと高き方とともに働く仲間、偉大な戦いにおける戦友という高貴な性格を引き受けるものとなる。[22]

しかしながら、プロセス神義論は、その魅力にもかかわらず、厳しい批判をも受けてきている。[23]

一つの根本的な批判——プロセス神学者たちは、いうまでもなく、それには同意していないが——は、プロセス神義論が、道徳的にも宗教的にも受け入れ難いエリート主義を含んでいる、というものである。いつの時代でも大多数の人びとは飢餓の状態のなかで、あるいは飢餓の恐怖と恐れを抱いて生活してきた。しばしばひどい栄養失調にかかったり、大きなけがで身体が不自由になったり、病気で衰弱したりして、最適な者だけしか幼児期を生き延びることができなかった。また、人類の多くの人々は抑圧や奴隷の状態のもとで、あるいは常に危険で不安な状態のなかで生活してきた。バーバラ・ウォードとルネ・デュボスが人間の条件に関する研究のなかで述べているように、

現実の人間の生活は、つらい労働に束縛され、死と衰弱を伴う病気にさらされ、戦争や飢えの犠牲となり、子供を死なせる悲しみに見舞われ、恐怖やその恐怖をいや増す孤独に満ちたものでもある。人間だれにも、その最後には、恐ろしい経験、死が待ちうけている。幸福、連帯、快適さをできるだけ持続するために、人間がこの恐怖と苦悩と激しく闘うことは、極めて自然な人間の条件である。(24)

プロセス神義論は、何千万もの人間がこの状況に生まれ落ち、この状況を耐え忍んできたことを彼ら自身の過ちのせいだとは考えない。人間の経験のレベルで生じうる物的・心

的な苦しみの高い強度は、まさしく宇宙の現実的な過程の一部なのである。このすべてを神に受け入れさせることができるのは、こうした苦しみのすべてを生み出している複合過程が人間という最もすぐれた種をも生みだした過程と同一のものでもあるという事実からだと、グリフィンのプロセス神義論は意味しているように思われる。しかし、そうした「素晴らしい人間」のために、おそらく数万もの人間が下積みとなり、自由を奪われ、知的・道徳的・美的・精神的成長も遂げられずに存在してきた。彼らの生涯は絶望的で、しばしば卑劣な生存競争のうちに過ごされてきたのである。既に見てきたように、プロセス神学によれば、地上の悲しみと苦悩の重みの全体は神の意識の中に入り込んでいる。ホワイトヘッドのことばで言えば、神は「理解を示して、共に苦しんで下さるお方」[25]である。しかし、それにもかかわらず、かくも多くの人間の苦しみが耐え忍ばれてきたことと、かくも多くの人間の可能性が開かれないまま終ったということとに対して、神は満足しているようでもある。というのも、これと同じ世界過程の一部として、エリートたちが自分で人間存在のよりすぐれた可能性を幾分なりとも達成してきたからである。

不運な人びとが自分の不運に泣くのは、幸運な人びとが自分の幸運を喜ぶためである、と述べることは、もちろん、プロセス神義論内のことだとしても、全く間違っている。他人の善のために一部の人間が意図的に犠牲に供せられた、というわけではない。人間の残忍さや怠惰、不正や搾取についての一層極端な悪は、おそらく生じることなく済んでいるのかもしれないし、また創造的過程も、そうした極端な悪がなければ、その分だけより良いものであるのかもしれない。ところが、プロセス理論（グリフィンの提示によるもの）は、むしろこうである。実際に生じた善の程度を創造する可能性は、実際に生じた悪の程度をも創造する可能性を必然的に含意する、というものである。この神義論によれば、生じた善は、犯された邪悪と耐え忍ばれた苦悩のすべてを価値あるものとみなすのである。

明らかに、そのような神が、普遍的で偏りのない愛をもってあらゆる人間を重んじる創造主と理解されている『新約聖書』の神と一致するかどうかは大いに問題視されうる。また、明らかに、これは貧しい人びとや抑圧された人びと、隷属状態にある人びとや人間の社会的構造により差別されている人びとのためにある神だとされる、現代の解放神学の神とは程遠いものである。[26] これらの個人は彼らの本性に内属する道徳的・精神的・知的・美的な諸可能性を育てる機会をまったく奪われている。こうした批判によれば、プロセス神義論の神は、エリートたちの神であり、また人類のうちでも偉大で、成功した人びととの神であるということになる。この神は明らかに罪人の神ではなくて聖人の神であり、愚鈍で知恵遅れで精神薄弱であるものの神ではなく非凡なものの神であり、厳しい生存競争のなかで自己探究や暴力や貪欲や欺瞞に追いやられている無数の無名の人びとの神ではなく最上の人間の神である。これは栄養不足で不具になった人びと、抑圧や搾取、疫病や飢饉、洪水や地震で苦しみ死んでいった人びと、おそらく出生者の半数にもあたるであろうが、幼くして死んでいった人びと、の神ではない。

この形のプロセス神義論の神は、宇宙の究極的創造主また支配者ではないとはいえ（というのも、そのようなものは存在しないから）、やはり人間存在を生命の初期段階から引き出したことに対して責任がある。その際、神は計り知れない大きな人間の苦悩と人間の邪悪にひそむ有能な力とを、神の愛でる道徳的・精神的に優れた人びとのために賭したのである。グリフィンが示唆しているように、確かに神は全時代を通して人間生活の総体を、差し引き上では善であるとみなしているのかもしれない。というのも、全体的な神の経験においては、苦しむ者の苦しみや、可能性を秘めたままに終る者の欠陥は、幸運な人びとの幸福と偉業によって十分に補われているからである。しかし、飢えている人びとや抑圧されている人びと、アウシュヴィッツの犠牲者、癒し難い脳の損傷や精神の損傷を被っている人びと、さらにはそうした人びとを愛し、またそうした人びとのために苦悩する人びとは、けっしてプロセス神学の神の考えを共有しようとはしないだろうし、またそうした神を彼らの礼拝と賛美の対象とも認めないであろう。弱者は障害に突き当たるかもしれないが、それがまた精神的・文化的に優れた人びとをも生み出すがゆえに、全体としての体制は良くなるものだ、という一九世紀の自由放任的な帝国主義理論の名残をとどめているような理論から利益を得る者は彼らではなく、他の人びとである。

もちろん、もしもプロセス神義論が事実上、万人の参与し得るような、将来の天国での充足という形での創造的プロセスの最終的な完成を確証することができるならば、状況は一転するであろう。そうすれば、人間生活の悲劇は現実的なものではあっても、究極的なものではなくなるであろう。そして、それはダンテが神の創造的行為についての『神曲』と呼んだもののなかに編み込まれることになるであろう。そうすればマザー・ジュリアンの台詞にある「全てよし。全てよし。全てのものはみな良しとなるのだ」という言葉は真実となる。しかしながら、グリフィンは、肉体を離れた状態で死後も人間は存続するだろうという可能性を排除しないながらも、この可能性から、そこに至る途上で生じるあらゆる悪を正当化するような無制限の究極的な善の希望を引きだすことはできない、と断固主張する。彼はいかなる正当化もこの世における人間存在の現実的性格のうちに見出されねばならないという。彼は、人類を滅亡させるような、あるいは生存者たちを野蛮で悲惨な状態に陥れるような、核による悲劇や環境汚染の可能性を予期することとさえできる。そして、「たとえどれほど将来が実際に悪いものになったとしても、それはそれに先立つ数千年の間に享受された人間の善性の価値を無にすることはないであろう」[27]と言うことができるのである。

グリフィンのプロセス神義論は、神の愛は万人に向けられているという基本的なキリスト教の確信に反しているという点で、エリート主義である。この点から考えると、その神義論の究極的原理は倫理的というよりも、むしろ美的なものであると考えることができるであろう。そうしたアプローチは、ある者たちには適当であるが、他の者たちにはそうではないように思われる。

さて、有神論的信仰に対する批判としての悪の問題に立ち返ると、その批判に応えていくには様々な方法が存在することが分かる。多くの信仰者にとっては、これらのうちのあるものが十分な返答になっているように思われる。「十分な」と言ったのは、たとえどれほど高く知的な正当化を積み上げてみても、現にある人間の心の痛みや悲しみや苦しみを和らげることは望みえないけれども、知的には神に対する信仰を捨てる必要はまったくない、ということを示すには十分な、という意味である。

第五章　啓示と信仰

さて、世界は宗教的にあいまい（ambiguous）であるように見える。つまり、それは宗教的にも自然主義的にも解釈することができてしまう。しかし、人間の神意識をあらわすことば、すなわち知識とは区別された信仰ということばによって、このことはすでに暗黙のうちに承認されている。そこで本章では、信仰の概念およびそれに対応する啓示の概念に向かうことにする。

1　啓示と信仰に対する命題的な見方

キリスト教思想は、啓示の本性に対してたいそう異なる二つの理解のしかたを含んでいる。その結果、信仰（人間による啓示の受容）に対して、『聖書』（啓示の媒介）に対して、そして、神学（啓示に基づく教説）に対して、それぞれ異なる二つの考え方を含んでいる。

中世を支配し、そして今日のローマ－カトリシズムにより（また、反対党の物見高い集まりなどでは保守派のプロテスタンティズムによっても）公に代表される見方は、啓示に対する「命題的な」理解と呼ぶことのできるものである。この見方によれば、啓示内容は言明なり命題なりの中で表現された一群の真理である。啓示は神的に認証された真理を人間に伝えるものである。昔の『カトリック百科辞典』には、「啓示とは自然の通常のあり方を超越した手段により、神が理性的な被造物に与える何らかの真理の伝達をいう[1]」とある。

啓示に対する右の考え方と一致するのは、神的に啓示されたこれらの真理は、人間が従順に受け入れなくてはならないものだ、とする信仰の見方である。それゆえ、一八七〇年のヴァチカン公会議によって、信仰は「超自然的な徳であり、この徳のゆえに、われわれは、神の恵みによる霊感と助力とを与えられて、神の啓示されたものはことごとく真であると信じる」と定義されている。また、あるいは、現代のアメリカの指導的なイエズス会のひとりの神学者は、つぎのように書いている。「カトリック信徒にとって、「信仰」ということばは、啓示内容が啓示者である神の権威を証言しているので、それを真であると知的に同意するという考えを伝える。……信仰は神によって告知された知的な使信に対する公教の応答である[2]」。

宗教的真理の神的な公布が啓示であり、これらの真理を従順に受け入れることが信仰であるとする右の二つの相互依存的な考え方は、これらの真理を権威をもって書きとめたものが『聖書』である、とする見方に関係する。これらの真理は、はじめ預言者たちにより、つぎにキリストや使徒たちによって、いっそう詳しく、完全に啓示され、今日、『聖書』の中に記録されている。したがって、『聖書』はたんなる人間の、それゆえ誤りを免れえないような書物とは異なる、という点がこの見方の核心なのである。第一ヴァチカン公会議は、『聖書』の諸書についてつぎのように述べ、現代に対するローマ‐カトリック教会の信仰を定式化した。すなわち、「……聖霊による霊感を受けて書かれたものであるから、『聖書』の諸書を書かれたのは神である」。（この言明と合わせて、プロテスタントの伝道者、ビリー・グレアム博士のことば、「聖書は三十名の秘書を介して、神によって書かれた書物である」を比較してみるとよい。）しかしながら、カトリック神学においては、『聖書』は伝承の文脈の中におかれている、ということを補足して述べておかねばならない。それゆえ、トリエントの公会議（一五四五―一五六三年）は、つぎのように宣言した。「……一つなる神は新約、旧約の両聖書を書かれたのであるから、同公会議は信心と尊敬の念をもって、両聖書の諸書をすべて受け、かつ尊ぶ。また、同公会議はこれと同じ念を厚くして、信仰と道徳に関する諸伝承を、これらがキリストの口から伝えられ、あるいは、聖霊による霊感を受けて書かれ、そして、絶えずカトリック教会の中で保存されてきたとおりに、受け、かつ尊ぶ」。他方、プロテスタント教会は、このような口頭による伝承が

『聖書』と同じ権威をもつものとは認めない。そして、神は教会全体に対し、また個々の信徒の知性と良心とに対し、『聖書』を介して直接に語られる、と主張する。

啓示に対するこれと同じ命題的な考え方、つまり『聖書』の中に刻み込まれ、信仰によって受けとめられる真理は神の告知によるという考え方は、また、神学の本性と機能に対するある特定の見方へと導く。啓示に対する命題的な理論には、いつも、自然神学と啓示神学の区別が関係してきた。この区別は、今世紀にいたるまで、ほぼ普遍的にあらゆる伝統のキリスト教神学者たちによって認められてきた。自然神学は、人間の知性が自力で解決することのできる神学的な諸真理から成り立っているとみなされた。たとえば、神の存在と属性、霊魂の不死は、啓示に訴えなくても厳密な論理的論証によって証明されうると信じられた。他方、啓示神学のほうは、人間の理性の及ばない、とくに神に啓示されなくてはわれわれの知りうるものとならないような、さらに深遠な真理から成る、とみなされた。たとえば、人間の知性は、正しい推論により、神が存在するという真理には到達できても、同じ方法により、神が三位一体の神であるというような、さらに深遠な真理には到達することができない、と主張された。そこで、三位一体の教義は啓示神学の項目に属し、信仰によって受け入れられるべきものと考えられた（自然神学に属する真理も、これらの真理に自分で到達する時間なり能力なりを持ち合わせていない者たちのためには、すでに啓示がすまされていると信じられた）。

宗教に対する現代の多くの哲学的な扱いは、それが宗教を攻撃するものであろうと、擁護するものであろうとにかかわらず、啓示と信仰に対する命題的な見方を前提とする。たとえば、ウォルター・カウフマン（Walter Kaufmann）は生き生きとした刺激的な著書、『宗教と哲学の批判』（*Critique of Religion and Philosophy*）の中で、啓示に訴える宗教者は、すでに神によって人類に明らかなものとされた神学的な諸命題に依存している、と考えた。[3] たしかに、宗教に対する最近の哲学的な批判者たちの大多数は、信仰を定義して、それは不十分な証拠に基づく諸命題を信じることだ、と考えているようである。[4]

宗教に対する多くの哲学的な擁護者たちは、これと同じ仮定を一応認める。そして彼らの基本的な確信を支持する証拠の欠けた面を補うために、いろいろの方策を提案する。証拠の右のギャップを埋め合わせる最も通俗的な方法は、意志の努力による方法である。それゆえ、現代のひとりの宗教哲学者はつぎのように述べている。「……確からしい命題を迎え入れることとは、それが完全に一つの理論上のものであるという事実によって、信仰とは区別されうる。信仰とは「然り」と答えて自己をコミットさせることであり、確からしさを確かさに変えるものではない。これができるのは、証拠の重みが十分に増し加えられるときのみである。しかし、信仰は意志的な応答であり、この応答は、われわれを理論的な態度から抜け出させる」。[5]

このように宗教的な信仰に働く意志の役割を強調することが（この点の強調は、少なくとも、トマスにまでさかのぼることができよう[6]）信仰の本性に対する現代の多くの理論に基礎を与えることになった。ここでは、それらのうちのいくつかを検討することにしよう。

2　信仰意志論

宗教的信仰とは、慎重な意志の行為により、ある特定の信念を受け入れることである、と古典的に論じたのは、一七世紀のフランスの思想家、パスカル（Blaise Pascal）と、一九世紀のアメリカの哲学者であり、心理学者でもあったウィリアム・ジェームズ（William James）であった。

パスカルの「賭」は神の存在の問題を一つの謎として扱い、この謎に関しては、危険を計算に入れるという基盤に立ってのみ、自己の立場を最もよく決めうるとしている。もしわれわれが、神は存在するという側に自分の生命を賭けるとすれば、仮にそれが正しければ、われわれは永遠の救いを得るであろうが、間違っていたとしても、われわれは何も失いはしない。他方、もしわれわれが、神は存在しないという側に自分の生命を賭けるとすれば、仮にそれが正しくても、われわれは何も得はしないであろうが、間違っていたとすれば、われわれは永遠の幸福を失うことになるであろう。「神は存在するという側に賭けた場合の得失を計ってみよう。これら二つの場合を見積ってみよう。もし君が勝てば、君はすべてを得る。もし君が負けても、君は何も失いはしない。だから、ためらわずに、神は存在するという側に賭けたまえ」[7]。

もしもわれわれが、人に神を信じさせることが可能であるか否かを問うならば、パスカルは可能である――もちろん即座にではないが、治療を施していくうちに――と答える。「君は信仰に向かいたいと思いながら、その道を知らないでいる。君は不信仰からいやされたいと思い、その薬を求めている。以前には君と同じように縛られていた人びとに、君も見ならうがいい……彼らがやり始めたときの方法に従うといい。それは自分が信じていたかのように万事を行なうことである。聖水を受け、ミサを唱えてもらうことである。そうすれば、おのずと君は信じられるようになるし、馬鹿になれるであろう(et vous abêtira)」(『パンセ』松浪信三郎訳参照[8])。

神に対する擬人論的な(そして、多くの人びとには少しも魅力を感じさせない)考え方が一方にあるとすれば、パスカルの賭のほうは自己保証をとりつけようとする一つの合理的な形態にも等しい。これは、計算ずくめの自愛的な態度を神が好まれる、ということを仮定する。この仮定は、ある人びとにはまじめに採り入れられたが[9]、他の多くの宗教的な信者たちには、はなはだしく非宗教的なもののように思われた。

プラグマティズムの創始者であるウィリアム・ジェームズ(一八四二―一九一〇年)は『信ずる意志』(一八九七年)という彼の名高い論文の中で、神の存在なり非存在なりについてはいずれに対しても結論的な証拠はありえないが、これはきわめて由々しい問題であるから、何者であっても望む者には、その生命を神仮説に賭ける権利がある、と論じている。たしかに、われわれは自己の生命をあれこれの可能性に賭ける義務を負わされている。なぜなら、「われわれは懐疑的な態度にとどまり、ことがいっそう明らかになるのを期待して、その問題を回避するわけにゆかないからである。というのは、もし宗教が真でなければ、そのようなやりかたで誤りは避けられるけれども、もしそれが真であれば、きっぱりそれを信じないことに決める場合とまったく同じくらい確実に、われわれはその善をとり逃がすことになるからである」。ジェームズはつづける。

> 誤りをつかむ危険にさらされるくらいなら、むしろ真理をとり逃がす危険にさらされるほうがましだ——これこそ、まさに信じるのを拒む者の態度なのである。現に、彼は信じる者と同じように賭をやっている。信じる者が宗教的な仮説の表側に賭けているように、彼はちょうどその宗教的な仮説の裏側に賭けている。それゆえ、宗教の「十分な証拠」が見いだされるまでは懐疑的な態度をとるのがわれわれの義務だと説くことは、宗教的な仮説を目の前にして、それが誤りではないかという恐れに服するほうが、それが真かもしれないという希望に服するよりも賢く、かつ優れていると説くことに等しい……どのみち欺かれるにしても、希望によって欺かれるほうが、恐れによって欺かれる

よりもはるかに悪いということが、いったいなんで証明されるであろうか。わたし個人としてはどんな証明も見つからない。そこで、わたし自身の賭がわたしに独自のかたちの危険を選ぶ権利を与えるくらい重大な場合、科学者の命ずるままに科学者のやるような選択をまねることは、わたしはもっぱら拒絶する。(10)(『信ずる意志』福鎌達夫訳参照)

さらに、人格神が存在するとしても、もしこの人格神の実在を仮定したくないと思えば、われわれはもうこの神から受け入れてもらえなくなるかもしれない。「……立派な人たちとつきあいながらいっこうに向上せず、権利を譲るたびごとに担保を求め、裏づけがなければだれのことばも信じない人間は、そのさもしい根性のために、最も他人を信頼する人物が受けるであろうあらゆる社会的報酬をみずからたち切ることになるのとまったく同様に、——この場合にもややこしい論理の筋道をたどることばかりに没頭して、自分の認識を神々に否応もなく強引におしつけるか、さもなければ、それを全然了解させないような人間は、神々の知己となる唯一の機会をみずから永久にたち切ることになろう(11)」。

ジェームズの立場の根本的な弱点は、希望的な観測を気ままに許してしまっている点である。ある箇所で、ジェームズは、マーディ*ならわれわれにこう書き残すであろうと言って、つぎのように述べている。「わたしは神がみずからの発現として創造された世の待望をになう者である。もしわたしに告白するならば、あなたは限りなく幸福になるであろう。

さもなければ、あなたは太陽の光をさえぎられてしまうであろう。だから、もしわたしが本物であればあなたの得る無限の利得と、もしわたしが本物でなければあなたの払う有限の損失とを比べて、よく計算してみなさい」[12]。この強い勧めに応じられないとするジェームズの唯一の理由は、この勧めが彼の心の中で「生きた選択」にならなかったということである。すなわち、そのとき彼の心を支配していたいろいろの仮定と、この勧めとが一致しなかったというわけである。しかしながら、この勧めがジェームズにとって生きた選択にならなかったという事実は、一つの偶然的な事情でしかない。そしてこの偶然的な事情でしかないものがマーディの断定に対する真偽に何らかの影響を及ぼしうるとは考えられない。ある一つの考えがウィリアム・ジェームズには訴えかけるものがなくても、この考えは真であるかもしれない。しかし、仮に真であったにしても、ジェームズの方法ではそれを知るにはいたらないであろう。というのは、彼の方法では、万人をしていっそう意固地に、今もっている自分の偏見で身を固めさせてしまうだけだからである。こうした結果をもたらす手続きは、真理の発見のために用意されたものと主張することはできない。これではみずから危険をおかして、自分の好むものは何なりと信じなさいと勧めることと、何ら変わらない。しかしながら、われわれのねらいは真であるものを信じることであって、必ずしも自分の好むものを信じることではないとすれば[13]、ジェームズに見られる一般的な任意性は、われわれに何の助けにもならないであろう。

＊　マーディ（Mahdi）はこの世の終末の前に現われるというイスラム教の救世主。

いっそう最近の哲学的神学者であるテナント（F. R. Tennant）は、あらゆる発見の中にみられる意志的な冒険の要素を信仰と同一視する。彼は信仰と信念とを区別して、つぎのように述べている。

信念（belief）のほうはわれわれのいかなる努力とも無関係に、既存の事実なり現実性なり、あるいは未来に存する事実なり現実性なりによって多少なりとも強制されている。そして信念はわれわれに確信をいだかせる。他方、信仰（faith）のほうは現実的なものなり所与のものなりを乗り越えて、理想的に可能なるものにまでとどいている。そしてこの理想的に可能なるものはまず第一に信仰が造り出すのである。それはちょうど数学者がいろいろの存在物を仮定して、つぎに実際の活動を通して、現実化させたり、あるいは現実性の中へともちきたらせたりするのと同じである。人間の発明によるすべての機械はこうして存在するようになったのである。また信仰は同様に現実性を知る知識に導くかもしれない。しかし、この現実性はいかなる意味においても信仰の造り出すものではないし、また信仰の冒険のないところではいつまでも未知のままでありつづけるであろう。それはちょうどコロンブスによるアメリカ大陸の発見の場合と同じである。(14)

テナントは、信仰が正当化される一般的な保証はどこにもありえないことを無条件に認める。「期待を込めて実験を行なってみても、永久に運転をやめない機械は生み出されなかったではないか。もしもコロンブスがユートピアを確信して船かじを取っていたなら、彼はけっしてそれを発見しなかったであろう(15)」。信仰は常に危険をはらむ。しかし、人間の知識が拡張されるのはこのような危険によってのみである。科学と宗教は、信仰の冒険を要求する点で似たものなのである。「科学は宇宙の構造と定量法則に準拠したその秩序を思い描く思想にこの世界を適合させるための必要な条件を要請する。神学や価値評価にかかわる諸科学は宇宙の存在理由、つまりいろいろの目的論的な原則に準拠した宇宙の意味なり、目的なり、またあるいはその宇宙の秩序なりを思い描く思想にこの世界を適合させるための必要な条件を要請する(16)」。

テナントが宗教的信仰と科学的「信仰」とを一括して述べているあたりは、大いに問題である。科学者の「信仰」は実験的な検証にとりかかる前の予備的な手段としてのみ意義がある。それは確かな知識にいたる途上でしばしば必要な段階であり、続いて行なわれる検証に関連してのみ価値をもつ。科学においては、検証は「……外部的な諸事実に訴えることにより、要請物ないしは理論が実証され、そしてこれらの外部的な諸事実との一致が見届けられることにある(17)」。ところが、宗教的信仰には、テナントによれば、このような客観的な検証を望むことはできない。それは内面的に満足し、霊的に強められるという信仰者自身に基づく信仰の結果にある。「好い結果をもたらす信仰は……物質的、道徳的な利点にあずかったとか、試練や艱難に打ち克ったとか、英雄的な生涯を達成することができたとか、という無数の例により、信仰に励まされて生きた古人たちによって、例証される。それゆえ信仰は、このようにして実践面から検証される。また見えないものについての確かさも、このようにして確証される」。しかしながら、このように純粋に主観的な検証であっても、つぎのような譲歩を余儀なくさせられることによって、くつがえされる。つまり、「……このような検証は〔主観的な〕確かさのためだけであって、外部的な実在に関する〔客観的な〕確実性を証明するためのものではない。道徳的および宗教的な生活に対する信念なり信仰なりの実が結ぶということと、理念化され想定されたものが実在したり存在したりするということとは、別なのである。たとえば、事実との一致という意味からすれば真でない信念が、人を鼓舞して高尚な理想を抱かせたり、人を激励していっそうましな人間になるように努力させたりする、という実例がたくさんあるからだ」[18]。このことを認めると、宗教的信仰は、テナントの考えるとおり、検証不可能な希望というものに還元されることになる。そして、それゆえ、宗教的な認識と科学的な認識とを同一視しようとする彼の試みは、くつがえされることになる。

3　究極的なかかわりとするティリッヒの信仰に対する考え方

上に述べたものとは異なる、いま一つの信仰に対する考え方は、パウル・ティリッヒのものである。ティリッヒは、信仰とは「究極的にかかわっている状態のことである」と教えた[19]。われわれの究極的なかかわりは、われわれの存在か非存在かを決定するものなのであるが、それはわれわれの身体的な存在という意味においてではなく、「……存在の実在、構造、意味、目的[20]」という意味においてである。事実、人びとは多種多様なもの、たとえば国家とか、個人的な成功や地位などに究極的にかかわっている。しかし、これらのものは、正しくは、予備的なかかわりのものでしかなく、予備的なかかわりを究極的なものとするのは偶像礼拝である。ティリッヒは、しばしば引用される有名な節において、究極的なかかわりをつぎのように叙述している。

究極的なかかわりはあの偉大な誡命、「主なるわたしたちの神は、ただひとりの主である。心をつくし、精神をつくし、思いをつくして、力をつくして、主なるあなたの神を愛せよ」*の抽象的な翻訳である。宗教的なかかわりは究極的である。それは他のあらゆるかかわりを究極的な意義から排除する。それはこれらのかかわりを予備的なものとする。

究極的なかかわりは無制約的なものであって、性格、欲望、あるいは環境のどのような状態とも無関係である。この無制約的なかかわりは全体的である。われわれ自身、あるいはわれわれの世界のどの部分もそれから除外されない。それから逃れるべきどの「場所」もない。この全体的なかかわりは無限である。究極的、無制約的、全体的、無限的であるところの宗教的なかかわりに直面して、気をゆるめたり、休息することは一時も許されない。(『組織神学』鈴木光武訳参照)[21]

＊「マルコによる福音書」一二章二九―三〇節を参照されたい。

右の節は「究極的なかかわり」(ultimate concern)という言葉遣いのあいまいさをよく示している。それはかかわる態度をさしているのか、それとも、その態度でのぞむ（実在上の、あるいは想像上の）対象をさしているのか、のいずれかであろう。「究極的なかかわり」は心のかかわる状態をさすのか、それとも、この心の状態でのぞむ想像上の対象をさすのであろうか。右の節の中でティリッヒが使っている四つの形容詞のうち、「無制約的」はかかわる態度をさすことを示唆し、「無限的」はかかわる対象をさすことを示唆し、「究極的」と「全体的」とはおそらくこの両者のいずれかにあてはまるのであろう。たしかに、『組織神学』の本文からでは、ティリッヒがどちらの意味で言おうとしているのか、あるいは両者を同時に考えているのか、あるいはある時は片方を、またある時は別の片方を考えているのか、判断することはまったく不可能である。

その後に出された彼の著書『信仰の本質と動態』の中では、右のあいまいさは解消されている。ティリッヒは究極的にかかわる態度と、究極的にかかわる態度でのぞむ対象とを同一視して、これら可能な二通りの意味を明確に認めている。「信仰活動の究極的なものと、信仰活動において意味される究極的なものとは同一のものである」。これは「……究極的なもの、無制約的なものの体験における普通の主観‐客観の区別の消滅」を意味する。[22] すなわち、究極的なかかわりは、ある一定の態度をとって神的な対象に向かうという人間の主観の問題ではなく、ティリッヒのことばで言えば、人間の心が自己の存在の根拠に参与するということの一つの形式なのである。参与（Participation）というこの考えは、ティリッヒの思想に基本的なものである。[23] 彼は二つのタイプの宗教哲学を対照させて、これを存在論的と宇宙論的とする。後者（ティリッヒはこれをトマスと結びつける）は「かなたに」神がいると考え、長く険しい推論の過程を終えてはじめてそこに到達しうるものと考える。神を見いだすとは見知らぬ者と出会うことなのである。存在論的なアプローチ（ティリッヒはこれを支持し、これをアウグスティヌスと結びつける）では、神はわれわれ自身の存在の根拠として、すでにわれわれのところに現存しているが、しかし同時に、われわれを無限に超越している。われわれの有限的な存在は、存在の無限性と連続している。それゆえ、神を知るとは、われわれの存在の根拠からわれわれの離反している状態を克服することである。神は他者ではない。つまり、われわれが知ることのできたり、あるいは知ることのできなかったりする対象ではなく、存在そのものなのである。われわれは実存するというまぎれもない事実によって、存在そのものに参与する。究極的に神にかかわるとは、存在に対するわれわれの真の関係を表わすことなのである。

彼の体系における他の要素の場合と同様、究極的なかかわりとするティリッヒの信仰の定義は、別の方向にも展開させることができる。主観－客観の分裂を取り除くことを強調するので、彼の信仰の定義は人間の連続性、あるいは人間の存在の根拠としての神との同一性までも指摘しているように見受けられる。ところが、これとはまったく逆の方向で、つまり、神と人間とは極端に分離しているので、神が実在であろうとなかろうと、信仰は知性の自律的な機能として作用しうる、という方向で指摘しているようにも見受けられる。ティリッヒは以下の節の中でこの見方を提示している。

「神」は……人間が究極的にかかわるところのものを表わす名称である。このことは、はじめに神と呼ばれる存在者があり、つぎに人間がこの神に対して究極的にかかわるべきであるという命令があった、ということを意味しない。それは、人間が究極的にかかわるもの、このものが人間にとって神となる、ということを意味している。また反対に、人間は、人間にとって神であるところのものについてのみ究極的にかかわることができる、ということを意味している。[24]

それゆえ、ティリッヒの公式に従えば、人は神との関連から信仰を定義して、それは究極的なものに対する人間のかかわりであるとするか、または、信仰との関連から神を定義して、それは究極的に人間がかかわるところの対象である――それが何であろうと――とするか、のいずれかということになる。このように超自然主義と自然主義との両方を容認することによって、「自然主義と超自然主義を乗り越えた」[25]すぐれた第三の立場が構成される、とティリッヒは考える。しかし、ティリッヒの立場がこの方向で正当化されうるかどうかは、読者自身の判断にゆだねられた問題である。

4　啓示と信仰に対する非命題的な見方

啓示に対する別の見方は、命題的な見方とは対照的に、「非命題的な」見方（あるいは、専門語が望ましければ、救済論的な見方）と呼ぶことができるが、これは今世紀に、プロテスタント教会内で広く行きわたったものである。それの始まりは、一六世紀の宗教改革者たち（ルターやカルヴァン、その他彼らの同僚たち）[26]の思想や、さらに『新約聖書』や初期の教会にまでさかのぼることができるとされている。

この非命題的な見方によれば、啓示の内容は神についての一群の真理ではなく、歴史の中に働いて、人間の経験の内側にまでも入って来られる神自身である。この観点からすれば、神学の命題は、命題として啓示されたものではなく、啓示的な出来事の意義を理解しようとする人間の試みを表わしたものになる。啓示に対するこの非命題的な考え方は、神のいいかい人格的な特性を強調する最近の新たな風潮と、神と人との人格的な関係が神学的な真理の公布と受容にまさる何ものかから成ると考える思想とに結びつく。即座にある問題が出てくる。

人格的な意志と目的として神の臨在に触れることがわれわれに対する神の意志であるとするならば、どうして神は、神の力と栄光とを威圧的に現わすことにより、明瞭な方法で、このことをしなかったのであろうか。

一般的に与えられる答えは、悪の問題に関係して出てきたいろいろの考察のうちの一つと類似のものである。もしも人間が愛と信頼の関係に必要な自由を持たなければならないとするならば、この自由は人間の神意識に対して基本的で、最重要なものにまで及ばなければならない。ユダヤ－キリスト教的伝統において考えられているように、神を自覚することと、有限な人格を自覚することとは、重要な諸点において、およそ似つかわしくないものであり、神はそのようなものとして存在している。他の人間の存在にはわれわれは無関心でいられる。ところが、愛する他者を意識する場合はそうではない。とくに、自分とのかかわりの深い愛の自覚は、人間の神意識に対して、あるアナロジーをもつ。愛においては、愛する者の存在に無関心でいられないばかりか、この存在によって人の全存在が影響を受ける。このことは宗教意識の対象である神についてもいえる。つまり、有限な被造物が神の自覚にいたりながら、この自覚から何らの影響も受けずにいるということは不可能である。ユダヤ-キリスト教的伝統によれば、神はわれわれの存在の根底であり、根拠である。われわれが存在するのは神の意志による。われわれに対する神の目的は消し去ることのできないかたちでわれわれの本性に書き込まれているので、この目的の成就がわれわれ自身の個人的な自己充足と幸福とに対する基本的な条件になるのである。したがって、われわれは、われわれの存在のみならず、われわれの最高善をも与える者としての神に、全面的に依存している。神の自覚にいたるとは、自分が造られた依存的な被造物であり、いっそう高度な源泉から生命と安寧を贈られていると知ることである。自己の本性を聖なる愛としてわれわれに示されたこの高度な存在との関係においては、ただ感謝をこめた礼拝と服従とが何よりもふさわしい心の態度である。したがって、神の自覚にいたる経過には——もし人間人格のもつ、か弱い自律性が破壊されることがないとするならば——個人の自由な応答による明察と賛意とが含まれていなければならない。それゆえ、神は、われわれ自身と同じ次元の実在としては自己を現わさない、といわれる。仮に現わすとすれば、われわれが相対有限者は無限者に飲みほされてしまうであろう。神はそうする代わりに、われわれが相対的な自立性において、時－空的な被造物として存在しうる領域としての時間－空間を創造した。神はこの領域内で自己を啓示し、神の臨在を認めたり認めなかったりする宿命的な自由を人間に許している。神のさまざまな活動は、神学が信仰と呼んでいるあの非強制的な応答のための余地を常に残している。無限に偉大であり、卓越する実在に関係する人間の認識的な自由を維持するものは、神意識におけるこの要素なのである。したがって、信仰とは自由と相関関係をもったものなのである。自由意志が意志の働きに関係するように、信仰は認識に関係する。初期の教会教父のひとりが書き残しているように、「行ないにおけるばかりでなく、信仰においても、神は人間の意志を自由にされていて、しかも御自身の手の中に治めておられるのである[27]」。

通常の非宗教的な経験には、「何かを何かとして見る」(seeing as) という現象の中に、これと認識論的に似かよったものがある。ウィトゲンシュタイン (Ludwig Wittgenstein, 1889-1951) は、彼がパズル画に対する認識論的な興味を指摘した際に、この点に関して哲学者たちの注目を集めた[28]。たとえば、でたらめだとはっきりわかる点や線の引かれた紙面があるとしよう。そして、ある人がこれを見るなり、(たとえば) 木立の中に人間が立っている絵だと考えたとしよう。点や線の全領域が、今やこのような特殊な意義をもつものとして見られ、もはや、たんなるでたらめの矢印とは見られなくなるのである。

われわれは以上の考えを発展させ、右のように純粋に視覚的な解釈に加えて、さらに複合した「何かを何かとして経験する」(experiencing as)という現象のあることも指摘することができよう。この現象においては、全体の状況が何らかの特殊な意義をもつものとして経験される。すべての感覚で知覚され、しかもそれ自身の実際的な意義をもつ状況のなじみの例は、ハイウェイで車を運転するという例である。この特殊な状況の中にいると意識することは、ある反応(と、反応する素質)が的確で、それ以外のものは不的確であると自覚することである。そして、この状況が特殊な性格を帯びているとわれわれが意識する中で重要な部分は、われわれがこの状況内で的確に反応する用意がある、ということである。だれでも戦闘の真只中にいるときと、静かな日曜日の昼下りに散歩するときとでは、本質的に違った方法で反応するであろう。そうするのは、これら二つのタイプの状況が違った性格のものであるとわかっているからである。このような自覚は「何かを何かとして経験する」ということなのである。ある観察者に対するある特定の状況の意義は、もっぱらこの状況とこの観察者の行動的な素質との関係にある。「何かを何かとして経験する」が、もしも解釈的な行為であるならば、間違いを犯さないとも限らない。それはちょうど——極端な場合で説明すれば——皆が自分を脅迫していると思い込み、そのようにふるまってしまう狂人のようなものである。

同一の状況内で、二つの異なる次元なり段階なりの意義が経験されることがある。これは、いろいろの出来事が人間の歴史の中で起こると同時に、神の臨在と活動をも介していると、宗教的な心が経験する場合に生じるものである。宗教的な意義というものは、その状況のもつ自然的な意義に加えて、さらに信じる者の経験も見いだされるものなのである。

それゆえ、たとえば、『旧約聖書』の預言者たちは、当時の歴史的な出来事を、イスラエルとイスラエルをとりまく国々との相互作用であると同時に、契約の民に対する神の計画でもある――神の目的に仕える器とならせるために、契約の民を導き、案内し、訓練し、罰する――と解したのである。『旧約聖書』の記録の中で具体的に表わされている歴史の預言的な解釈では、いろいろの出来事は、世俗の歴史家であれば政治的、経済的、社会的、地理的の諸要因から成る結果として叙述するであろうが、そこでは神と神の民との間に何百年も続けられる対話の出来事と見られている。それゆえ、預言者たちはいろいろの事実を回顧的にある特定の仮説にあてはめて考えるという意味での、歴史の哲学を定式化していたのではなかった。彼らは、そうする代わりに、起こったとおりの出来事を、実際に自分たちが経験したとおりに、報告していたのである。彼らは救済史（Heilsgeschichte）の真只中に生きていることを自覚していたのである。彼らは自分たちを取り巻く世界の中で、神が活発に働いているのを見てとった。たとえば、定評のある注解書は、カルケドンの軍隊によるエルサレム包囲のときの模様を、つぎのように述べている。「カルケドン軍の密集部隊の背後に、〔エレミヤは〕同部隊のために、そして同部隊を介して、御自身の民と戦われるヤーウェのすがたを見た[29]」。預言者たちは同時代の状況を、神が活発に臨在される一時期であるとして経験していたのである。

これと同じ認識論的なパターン——それ自身では自然主義的にも、宗教的にも、いずれにも構成されうる出来事を、ある独自の方法で解釈すること——が『新約聖書』を貫いている。ナザレのイエスというひとりの男の物語と、この男に関係して起きた一つの運動とにおいて、データはここでもまた、いくつもあいまいなままである。この男のことを、ただ一介の自称預言者で、政治に巻き込まれ、エルサレムの祭司職と衝突し、遂には排斥されねばならなかった男、と見ることができる。しかしまた『新約聖書』の記者たちとともに、この男を神のメシア、すなわち人間の生命を生き、人類の更新のためにみずからをささげた神の子であり、この世はこの事実を証言しなければならない、と見ることもできる。ナザレのイエスを後者のものと見ることは、信仰をともにすること、つまり「何かを何かとして経験する」という独特の方法をともにすることであり、この方法が実は『新約聖書』の諸文書を生ぜしめたのである。(30)

隠れた神(deus absconditus)は、神自身と関係する人間の自由を保持するために、受肉という匿名行為で人間のところに来られる神のことであるが、この神のテーマはマルチン・ルターの中に見いだされる。そして、きわめて明快に、パスカルによって表現されている。

それゆえ、神が明らかに神的な方法で、すべての人を絶対的に納得させうるような仕方で、現われるのは、正しいことではなかった。しかし、神が、心から神を求めている人びとにも認知されえないほど隠れた仕方で来るのも、正しいことではなかった。神は、そのような人びとには、完全に神自身を知らせようと欲した。神は心の底から神を求める人びとにはあからさまに現われ、心の底から神を避ける人びとには隠れたままでいようと欲したので、神は神についての認識を調節し、神を求めている者には見うるように、神を求めていない者には見えないように、神自身のしるしを与えたのである。ひたすら見ることのみを願う人びとにとっては、十分な光があり、反対の気持ちをもっている人びとにとっては、十分な暗さがある。(『パンセ』松浪信三郎訳参照[31])

さらに広くいえば、宗教的な統覚は、ユダヤ-キリスト教的伝統の内部では、人間生活を一つの全体的な状況として経験する。この状況の中で、人間は絶えず神とかかわり、そして神は人間とかかわる。そして、この信仰と不可分の関係にある倫理は、このような状況の中でふさわしく行動する方法をさし示すのである。

第六章　証拠主義・基礎づけ主義・合理的信念

1　証明の限界

さて、ここでわれわれの中心的問題、つまりユダヤ－キリスト教的神の概念に話を戻そう。人はいったい何を根拠にして、そのようなものが存在すると信じるのであろうか。われわれが第二章、第三章、第四章で知ったことは、普遍的に受け入れられているいろいろな前提から出発して合理的な論証をつみあげてみても、神が存在することも存在しないことも、ともに確定することはできないということであった。われわれはまた、有神論が自然主義よりもっともらしいとか、その逆に、自然主義のほうが有神論よりもっともらしいとかいう議論は、いずれも基本的に不完全な議論だということも知った。なぜなら、「もっともらしい」という言葉は、この文脈においては明確な意味を欠いているからである。

神の存在証明の試みに対して、これまで多くの知的な努力が払われてきたにもかかわらず、その試みは成功しないという結論が出されたのである。この結論は、論理的証明の本性と限界に対する現代の哲学的理解と一致するだけでなく、われわれの神認識における聖書的理解とも一致している。

知られるべきものについては人間はこれを知ることができるのだという見解に対し、哲学はこれまで二通りのやり方で対処してきた。一つは経験を通して知るとする経験主義、もう一つは推論を通して知るとする合理主義である。合理主義の方法には限界がある。というのも、厳密に証明されうる真理は分析的であり、最終的にはトートロジーに限られてしまうからである。しかし、われわれは論理だけで事実や存在の事柄を論証することはできない。これらの事柄は経験によっても知られねばならない。たとえば、「2たす2は4になる」ということは、厳密な証明によって確証することができる。ところが、「われわれはさまざまなものに囲まれた空間の世界に生きている」とか、「このテーブル、あのかしの木がある」とか、「あのような人びとがいる」といったことは感覚的知覚を離れてはけっして知ることのできない事実である。もし物事がさまざまな様態における経験を通して与えられるのでなければ、われわれはそれらについて推論することすらなかったであろう。同じようなことは宗教についても言える。もし神が存在するならば、神は観念ではなく、われわれの外なる実在である。したがって、神が人びとに知られるためには、神はこれらの人びとの経験の中で、何らかの方法によって表わされるに違いないのである。

この結論は、デカルトの時代以来、ずっと西洋哲学を支配し続けてきた合理主義の想定に対して抱く、現代の反逆的風潮とも一致している。デカルトは自明な真理のみを、つまり自明な前提から出発して論理的推論によって到達しうる真理のみを真の知識とした。この伝統はいまなお生き続けている。知るとは証明可能であることを意味する、という通俗的な考え方がそれである。デカルトは、まずその出発点において、物的世界と他者の実在とを疑った。この懐疑は、厳密な論証が確立されるまで続けられた。彼によれば、われわれの感覚的経験はすべてあてにならないかのごとく思われた。懐疑の究極にまで行くと、おそらくわれわれの感覚をあざむくだけでなく、われわれの精神活動までも妨害している悪意に満ちた全能の悪魔がいるのかもしれない。したがって、自分がだまされてはいないということを確信するためには、疑いうるものはすべて疑い、もはや疑う余地のないほど明確な何ものかが残るかどうかを発見しなければならない。そうすると、たしかに疑う余地のないほど明確な何ものかが残る。それはいま疑っている私が存在するという事実、すなわち「われ考える。ゆえにわれあり」(cogito ergo sum)という事実である。デカルトはここに動かぬ確実性の基盤を見いだした。そしてこの上に、まず神の存在を確立し、次に神はわれわれがあざむかれることを許し給わないであろうという議論によって、感覚的知覚の正確さをも確立しようとした(1)。

デカルトによる神の存在証明のうちの一つはすでに本書第二章で論じられた。それは存在論的論証であったが、その論証は不十分であることが示された。たしかに、たとえそれが人びとを十分に納得させるような論証であったとしても、それによってデカルト的懐疑の状態から抜け出せるわけでもなかったであろう。なぜなら「悪意に満ちた悪魔」が存在し、われわれの精神活動を統治し、さらにわれわれの記憶活動にまでも不当に干渉してきて、実際に妥当しない論証をあたかも妥当するかのごとくに信じ込ませて、すべての証明をだめにしてしまうかもしれないからである。ところが、よく考えてみると、徹底したトータルな懐疑というものは、結局われわれの推理能力をも疑うわけだから、どこまでいっても解消されることがない。そこでこのような不健全な懐疑から逃れるためには、まず何よりも、そうした懐疑に陥らないようにすることである。今世紀になって、ムーア(G. E. Moore, 1873-1958)らが登場し、次のような見解に支持が与えられるようになった。すなわち、デカルト的懐疑は考えの筋道として最も合理的であるどころか、むしろ実際上、邪道であり、非合理的でもあるというのである。ムーアはデカルト的懐疑に反対する。というのも、われわれが住んでいる世界の存在を証明する必要がある、などという考えは受け入れがたいからである。世界の実在性は、まさにわれわれが「実在」という言葉で意味しているパラダイムそのものである。確かに、われわれは世界や他者に対する意識から出発するが、この意識には哲学的な正当化を与えることもできなければ、またその必要もない[2]。

また、次のようにも論じられてきている。懐疑がその範囲を広げ、普遍的なものになってしまうと、今度は懐疑そのものに意味がなくなる。ある特定の知覚された対象が実在するかどうかを疑うことは、それがわれわれの経験している日常的な感覚の対象と同程度に実在しているかどうか、そのことを疑うことにほかならない。「そこに本当にそのいすが実在するか」という疑問は、「それがテーブルや他のいすがそこにあるような仕方で、そこにあるのか」という疑問と同じである。しかし何がそこにあるにもせよ、何かがそこに本当にあるかどうかと疑うことは、いったいどういう意味のことなのだろうか。そもそも、そのような「疑い」には意味がないのではないのか。なぜなら、もし何も実在しないのであれば、何かが実在しないと言うことのできるような、そういう感覚は存在しないからである。

「実在する」という言葉は、われわれにとって何か意味のあるものかどうか。このことをやや異なる観点から考えるために、この言葉の正確な使用の標準的な、あるいは範型的な場合を調べてみよう。はじめに、何かが実在するということについての、誰が見ても文句のつけようのないほど明瞭な事例を指摘しておかねばならない。実在するといわれるこのものは、感覚によって知覚される通常の物的対象以外に何でありうるだろうか。今、もしテーブルやいす、家や人びとなどが実在的対象の範型的な場合として受け入れられるとするならば、テーブルやいす、家や人びとが実在しないかもしれないなどと言うことは自己矛盾をきたす。定義によって、これらのものは実在しないことはない。なぜなら、これらのものは、まさにわれわれが実在する対象という概念で意味している典型的な事例にほかならないからである。

もっともここで、感覚に関する普遍的な懐疑主義の妥当性を否定するからと言って、幻想や妄想が存在することを否定するわけではない。また感覚的知覚に関係した沢山の、否、無尽蔵とも言えるほどの、哲学的問題が存在することを否定するわけでもない。感覚によって報告される多くの事柄が真理だと知ることと、これらの報告についての正確な哲学的分析に到達することとは別々のことなのである。

以上のような経験主義者の推理は、『聖書』についての、まだ定式化されていない認識論的な想定と一致する。合理主義の伝統に立つ哲学者たちは、知るとは、すなわち証明可能であることを意味する、という考えに固執してきた。したがって、かれらは、西洋の宗教の基盤である『聖書』の中には神の存在を論証しようとする発想が全くないことを見いだして衝撃を受けてきた。『聖書』は神の実在性を哲学的な推理によって確立しようとする代わりに、その実在性を当然のこととして認めている。確かに、聖書記者たちにとっては、神の存在を論理的な論証によって証明しようなどということは思いもよらないことであった。というのも、聖書記者たちは生活上のあらゆる出来事を通してすでに神との関係を保っていたし、また神のほうも彼らとの関係を保っていると確信していたからである。神の意志は彼ら自身の意志と交互作用をするダイナミックな意志、つまり破壊的な嵐や生命を育む太陽、あるいは敵への憎しみや隣人に対する友情などのように、日常の不可避な実在とまったく同じような意味での実在として、彼らは理解していたのである。彼らにとっては、神は推論された存在ではなく、経験された実在であった。聖書記者たちは（けっして四六時中寝ても覚めてもというわけではなかったが）、ちょうど彼らが物的環境の中に生きていることを意識するのと同じように、神の現臨の中に生きていることを肌で感じ、意識していたのである。聖書記者たちにとって、神は人生に意味を与える実在そのものであり、三段論法を満たす命題ではなかった。また、知性によって受け入れられる抽象的な理念でもなかった。このことを理解しないでは、彼らの記した諸書を理解することはできない。その各ページは、何か巨大な存在が通り抜けて建物が震動し反響するときのように、神の現臨の感覚によって震動し反響している。たとえば、夫婦にとっては家族が生活に大きな意味を与えているからといって、改めて、彼らがその家族の存在を哲学的に証明したいなどとは思わないであろう。これと同様に、神とともに生き、動き、かつ存在して、そこに生きる意味を見いだしている信仰者が、改めて神の存在を証明したいなどとは思わないであろう。

したがって、聖書的な信仰の観点から見れば、これまで行なわれてきた「有神論的証明」なるものは宗教的にまとはずれである。仮に神が普遍的に受け入れられている前提から正しく推論されえたとしても、それはすでに神との人格的な関係の中で存在していると信じ、また神を生けるお方として知っている人びとにとっては、単なるアカデミックな興味のものでしかないであろう。

2　証明ぬきの合理的信念

そこで、もし聖書記者たちが近代的な意味での認識論的哲学者であったとしたら、疑いもなく以下のことを主張したであろう。つまり、神の現臨の中に生きていると意識している人びとにとっては、あるいはまた歴史の中や自らの生活の中での特別な出来事を神の存在の現われであると経験する人びとにとっては、全身全霊、神の実在を信じることは理由のあることであり、合理的であり、正当なことでもあるのだ、と。このような宗教的経験主義は、何世紀にもわたって書物の中では表立っては描かれてこなかったが、今世紀になると、これがはっきりと表現されるようになってきた。この理論は、近年になって、特にアルヴィン・プランティンガ（Alvin Plantinga）とウィリアム・オールストン（William Alston）によって、現代哲学の用語をもって詳しく再定式化されている。この章では（とくに専門的な扱い方はせずに）、彼らの研究の成果を広い問題設定の中に置いて論じることにしよう。

いま、問題になっていることは、神（ないしは神的なもの、あるいは超越的なもの）が確かに存在するとか、または存在することが極めて確からしいとか議論することにより、その存在を、疑いえない公的な知識として確立しうるかどうかということではない。そうではなく、人生の出来事を有神論的に経験する人びとにとって、神の存在を信じ、かつその信念を基盤にして人生を生き続けることが合理的であるかどうか、ということである。

しかしその前に、まず合理的信念を概観しなければならない。「信念」という言葉は、信じられた命題を意味することもできれば、また信じるという行為、あるいは状態としてこれを定義することもできる。ここでは信念という言葉を両方の意味で使うが、どちらの意味で使うかはそのつど明らかにされるであろう。ただ、われわれが合理的信念と言う場合には、いつでも信じることの合理的行為、あるいは状態を意味しているし、また意味すべきである。なぜなら、厳密に言えば、合理的であったり、非合理的であったりしうるのは命題ではなく、人間であり、また人間の行動だからである。たとえば、だれかがpという命題を合理的に信じているという場合、その人は、pが真であると主張する十分な根拠なり、証拠なり、理由なりを持っているに違いない。このことは自明、いやトートロジーですらあるように思える。確かに、基盤もなく、また明らかに誤った理由から、pを信じること（もしpが何らかの重要性を持つものである限り）は、合理的ではないであろう。そこで一九世紀の懐疑主義者クリフォード（W. K. Clifford）は、次のように述べたものである。「不十分な証拠をもとにして何かを信じることは、いつでも、どこでも、誰に対しても間違っている」[3]。

クリフォードは、証拠（evidence）というものについて論じた。しかしながら彼の議論は、合理的信念の基盤としては狭過ぎるということが、直ちに明らかになる。そもそも証拠という考えは、一般的に言って、観察された事実または事実の集まりと、推論によって得られた結論とのあいだに、一つの溝があることを前提にしている。たとえば、足跡は誰かが通った証拠である。しかし、現実に人が通っている場面を見ることは、当の観察者にとって証拠と呼ばれる事柄ではない。もっとも、人が通るのを確かに見たという報告は、他の人にとっては証拠と呼ばれるであろうが……。また、たとえば私が自分の目の前に手をかかげているとすれば、このとき私が自分の手を見ていると信じることは適切であり、合理的であり、正当化することのできるものである。しかし、私はこのことを証拠の基盤にもとづいて信じているのであろうか。明らかに「否」である。この場合の証拠とは何であろうか。それは通常われわれが手と呼んでいるもの、つまり、私の視覚野において通常われわれが腕と呼んでいるものに連結している、このピンクがかった白っぽい形のものに対しての視覚的な経験をいうのであろうか。そして、このことから私は、自分がいま自分の手を見ているのだ、などと推論するであろうか。このような推論をしようなどとは思ってもいない。仮に思ったとすれば、あるいは無意識のうちにそうしたとすれば、そこからさらに、このピンクがかった白っぽい形のものが私の視覚野に存在すると私が信じる証拠を尋ねることになるであろう。そして、もしもこれに対する証拠が、まさに私がそれを見ていることだとするならば、さらにまた——ますますもって明らかにばかげたことなのであるが——何の証拠に基づいて私はそれを見ていると信じるのかと尋ねることになるであろう。そこで、現に私のしている経験を私は本当にしているのだということと、さらにその経験を反映する信念の状態の中にあるということが合理的であり、適切であり、正当化することのできるものだということとは、ある段階において受け入れられねばならないことなのである。したがって、自分の手を見ているうちに、自分が自分の手を見ているのだという信念に通じてくるのは、物事を合理的に信じることの一つの例なのである。合理的にものを信じるということは、経験のうちに適切に根拠づけられてはいるが、しかし言葉の普通の意味での「証拠」には基礎づけられていないのである。また、ここには推理によって架橋すべき前提と結論とのあいだの溝もないのであるから、いかなる推理も論証も含まれてはいないのである。

だから、通常のわれわれの瞬時の知覚的信念は、次のような原理、すなわち、すべて合理的に信じている事柄は十分な証拠に基づいていなければならないという原理、とは相容れない。けれども、だからと言って、これらの信念が不十分な証拠に基づいているという意味ではない。そうではなく、証拠→推論→信念といったモデルが、ここでは当てはまらないということなのである。通常の知覚的信念は、われわれの経験から直接に生じてくる。そして、このような方法で信念が形成されることはまったく適切であり、正当であり、合理的なことなのである。

知覚的信念だけにとどまらない。証拠に基づかないでなお合理的でありうるような信念の例はほかにもある。たとえば、自明な命題（「世界が存在する」）、分析的真理（「2＋2＝4」）、記憶に基づいた全く論争の余地のない報告（「私は今朝、朝食を食べた」）等々。また、さらには疑いえない信念、つまり誤りようのない信念（「私は今、意識している」、「私はあごが痛い」など）である。このような信念は推論によらず、直接われわれのうちに生じるものであるから、しばしば基本的（basic）、あるいは基礎づけ主義的（foundational）という言葉で記述される。これらの信念は、適切な状況のもとで保持されてはじめて合理的であるような信念であり、したがって、そうした状況のもとで根拠づけられたり、またそうした状況によって正当化されたりするのである。われわれの信念の構造はこのような基本的信念の上に建てられている、または建てられなくてはならない、という考えは基礎づけ主義（foundationalism）と呼ばれる。もっとも、この用語はいつでもこのように正確な意味で使われるとはかぎらないので、注意が必要である。

そこで、われわれはクリフォードの原理を、ただ証拠(evidence)によるだけでなく、もっと広く理由(reason)によっても再定式化することができる。すなわち、われわれは信念に対して、いつでも適切な経験的根拠をもつべきであるか、それとも十分な理由をもつべきであるか、のいずれかである。この「十分な理由」とは、基礎づけ主義によれば、究極的にはもはや別の前提から導かれることのないほど基本的な前提に訴えたもの、という意味である。

上に掲げた種々の基本的な信念は、大きく二つに分けられる。一つは自明な分析的命題から成るものである。この信念は、理解さえすれば直ちに信じることのできるものであり、誰にとっても基本的でありうるものだ。その場合に、人びとの経験のあいだの差異はほとんど問題にならない。ところが、もう一つの、知覚的で疑いえない信念の場合、つまり記憶に基づいたもの、またさらには宗教的信念のような場合には、個人の(そして共同体の)経験というものが何にもまして重要である。こちらの信念は経験を反映しており、かつそのような経験は、究極的には個人個人に独自のものである。そこで、そのような信念が基本的であるということは、それが誰かに対して基本的であるということなのである。なぜなら、この信念が基本的であるということは、その信念をもっている人の経験の範囲に則して、つまりサイバネティックス的に言えば、情報に関係して決まってくることだからである。もちろん、われわれの経験はしばしばお互い同士で重なり合ったものである。

たとえば、われわれみんなが同じ木を見て、その木が存在していることを、われわれ自身の経験に基づいて信じている。ところが、この第二の信念の場合には、何にもましてこの私にとって基本的なものは私の経験内容に依存しているのである。ここで特に問題にしようとしているのは、この第二の場合の基本的な信念、わけても知覚的な信念である。なぜなら、宗教的信念との類似ができたりできなかったりするのは、主としてこちらの信念のほうだからである。

知覚的信念が基本的であるというのは、それが他の信念から派生してこないからではなく、それが直接にわれわれの経験に根拠づけられているからである。しかしどのような経験であるにもせよ、それがことごとく基本的な信念を正当化しうるわけでもないのであるから、それは、プランティンガの用語で言えば、固有の基本性格（proper basicality）を表わしている。ちょうど信念が適切な仕方で経験を反映し、また経験に根拠づけられているように、経験もまた信念に適合したものでなければならない。もちろん、ある信念が固有に基本的であるからといって、それがそのままその真理性を確立することにつながるわけではない。たとえば、感覚的知覚の信念がそのまま基本的で適切に正当化されうるものと主張されたとしても、それはなお誤ることがありうる。というのも、幻想や妄想や誤解に基づいた知覚というものもあるからである。同様に、疑うことは不可能と思えるような記憶の信念も、また誤ることがありうる。したがって、ある信念がある人にとって基本的なものであるかどうかという問いは、その信念がその人にとって固有に基本的なものであるかどうかという問いと同等ではない。また、さらにこの問いは、信じられた命題が真であるかどうかという問いとも同等ではないのである。

それでは、固有に基本的な信念（つまり、合理的に正当化されたとする信念）が実際に真であるということを、われわれはどのようにすれば確立することができるのか。たとえば、あなたが目の前に持ち上げた自分の手を見ているという知覚的信念の真理性を、われわれはどのようにすれば確立することができるのか。直接の答えは、明白な身近な方法でチェックせよ、ということだろう。つまり、あなたが自分の手をまわし、さらに動かし、指折りなどをしたりして、それが確かに自分の手であることを確かめるわけである。しかし、そのように確かめるすべての手順には、やはり一般的に言って、われわれの感覚を信頼して疑わないという、さらに基礎的な信念が前提とされている。なぜなら、感覚的経験はたまに誤りもするが、しかし一般的には信頼できるということさえ仮定すれば、ある特定の経験の瞬間から別の瞬間へ、つまり確認したり否認したりする瞬間へと次々に訴えていくことは、全く普通に行なわれていることだからである。そこで最後に、次のような問いが出てくることになる。つまり、感覚的経験の全領域が幻想ではないということ——それは意識の主観的状態からの形成物でしかないということ——をわれわれはいかにして知ることができるのか。その答えは、循環論法に陥らずにはそれを確立できない、ということになろう。しかし、感覚的経験が幻想でないことを仮定し、またそのことを基盤にして生きることは、われわれにとって合理的なことである。いや、実際のところ、もっとはっきりと言って、そう仮定して生きないことのほうが明らかに非合理的なことになるであろう。言い換えれば、ここにおいてわれわれは、真に基礎づけ主義的であるところのものに到達したのである。それは、ある特定の知覚に対して、それが信頼できるか単なる幻想であるかを判断するための基礎を受け入れることであり、また同時に、一般に思考したり行動したりするための基礎を受け入れることでもある。

以上で、われわれは二つの信念をはっきり区別できるところまできた。すなわち、一つは特定の知覚的信念（たとえば、人が自分の目の前の一本の木を見ているというような信念）であり、もう一つは、感覚的経験についての幻想的でない信頼できる一般的な信念である。後者の信念は、次のような仮定に匹敵する。すなわち、われわれがその一部であり、またわれわれの感覚器官を通して確かに接触している実在の世界がある、という仮定である。したがって、もし（「そこに木がある」という直接的な意味の含みをともなって）「いま私は目の前に一本の木を見ている」というような信念を基本的（basic）なものと表現するのであれば、そのような信念すべてが依存しているより深い基礎に対しては、別の名称をもって呼ぶのがよいであろう。その基礎とは、つまりわれわれは感覚を通して実在的な物的環境と相互作用をしているのだという一般的なわれわれの仮定のことである。この後者の信念を基礎づけ主義的（foundational）と表現することにしよう。

われわれは感覚的経験の中で実在的な環境のことに気づいているのであるが、その実在的な環境に対する基礎づけ主義的信念は、通常、個別の知覚的信念に関する、言葉には表わせない、ある前提のことである。それは問題視されてはじめて露わになるのであり、そのような問題視は、われわれが哲学的と称する類の問いかけを含んでいるのである。したがって、すでに見たように、デカルトは思考実験として、彼自身の意識以外のものが存在するかどうかを疑った。そして次に、彼自身が考えた通りに、この疑いから抜け出せるかどうかに進んでいったのである。ジョージ・バークリー（George Berkeley）は、物的世界は意識の中でのみ、それもわれわれ自身と神の意識の中でのみ存在すると論じた。私のみが存在し、世界と他の人びとは私自身の意識の変容でしかないとする考えは独我論（solipsism）と呼ばれる。もっとも正気の人がこのように極端なことを真面目に信じたことがあるかどうかは定かでないが……。前節で述べたように、このような問いかけにはどこか割り切れないものがある。つまり、そういう問いかけには、はっきり訴えるべき実在の規準というものがないし、またデイヴィド・ヒュームが指摘したように、自分の住む世界の実在性を信じさせないようにする選択など、実際には無いのである。というのも、自然は「われわれの不確実な論究と思弁とに委託されるには重要過ぎる事柄だと、疑いもなくみなされているからである。それゆえ、いかなる原因がわれわれを誘致して物体の存在を信じさせるかとたずねることは差支えないが、物体は有るか無いかとたずねることは無駄である。後者は、われわれの行なう一切の論究にあたって、初めから許さなければならない点なのである」[4]。

3　基本的な宗教的信念

われわれの経験を直接に反映している基本的な信念（basic belief）と、そのような信念が前提としているより深い基礎づけ主義的な信念（foundational belief）とのあいだには、以上に述べたような区別があるが、この区別は宗教の領域にも適用しうる。感覚的経験のなかで知るものとしての、物的世界の実在性に対する基礎づけ主義的な信念に対応しているのは、宗教的経験のなかで知るものとしての、神的なものの実在性に対する基礎づけ主義的な信念である。また「私はいま目の前に一本の木を見ている」といった個別の感覚的信念に対応しているのは、「私はこの状況のなかで神の現臨を実感している」といった一連の宗教的経験を反映する個別の信念である。しかし、基本的な信念と基礎づけ主義的な信念とのあいだの区別は、感覚的経験に関してよりも宗教に関するほうが一層重要である。なぜなら、物的世界に対する基礎づけ主義的な信念は人為的に疑うことができるのに対して、これと平行する超越的な実在に対する基礎づけ主義的な信念のほうは深刻に疑うことができるし、また実際に疑われるからである。この主要な差異、およびこれに起因する特殊な差異については、次節で論じることにする。ここでは、この基礎づけ主義的な確信のおかげで生じてくる個別の宗教的信念のことに話を限ろう。

ウィリアム・オールストンは宗教的信念のことを「M—信念」（Mは顕現 manifestation を意味する）と呼んでいる。M—信念の中には「神は信徒に語りかけている、信徒を慰めている、信徒を強めている、信徒を教えさとしている、信徒を勇気づけている、信徒に愛と喜びをそそいでいる、信徒の存在を支えている」[5]などが含まれている。さらに特別な喜び、挑戦、悲劇のさなかで、あるいは教会の礼典や交わり、あるいは自然の美しさや雄大さを通して感じとられる神の現臨についての感覚などを反映した信念をもつけ加えることができるであろう。ただオールストンは、非常にまれにしか起こらないものや、尋常でないものについては、これを避ける傾向がある。たとえば、異常に強力な神の存在体験や、また神秘家の報告する際立った視覚内容や聴覚内容などである。しかし、これらは言うまでもなく、信徒の日常生活を彩る宗教的経験の生々しい諸相であり、時として生じることのある「頂上体験」であり、また古来の神秘家たちによる異常体験でもある。また、これらは（ユダヤ‐キリスト教の聖典の場合で言えば、主の言葉を聞く預言者や、イエスをキリストとして経験している使徒などの）『聖書』に出てくる人物たちに共通した神体験にも通じている。このスペクトルはさまざまに異なる宗教体験の歴史的流れのなかを貫いている。そして、この宗教体験の中に個々の信徒たちは参加し、それによって育まれたり、自らもそれに寄与したり、またそれによって励まされたり、信仰の確証を与えられたりもするのである。

このようなM－経験に基づいた宗教的信念は、それらが、証拠を言明する別の信念から派生するのではなく、われわれ自身の宗教的経験を直接に反映しているという点で、まさしく基本的なものなのである。アルヴィン・プランティンガはさらに、これらは固有に基本的なものであると論じている。すなわち、基本的な知覚的信念を持つことがわれわれのだれにとっても合理的なことであるように、宗教者にとっても、そうした基本的な宗教的信念を持つことはすこぶる合理的なことなのである。プランティンガはこの立場を一六世紀の宗教改革者たち、わけてもジャン・カルヴァン（Jean Calvin）に当てはめている。しかし、さらに基本的には、この立場はすでに『聖書』のなかに前提として含まれているものであり、これが哲学的用語に翻訳されただけなのである。つまり、モーセやイエスにとっては、かれらの強固な宗教体験をもとにして神の実在性を信じることは、シナイ山やオリーブ山の実在性を信じることと同程度に、合理的なことだったのである。

そのような信念は、確かに他の信念からは派生しないが、それだからと言って根拠のないものでもない。この点に注意することが特に重要である。これらの信念は、その生じた経験的状況のなかに根差し、またその経験的状況によって正当化されるのである。プランティンガは述べている。

次のような知覚的信念、記憶の信念、他者に精神状態を帰属させる信念について考えてみよう。

私は一本の木を見ている。
私は今朝、朝食を食べた。
その人は痛がっている。

この種の信念は典型的に基本的なものと考えられているが、だからと言って根拠のないものとすることは誤りであろう。ある種の経験を持っているから、私は自分が一本の木を知覚していると信じるのである。また、典型的な例の場合、私はこの信念を他の信念に基礎づけて持っているわけではない。にもかかわらず、この信念は根拠のないものということにはならない。いわば、この種の経験は、その信念を持つことにおいて私を正当化していると言ってもよい。これが私の正当化の根拠であり、さらに拡大すれば、その信念そのものの根拠でもあるのだ。[6]

次に、彼はこの考え方を宗教的信念に適用する。

さて、これと同じようなことが、神を信じる信念についても言えるだろう。宗教改革者たちが、この信念を固有に基本的なものだと主張するとき、もちろん、彼らはこの信念を正当化するための状況がないとか、その意味で何の根拠も基盤もないとか、ということを言おうとしたのではない。むしろ全く逆である。カルヴァンは、次のように考えていた。すなわち、神は「宇宙という作品全体の中にご自身を日毎、夜毎に啓示しておられる」し、また、その神の作品が「無数の、独自の、秩序ある天体のなかでみずからを啓示しているのだ」。神は、自分の身のまわりの世界の中に神の御手を見るような傾向や気質を持つように、われわれを創造された。さらに正確に言えば、われわれには次のような命題を信じる気質が備えられているのである。つまり、花を観賞したり、宇宙の広大無辺さに思いを寄せるとき、「この花は神によって創造されたのだ」とか、「この広大にして複雑な宇宙は神によって創造されたのだ」とかいう命題が立ちあがるのである。[7]

宗教的経験、すなわち神の愛とか赦し、神の要求とか現臨などというふうに解する経験に基づいて神を信じる人々は、まさにそう信じることにおいて合理的に正当化されているのである。

4　基礎づけ主義的な宗教的信念

宗教的経験に依拠して宗教的信念の固有な根本性格を認める論証は、キリスト教の信仰のみならず、ユダヤ教、イスラム教、ヒンドゥ教、仏教などの信仰にも通じるにちがいない。(この理由で、私はとくに一神教的な神という言葉とともに、神的なものとか超越者といった言葉を使ってきた。たとえば、仏教徒や不二一元論的なヒンドゥ教徒のあいだでは、人格神がいるかどうかということが宗教の中心的問題であるようには考えられていないであろう。) これらの宗教伝統の中には信仰の著しい違いがあるし、また、ある信仰は正しく、別の信仰は間違っているとか、ある信仰は別の信仰より真理性が高いなどという議論の可能性もあるわけだから、われわれは、次の二つの信念の間に区別を設ける必要があるだろう。つまり、宗教的経験はそのままのものではないが、全くの幻想でもないという基礎づけ主義的な確信と、もう一つは、宗教的経験の特定の形態から生じる一層特殊な信念とのあいだの区別である。この区別は宗教多元主義の理論（第九章で論じられる）や宗教間の対話、またさらには、宗教批判や教理論争に対して「論理空間」を形成する。それはまた、近代の懐疑主義の深刻かつ真剣な問題提起をも受けて立つことを可能にする。

で、宗教的経験一般の認知的性格を否定するところにまでも及んでいる。

宗教的信念は、二つの段階で挑戦にさらされうる。第一の段階では、ある特定の信念が他の信念、特に他の宗教的信念と相容れないという理由から、挑戦にさらされる。たとえば、一九七八年にジョーンズタウンで、自分に従う信徒たちに集団自殺を遂げさせるようにとの神のお告げがあったというジム・ジョーンズの信念は、恵みと愛の神を信じる信仰とは全く矛盾する。また、異なる宗教に帰依する人々のあいだで激しい論争がある。究極的実在は人格的なものなのか、それとも非人格的なものなのか。宇宙は無から創造されたものなのか、それとも自然発生によるものなのか、それともそれ自体永遠のものなのか、人間は生まれ変わるものなのかどうか、等々。宗教Aの帰依者たちは、自分たちのA信仰と一致しないという理由から、宗教Bの信仰のある部分を否定する。こうした論争は、宗教的経験が超越的な神的実在の覚知から成り立つという基礎づけ主義的な確信を共有したところで行なわれているが、そうした論争からは種々の困難な問題が生じてくる。そうした問題については第九章で詳しく論じられるであろう。

第二の、一層深められた段階では、神なり神的なものなり超越者なりの実在性に対する基礎づけ主義的な信念が挑戦にさらされる。これは特定の宗教的信念に対する宗教的な疑問視ではなく、宗教的信念そのものに対しての、非宗教的ないしは反宗教的な挑戦である。

したがって、それは物的世界の実在性や感覚的経験の一般的な妥当性に関する哲学的懐疑に形式上、類似する。しかし、並行性はここまでで終りである。なぜなら、すでに注意したように、超越者の実在性に対する信念のほうは、物的世界の実在性に関して哲学者たちによって投げかけられてきている純粋に理論的な懐疑よりもはるかに深刻な挑戦にさらされているからである。したがって、基礎づけ主義的な宗教的信念と基礎づけ主義的な知覚的信念との形式上の類似を指摘することによって前者の信念のほうを弁護しようとすることとは、けっして十分ではない。物的世界に対する基礎づけ主義的な信念を受け入れることのほうには十分な理由があるが、基礎づけ主義的な宗教的信念を受け入れることのほうにはそれほどの理由がない、あるいは全くない、というときに現われる違いは重要である。なぜなら、物質の存在を疑う基盤は全くないが、神的なものの実在性を疑う根拠は十分にあるからだ。

ウィリアム・オールストンは、宗教的経験と感覚的経験の違いを明らかにした。第一の主要な違いは、宗教的経験は人類に普遍的なものではないが、感覚的経験のほうは普遍的である、ということだ。だれもが物的環境についての信念を備えているし、またその信念がなくては生きていけない。ところが、神的なものについての信念のほうは、だれもが持っているわけではないし、またそれをはっきり必要としているわけでもない。宗教的経験や、この経験を反映している信念は、多分につけ足し的であり、人類の生存と繁栄には本質的なものではないように思える。

第二の違いは、次の点である。「どんなに文化が異なっても、普通のおとなはだれでも自分の感覚的経験を対象化するとき、基本的には同じ概念枠を使う[8]」が、これに対して宗教者たちのほうは、さまざまに異なる仕方で神的なものを受けとめる群れのなかへと区分される。三位一体の神を信じる人びとの群れ、アドナイを信じる人びとの群れ、アッラーを信じる人びとの群れ、ヴィシュヌ神やシヴァ神を信じる人びとの群れ、あるいは非人格的な梵（ブラフマン）や道（タオ）、あるいは法身仏（ダルマカーヤ）を信ずる人びとの群れ、といった具合である。このように感覚的経験のほうは全人類にほぼ一様であるのに対して、宗教的経験のほうは宗教文化の違いに応じてさまざまに異なる形態をとっている。このことは、次の点を示唆しているようにも思える。客観的に実在する環境によって外から課せられている経験の様態は残るにしても、人間が作り出した文化的な変様は、将来のいつか消えてなくなるかもしれない。

第三の違いは、（前に見たように）感覚的知覚に基づく特定の信念は、観察によって調べることができる、ということである。たとえば、もしあなたが一本の木を見ていると信じているとしよう。この信念は別の感覚的経験によって、また他の人びとの経験によって、確証されたり反証されたりすることができる。普通は人間の共同体のなかで、問題には満足のゆく解決が与えられていくものである。これは、習慣的にわれわれが感覚的経験に寄せる一般的な信用によるのである。ところが、宗教的経験の場合になると、調べをつけるための一般的な手続きというものがない。たとえば、だれかが神の現臨をはっきりと経験したと主張しても、これを確証することのできるような一般的な手立てはない。そのような報告をそのまま疑わずに受け入れる人びとがいるかもしれないが、別の人びと——世俗化した現代の西欧世界の大多数の人びと——は、むしろ次のようなトマス・ホッブズの言葉のほうに親近感を覚えるであろう。もしも神が夢の中で語られたという人がいたら、それは「神が語りたもうたという夢をこの人が見たまでのことだ」[9]。ある特定の宗教的経験の報告を疑わしいと思うとき、それはしばしば、宗教的経験そのものについての一般的な懐疑を表明しているのである。

以上の違いがもたらす結果として、次のようなリアルな懐疑が生まれてくる。それは単なる疑うために疑うというような哲学的な懐疑ではなく、神的実在に対する基礎づけ主義的な宗教的信念についてのリアルな懐疑、つまり人間の宗教的経験がそれに対する認知的な応答であると解するその神的実在に対する基礎づけ主義的な宗教的信念についてのリアルな懐疑である。右に見てきた違いがもたらす結果に抗して、オールストンは、次の点を指摘する。宗教的経験において想定されている対象（彼の場合は人格神であるが）は、感覚的経験において想定されている対象、つまり物的対象とは相当に違う。それは上に見てきた三つの違いを当然に、また確実に生み出すようなしかたにおいて違うのである。

以下のことを想定せよ。(a)神は被造物とは異なり、「全くの他者」であるから、われわれは神の振舞いのなかにいかなる規則性も把握することはできない。(b)これと同じ理由から、われわれは神がどのようなお方であるかということをただ漠然としか、また不確かにしか把握することができない。(c)ある特別な、しかも普通には満たされないような条件が満たされたときにのみ、神はご自身の存在を人間に明瞭に誤解のないようなしかたで知られるように聖定された。[10]

まず最初の(a)は、なぜ物質の振舞いを調べるような具合には、神の活動を調べることができないのか、というその理由を示唆している。自然界の働きの仕組みを理解すれば、われわれはそこに生じるさまざまな変化を予測することができる。ところが、これに反して、神の無限の本性は理解できないから、われわれは神の活動がどのような形態を取るものなのかを予測することができないのである。次に(b)は、なぜ異なる人間の群れが神をそのように異なるしかたで理解し経験するようになったのか、というその理由を示唆している。つまり、人間におけるさまざまな認知の要素が、当然、神的なものに対するわれわれの覚知に著しい違いをもたらすのであろう（第九章参照）。最後の(c)は、なぜ宗教的経験の大きな流れの一つにある人びとは参加し、別の人びとは参加しないのか、というその理由を示唆している。というのも、もしわれわれが神の意識を強要されずに、創造主に関して認知的に自由であるとすれば、ある特定の時に、ある人びとは神を自覚し、別の人びとは自覚しないということがあっても、別に驚くことでもないからである。（神との関係における認知的自由の議論と認識的距離の概念については一五〇—一五三頁を参照されたい。）オールストンによって、特に有神論的な用語で定式化された以上の考察は、非有神論的宗教の用語によっても、類似的に表現されうるであろう。

以上のように、宗教的経験と感覚的経験とは、それらが向かう対象の根本的な違いに応じて、当然のことながら、現にあるように違ったものでありうるのだ。したがって、上に挙げられた違いは、それ自体、宗教的経験が超越的な神的実在に対する認知的応答であるとするわれわれの主張を、いささかも否定する理由とはならないのである。

5 信念の有する危険

上の結論は、これまでのところ、妥当するように思える。つまり、宗教的経験の偉大な歴史的流れの一つに参加し、それを反映するような信念の体系を受け入れ、またその基盤に根差して生きていこうとしている者は、非合理という非難にはさらされないのである。プランティンガの用語で言えば、そういう人びとはいかなる知的義務をも破っていないし、また欠陥をもった知性的な構造物を作っているわけでもない。むしろ、かれらは全く十分な認知的権利を保有しているのである。それでも彼らは、ある深刻な知的危険を冒しつつある。それは非合理なものではないが、しかし意識されるべき危険である。

宗教的に信じるという行為、あるいは信じないという行為は、あいまいさの状況の中で起こる。すでに第二章と第三章で見たように、主要な有神論的論証も、主要な反有神論的論証も、ともに未決のままである。宇宙のことを考え、これを経験すること、またその宇宙の一部である自分自身のことを考え、これを経験することは、宗教的なしかたでも、また自然主義的なしかたでも、どちらでもできるのである。人生を時として宗教的に経験する人びとにとっては、経験のその様態を反映するような信念を形成することは、全く合理的なことなのである。また同様に、宗教的経験の領域に参加しない人びとにとっては、そのような信念を持たないこと、そしてそういう経験は単にわれわれ人間の願望と理想の投影でしかないと想定することも、やはり合理的なことなのである。（また、かつて宗教的経験を持った人が、それを幻想であったとして捨て去ることも可能である。その逆に、かつてはそうした宗教的経験を持たなかった人が、すぐれた信仰者たちの生き方に心を動かされることがあって、神的なものの実在性を信じるようになることも可能である。）

われわれの状況に関して、次のことも、もう一つの特徴であることに注意されたい。（第八章で詳しく論じられることだが）もしもこの宇宙が結局のところ、宗教的に構造づけられるものとするならば、このことは、究極的には、われわれ自身の経験のうちで確証されるであろう、ということである。言い換えれば、現在われわれはあいまいさのヴェールに覆われた事実にしか直面していないので、現在信じるにせよ、信じないにせよ、いずれにしても重大な過ちを冒す危険にさらされている、ということである。信仰者は欺かれ、その結果、自己欺瞞の人生を送ることになるかもしれないという危険がつきまとっている。逆に、信仰者でない者はあらゆる実在性のなかで最も価値あるものから閉め出されているのかもしれないという危険がつきまとっている。

今、この宇宙の宗教的なあいまいさを受け入れている信仰者の場合に目を向けてみよう。そのような信仰者は、この危険をあえて引き受ける正当な理由を、ウィリアム・ジェームズの「信じる権利」の議論の修正のうちに見いだすかもしれない。ジェームズ自身の元の議論は前章で見た通りであり、それははなはだ任意にすぎるものであった。ジェームズが言うところに従えば、信念に対する根拠は、信じるという傾向性、あるいは信じたいという願望だけである。われわれにそのような傾向性があれば、それだけでわれわれには信じる資格がある、と彼はいう。しかし、この議論は、それが証明されず、あるいは反証されずにいる限りにおいて、誰もが傾向性を持っていると感じるような、あらゆる信念にことごとく当てはまってしまう。しかし、これまでの議論を踏まえれば、もっと人びとに受け入れられやすい議論の正当化が宗教的経験のほうから与えられるであろう。

それでは、ジェームズの議論を次のように再定式化してみよう。実際的に問題となるのは、われわれの宗教的経験が本当に神的なものに対する正真正銘の覚知として信頼できるか否か、ということである。しかし、すでに見てきたように、それが信頼できる、できない、のいずれも合理的に任意にすぎるものである。つまり、そのどちらを選ぶにしても、由々しい結論が付いてまわるというわけである。というのも、もし信じないことが誤りであると判明したら、信じなかった人は偉大な善を、否すべての善のうちで最も偉大な善を失うという危険にさらされなくてはならないし、逆に、もし信じることが誤りであると判明したら、信じていた人は大変な幻惑の中に突き落とされてしまうという危険にさらされなくてはならないからである。こうした選択に関してジェームズは、確かにわれわれには十分な理由のもとで選択する権利があると促してはいる。したがって、人びとが信仰を持つことは、それが自分自身の宗教的経験の中か、それとも自分の属している歴史的伝統の経験の中か、のいずれかに根拠づけられた信念によって正当化されるわけである。また、このことは自分自身のもう少し狭い宗教的経験の範囲と強度とによって確認されているわけでもある。

もちろん、この場合の選択は、ジェームズが時として仮定しているようには、またパスカルがはっきりと想定しているようには(一三八―一三九頁参照)、それほど決定的なものではないかもしれない。つまり、それによって永遠的なものを得るか失うかというほどの深刻なものではないかもしれない。もしも宇宙が、最終的には誰にも明白な形で宗教的に構造づけられるとするならば、すべてのものは最終的に神的実在の方向に向くようになるであろう。つまり、伝統的な神学の用語で言えば、永遠の生命を得るようになるであろう。「偉大な善、確かにすべての善のうちで最も偉大な善を失うこと」は、たとえこの現世のあいだでは続くとしても、長い目で見れば一時的なことでしかないであろう。そのような場合、信じない者がいま失っているものは、神的実在との意識的な関係の上で得られる現在の善であり、また、その関係の中で生きる生命である。しかし、われわれの現在のあいまいさの状況の中では、ちょうどそれとは反対の危険のあることもつけ加えておかなくてはならない。なぜなら、もし信じる者のほうが、事実上、間違っているとするなら、彼は人間的状況の苛酷な現実に直面するという痛手と、さらに幻想を抱いていたにしかすぎないという屈辱の中に落ち込むことになるからである。有限で無知な存在として、われわれは宗教的信念への招待と同時に、この招待が単なる幻惑のものでしかないかもしれないという可能性を秘めた宇宙のなかに立たされてもいるように思えるのである。

第七章　宗教のことばの問題

1　宗教のことばの特殊性

宗教の哲学における現代の研究は、その多くがもっぱらことばの宗教的な使用（religious use）から生じるいろいろな問題で占められている。一般に、議論は二つの主要な問題の一方なり、他方なりに集中する。一方の問題、それは中世の思想家たちになじみの深かったものであるが、それは記述的な用語が神に適用される場合に帯びる特別な意味にかかわる。他方の問題、これも長い歴史をもつものであるが、現代の分析哲学により新たに尖鋭化され、緊急化せられた問題である。それは宗教のことばのもつ基本的な機能にかかわる。とくに、事実の断定の形式をもつ宗教の言明（たとえば、「神は人類を愛する」）が、ある特別な事実――科学的と区別された宗教的な事実――に論及しているのか、それともまったく異なる機能を果たすものであるのかどうか。これらの主要な問題は上の順序にしたがって検討されるであろう。

宗教の教説の中で神に適用されることばは、その多数が、否おそらくその全部が、日常の世俗的な文脈の中で使用されるのとは異なった、ある特別な方法で使用されていることは明白である。たとえば、「大いなるかな、主は……」といわれるとき、これは神が空間の大部分を占めているという意味ではない。また「主はヨシュアに語られた」といわれるとき、これは神が言語器官をそなえた身体をもち、ヨシュアの耳の鼓膜に達する音波を発するという意味ではない。また神は善であるといわれるとき、それは神の本性とは無関係にいろいろな道徳的価値があり、これらの道徳的価値との関係で神が善であると判断せられるという意味でもなければ、また、神はいろいろな誘惑に出会ってもこれに打ち克つという意味でもない（普通、人間については、そのような意味のことを善であるというのであるが——）。つまり、これらのことばの世俗的な使用と神学的な使用との間には、明らかに大きな意味変換があったのである。

あることばが世俗的と神学的との両方の文脈の中に現われる場合には、すべてこのことばの世俗的な意味のほうが先に作られたので、このことばの定義はその世俗的な意味によって行なわれてきているという意味で、ことばの世俗的な意味のほうが一次的であることも明白である。このようなことばが神に適用される場合に帯びる意味は、ことばの世俗的な使用（secular use）からの一つの応用である。それゆえ、「良い」「愛する」「許す」「命じる」「聞く」「語る」「目指す」「意思する」のようなことばに対する普通の日常的な意味の場合はあまり問題にはならないが、これと同じことばが神に適用される場合には多数の問題が生じてくる。簡単な例をあげると、愛（エロスの愛であろうと、アガペーの愛であろうと）は、愛ということばを語る場合のふるまいの中や、また恋をしかけることから始まって、実際に献身的に世話をするというふいろいろの形式にいたるまでの一連の行動の中で表現される。ところが、神は「身体の全部もなければ部分もなく、また激情もない」といわれる。そこで、神には愛を表現すべき場所的な存在なり、身体的な現存なりがないように思われる。しかし何が愛を身体から遊離させているのであろうか。どうしたらわれわれは愛が存在することを知ることができるのであろうか。類似の問題がいくつも他の神的な属性に関係して出てくる。

2　類比の理論（トマス）

スコラ哲学の偉大な思想家たちはこの問題をよく知っていて、これに立ち向かうために類比（analogy）[1]という観念を発展させた。「類比の述語づけ」[2]（analogical predication）の理論はトマスやトマスの注釈者であったカエタヌス（Cajetanus）においてあらわれ、さらに現代においていっそう綿密に仕上げられ、そしてさまざまに批判されているが、これはたいそう複合した主題なので、本書の計画内では詳細にわたって検討することはできない。しかしながらトマスの基本的で、中心的な考えを把捉することはむずかしいことではない。トマスは、たとえば「善」ということばが被造物と神との両者に適用される場合、このことばは両者に対して同義的に（すなわち厳密に同一の意味）で使用されているわけではない、と教える。たとえば、神は人間が善であるかもしれないという場合と同じ意味で、善であるわけではない。また他方、この「善」（good）ということばは、「バット」（bat）ということばが飛行動物と野球の道具の両方をさすために使用される場合のように、神と人間とに対して異義的に（すなわちまったく異なる、無関係な意味で）適用されるわけでもない。神が善であることと、人間が善であることとの間には、神が人間を創造したという事実を反映した、決定的な関係がある。そこで、トマスによれば、創造者にも被造者にも、「善」は同義的にでもなければ異義的にでもなく、類比的に適用されるという。この意味は、まず人間から人間以下の下等な生命体にいたる「上からの」類比のことを考えてみるならば明らかであろう。たとえばペットの犬について、その犬が忠実であると言うことがある。そしてまた、ある人間のことを忠実であると叙述することもある。われわれは、この犬の行動に示された一定の性質と、ある人物に対する、あるいはある人物を忠実だと言わせるようなある主義に対する、着実な意志的忠誠との間に類似性があるとみるから、それぞれの場合に同一のことばを使用する。しかし、われわれはこの類似性のゆえに、「忠実」ということばを異義的に（全体的に違った意味で）使用するわけではない。他方、犬の態度と人間の態度の間には、質的にきわめて大きな差異が認められる。責任を伴った自覚的な熟慮と、道徳的な目的および目標に態度がかかわっているという点からすれば、一方は他方よりどこまでもすぐれている。しかしこの差異のゆえに、われわれは「忠実」を同義的に（厳密に同一の意味で）使用するわけでもない。われわれは人間のレベルにおいて忠実と呼んでいるものに相当する性質が、犬の意識のレベルにもあるということを指摘するために、いまこのことばを類比的に使用しているのである。態度の構造なり行動のパターンなりには、ある種の類似が認められるので、われわれは動物にも人間にも同一のことばを使用するのである。しかしながら、犬と人間には大きな差異があるように、人間の忠実と犬の忠実にも大きな差異がある。それゆえ、大きく異なる二つの文脈の中で同一のことばを類比的に使用するとトマスが言うのは、差異の中に類似があり、また類似の中にも差異があるからなのである。

「上からの」類比の場合には、真の、あるいは規範的な忠実は、われわれが直接に自己の中で知るところのものであるが、不明確で、不完全な犬の忠実は、類比によってのみ知られる。しかし、人間から神にいたる「下からの」類比の場合には、状況は逆になる。われわれが直接に知っている善、愛、叡智などはまだうすい影であり、漠然とした近似値でしかない。そして神性の完全な諸属性は、類比によってのみわれわれに知られるものとなる。したがって神が善であると言うとき、われわれは人間のレベルにおいて善と呼んでいるものに相当する無限に完全な存在の属性があると言っているのである。この場合、真であり、規範的であり、破られない実在であるものは神的な善であるが、これにたいして人間的生命のほうは、この属性を、かすかに、断片的に、そしてゆがめて反映させるのがせいいっぱいのところである。ただ神においてのみ存在者の完全性は、その真の、ゆがみのない本性において生じうるのである。神のみが、正しい完全な意味において、知っており、愛し、義であり、そして聡明なのである。

神はわれわれに隠されているから、いかなる善やいかなる他の神的な属性が神のものであるのかを、われわれはどのようにして知ることができるのか、という問題が生じてくる。完全な善や叡智がいかなるものであるのかを、われわれはどのようにして知るのであろうか。トマスは、われわれには知るすべがないと答える。トマスによって用いられているように、類比の理論は神の完全性についての具体的な特性を明らかにするわけではなく、ただ人間と（啓示の根本に基づいた）神との両者に対してあることばが適用された場合に、そのことばの帯びるいろいろ異なった意味の間の関係を指示するにすぎない。類比は無限の神的本性を探究し、そして哲学地図を作成する道具ではない。類比はこの点で、その存在が前提とされている神性に対して、いろいろのことばが使用される場合の一つの説明方法なのである。類比の理論は、キリスト教やユダヤ教の思想に常に特徴的である神的な存在に対し、不可知論や神秘感情にはおちいらないで、神についてのある限定された言明に一つの枠組みを与えるものなのである。

神について語ることは可能であるが、しかしこれは創造主と被造物の間の遠い類比を背景にしてのみ、その目標を達成しうるとする確信は、カトリックの信徒神学者であるフォン・ヒューゲル男爵(von Hügel, 1852-1925)[3]によってあざやかに表現されている。彼は飼犬が主人に対して抱くかすかな、不明確な、混乱した意識について語り、そしてつぎのように続けている。

宗教が真であり、その宗教の対象が実在的であるにもせよ、宗教の源泉と対象とは、たしかに̇ど̇ん̇な̇可̇能̇性̇に̇よ̇っ̇て̇も̇わ̇た̇し̇が̇わ̇た̇し̇の̇飼̇犬̇に̇と̇っ̇て̇明̇ら̇か̇で̇な̇い̇の̇と̇同̇様̇に̇、̇わたしにとっては明̇ら̇か̇で̇あ̇り̇え̇な̇い̇。なぜなら、わたしたちが考察したいろいろのケースは、わたしたち自身の実在(物的対象とか動物)よりも劣る諸実在、あるいはわたしたち自身の実在(人間仲間)と同じレベルの諸実在、あるいは有限な人間であるわたしたちが、同じ有限であるわたしたちの飼犬に対する関係にも似て、わたしたち自身を越え出ない諸実在を扱っているからである。ところが宗教の場合には――もし宗教が正しければ――実在の量においても、質においても、ともにわたしたち自身より無限にまさる諸実在をわたしたちは理解し、これを確信する。しかしそれにもかかわらず、(あるいはかえって、そうであるからこそ)これらの実在はまったく想像もできない親密さでわたしたちを見越し、見破り、維持してくれるのである。それゆえ、わたしの生命がわたしの飼犬にとってあいまいであるよりは、神の生命のほうがはるかにわたしにとってあいまいであるに相違ないのである。たしかに植物的生命があいまいである——わたしの人間生命よりどこまでも劣っており、貧弱であるから、わたしの知性にはあいまいである——よりは神のほうが、つまり神的な実在と生命のほうが、わたしの人間的生命にとってははるかにおぼろげなものであるに相違ないのである——この神的な実在と生命とは異質的なもの、優越的なものであって、わたし自身の生命と実在とがそうであるよりも、あるいはそうでありうるよりも、言語に絶するばかりにいっそう豊かで、生気にあふれている。[4]

3 象徴としての宗教の言明(ティリッヒ)

パウル・ティリッヒの思想の中で一つの重要な要素は、宗教のことばの本性を「象徴的」(symbolic)とみる彼の理論である。[5] ティリッヒは符号と象徴を区別する。両者はともに自己を越えた他の何ものかをさし示す。しかし符号のほうは便宜上、任意にそれが指し示すもの――たとえば、街角の赤信号は運転手が停止を命ぜられていることを表わしているように――を表わす。このように純粋に外面的な関連性とは対照的に、象徴のほうは「それが指し示すものに参与する」[6]。ティリッヒの例を使えば、国旗はそれが代表する国民の力と威厳に参与する。このように象徴された実在との内面的な関連性があるから、象徴のほうは、便宜的な符号のように任意に設定されないで、「個人的、あるいは集団的な無意識の中から生じる」[7]。その結果、象徴のほうは自己の寿命をもち、(ある場合には)すたれ、死滅する。象徴は「それ以外の方法では閉ざされている実在の層をわれわれに開示する」。そして同時にそれが表わす世界の新たな側面に対応する「われわれの霊魂の次元、ないし要求を開示する」[8]。この二重の機能を最も明確に表わしている例は、芸術によって与えられる。芸術は「ほかの方法では到達することのできない実在の層を示す象徴を創造し」[9]、同時に、われわれ自身のうちに新たな感受性と鑑賞能力とを開示する。

ティリッヒは究極的なものに「究極的にかかわった」状態が宗教的な信仰であるとするが、この信仰は象徴的なことばにおいてのみ表現可能であると主張する。「究極的にわれわれにかかわるものについて、われわれが述べるものは何であれ――われわれがそれを神と呼ぼうと呼ぶまいと――象徴的な意味をもつ。それはそれ自身を越えた彼方を指し示している一方、それが指し示すものにも参与している。信仰は、それ以外の方法によっては自己を適切に表現することができない。信仰のことばは象徴のことばである」[10]。

ティリッヒによれば、宗教が神と呼ぶ究極的な実在について表述しうる文字通りの、非象徴的な言明はただ一つだけである。それは、神は存在そのもの（Being-itself）である、という言明である。これ以外には神学の言明――たとえば、神は永遠である、生きている、善である、人格的である、創造主である、被造物を愛する――はすべて象徴的である。

もちろん神についてのいかなる具体的な断定も象徴的でなければならない。何となれば、具体的な断定は、神についてあることを言うために、有限な経験の部分を用いているからである。この具体的な断定は、この有限な経験の部分の内容を含むとはいえ、この部分の内容を超越している。神についての具体的な断定の拍車となる有限な実在の部分は、肯定されると同時に否定される。それは象徴となる。何となれば象徴的表現は、その正しい意味が象徴の指示するものによって否定されるものとなるからである。しかもこの象徴的な表現は、同時にこの否定によって肯定もされる。そしてこの肯定は、この象徴的な表現に対して、それ自身を超えて指示しているものに対する適切な基礎を与える。

（『組織神学』第一巻下、鈴木光武訳参照）[11]

宗教のことばの象徴的な性質に対するティリッヒの考え方は、彼の中心的な考えの多くがそうであるように、相反する二つの方向のどちらにでも展開させることができるが、ティリッヒの著作全体の中では、多様性と融通性とが一緒に維持されるかたちで示されている。ここでは、ティリッヒの理論を有神論的な展開の中で考察しようと思うが、さらに、どのようにすればこの理論を自然主義的にも展開させることができるかについては、後の節で、ランドール（J. H. Randall, Jr.）の見解との関連において示されるであろう[12]。

ユダヤ－キリスト教的有神論のために用いられるとき、宗教の象徴に関するティリッヒの理論の否定的な側面は、類比の理論のもつ否定的な側面に対応する。ティリッヒは、われわれが究極的なものについて語るとき、われわれは人間のことばを文字通りに、あるいは同義的に、使用するわけではないと主張する。われわれのことばは、われわれ自身の有限な人間の経験から派生しうるにすぎないから、適切に神に適用することはできない。神学的に使用される場合、これらのことばの意味は常に部分的に「象徴の指示するものによって否定される」。宗教的には、この理論は、たんに神が大いなる威厳の持ち主にしかすぎないように考えられて、偶像化されること（擬人論）を警戒している。

類比の理論に代わるものを提案しているティリッヒの建設的な教えは、「参与」（participation）の理論である。彼は、象徴はそれが指し示す実在に参与すると述べている。しかし、不運にも、ティリッヒはこの参与という中心的な考えを定義していない、または明確にしていない。たとえば、神は善であるという象徴的な言明を考えてみよう。この場合の象徴とは、「神は善である」という命題なのだろうか、それとも「神の善」という概念なのだろうか。この象徴は、国旗がある国民の力と威厳に参与するという場合と同じ意味で、存在そのものに参与するのだろうか。また、この場合の意味とは正確に何のことなのだろうか。ティリッヒは国旗云々の例――象徴するところのものに対する象徴の参与ということばで彼が言おうとしているものを示すために、いろいろの箇所でこの例を用いている――を分析していない。その結果、どのような側面で宗教の象徴の場合が類比的であると思われるのかが明白でない。またティリッヒによれば、すべて存在するものは存在そのものに参与するという。それでは、存在そのものに象徴が参与する仕方と、象徴以外のものがそれに参与する仕方との間には、どのような差異があるのだろうか。

右に要約したティリッヒの他の「すべての象徴の主たる性質[13]」を神学の言明に適用してみると、さらにいろいろの問題が生じてくる。たとえば、「神は神の存在に対し、神以外のいかなる実在にも依存しない」という複合的な神学の言明は、個人的であれ集団的であれ、無意識の中から生じたものである、と述べることが、本当にもっともらしい述べ方であろうか。これが哲学的神学者によって丹念に定式化された述べ方であるとはとても思えないのではないだろうか。またこの同一の命題がどのような意味で「それ以外の方法では閉ざされている実在の層」と「われわれ自身の存在の隠れた深層」との両者を開示することになるのであろうか。これら二つの象徴の性質は神学の理念や命題よりも、芸術のほうにもっとたやすくあてはまるように思われる。たしかに、宗教的な自覚と美的な自覚とを同一視しようとするのはティリッヒの傾向であり、この点が彼の立場の自然主義的な展開を示唆する。この点については、のちに叙述されるであろう（二〇七―二一三頁）。

以上がティリッヒの立場から生じてくるたくさんの問題のうちのいくつかである。このような問題に対して答えが与えられていないので、ティリッヒの教えは、それが貴重な示唆を含んでいるにもかかわらず、この点でまだ十分に整理された哲学的な立場とはなっていないのである。

4　受肉と意味の問題

受肉の教義（この教義とこれに伴うすべてのものと一つになって、ユダヤ教とキリスト教を区別する）は、神学的な意味の問題に対して部分的な解決の可能性を与える、とある人びとは考えている。神の形而上学的な属性（自存性、永遠、無限など）と、神の道徳的な属性（善、愛、叡智など）とは、長いあいだ区別されてきた。受肉の教義は、神の道徳的（形而上学的ではない）の属性が有限な人間の生命の中に、すなわちキリストにおいて、可能なかぎり、具現化されたとする主張を含む。この主張は、たとえば「神は善である」「神は神の被造物である人間を愛する」という断定によって意味される内容を示すものとして、キリストの人格に論及することを可能にさせる。人類に向けられた神の道徳的な属性は、イエスにおいて受肉化され、イエスによる人間との接触の中で具体的に表現された、と主張される。受肉の教義は、たとえば病人や霊的な盲人に対するイエスの同情は神の同情であり、イエスによる罪の許しは神の許しであり、自分を義とする高ぶった宗教家に対するイエスの非難は神の非難である、という主張を含む。この信念に基づいて、『新約聖書』の記録の中に描かれたキリストの生涯は、神についての言明の基礎を与える。一世紀のパレスチナにおける雑多な身分の男女に対して神がキリストにおいて示された態度から、たとえば、神の愛はイエスの生涯において見られたものと、性格上、連続的であるということが肯定されうる。[14]

受肉の教義は、これと同じ問題に関連して、クロンビー (Ian Crombie) により、いくらか違った方法で用いられている。「われわれのなすべきことは、本質的には、神をたとえ話の中で思考することである」と彼は、神学の意味の問題に関する啓発的な議論の中で述べている。彼は以下のように続けている。

われわれが神について述べる事柄はキリストのことばと行為の権威に基づいて述べられる。キリストは人間のことばで、たとえ話を使って、語られた。だからわれわれも神のことはたとえ話で——権威のあるたとえ話、権威づけられたたとえ話で——語る。真理は文字どおりわれわれのたとえ話が表わすところのものではないことは分かっている。

またそれだから、いまは鏡に映して見るようにおぼろげにしか見ていないことも分かっている。しかし、たとえ話の典拠をわれわれは確信するから、これらのたとえ話を信じ、これらのたとえ話をそれぞれの光に照らして解釈するとき、われわれはけっして迷わされないであろうし、[15]またたとえば、宗教生活の基礎を築くために必要な知識も得られるであろうと確信する。

5　非認知的なものとしての宗教のことば

われわれが事実と考えるものを断定したり（あるいは事実と言いたてられているものを否定したり）する場合、われわれはことばを認知的に使用している。「中国の人口は一〇億である」、「今年の夏は暑い」、「二に二を加えると四になる」、「彼はここにはいない」は認知的な物の言い方である。たしかに認知的な（または情報を与える、または直接法の）文章は、真か偽かのいずれかの文章である、と規定することができる。

ところが、真でもなければ偽でもないような別のタイプの物の言い方がある。というのは、これらのタイプの物の言い方は、事実を記述しようと努めることとはまったく異なる、別の機能を果たすからである。われわれはののしりとか、命令とか、洗礼式の式文とか、あるいはソネットについて、それが真であるか偽であるかを問わない。ののしるのは自分の感情を吐き出すため、命令するのは他人の行動を指図するため、「我は汝に洗礼を授く……」は洗礼式を執行するため、ソネットを歌うのは情動や心的なイメージを呼び起こすため、というそれぞれ異なる機能を果たす。それでは、たとえば「神は人類を愛する」という神学的な文章は認知的なものなのか、それとも非認知的なものなのか、という問いが生じてくる。この質問はただちに二つの問いに分けられる。(1)このような文章の使い手は、このような文章に対して認知的な解釈を与えようとする意思をもっているのであろうか。(2)要するに、意思は別としても、これらの文章は真か偽かのいずれかでありうるような論理的な性格を備えているのであろうか。第一の問いはこの節で、第二の問いはつぎの章で検討されるであろう。

明らかに、宗教者たちは、普通「神は人類を愛する」という言明は歴史上の事実として認知的であるのみならず、真でさえもある、と堅く信じている。宗教的な事実と感性的知覚や科学によって明らかにされた事実との間の差異にはかならずしも深い考察をよせないで、ユダヤ-キリスト教的伝統内の普通の信徒たちは、宗教には宗教特有の実在と事実とがあり、自分たちの宗教的な確信はこれらのものに深く関係する、と仮定している。

しかしながら、今日、ますます多くの理論が宗教のことばを非認知的なものとして取り扱う。これらの理論のうちで幾分タイプの異なる三つの理論がこの節と次の二つの節で叙述されるであろう。第一のタイプに属する明白な言明はランドールの著書、『西洋の宗教における知識の役割』(*The Role of Knowledge in Western Religion*)[16] から出てくる。偶然にも彼の解釈は、ティリッヒに近い宗教の象徴論がどのようにして自然主義のために用いられるものになるか、という点を示している[17]。

ランドールは宗教を一つの人間活動とみなし、科学や芸術とともに人間の文化に独自の貢献を果たすものと考える。宗教が取り組む独自の題材は、一群の象徴であり、神話である。「認むべき大事なことは社会的、芸術的な象徴とならんで、宗教的な象徴は、非叙述的(nonrepresentative)で、非認知的(noncognitive)な象徴の群れに属する、ということである〔とランドールは述べる〕。このような非認知的な象徴は、象徴自身の働きを別にして、指し示される何か外部的な事物を象徴するのではなく、象徴自身の果たすもの、つまり象徴独自の機能を象徴する、と言うことができる[18]」。

ランドールによれば、宗教の象徴は四重の機能を果たす。第一は情動をかきたて、人びとを行動へと駆りたてる。そうすることによって、正しいと信じているものに対する人びとの実践的なコミットメントを強化させる。第二は、共同的な行動を刺激する。それゆえ、象徴に対する共通の反応を通して、一つの共同体を結束させる。第三は、ことばの字義的な、日常的な使用によっては表現することのできない体験の特質を、伝達可能にさせる。そして第四は、「輝かしい秩序」つまり神的なもの、と呼ぶことのできる世界の側面に対する人間の体験を呼びさまし、これを明確にさせる。宗教の象徴に対するこの最後の機能を叙述しているところで、ランドールは美学的な類比を展開させる。

画家、音楽家、詩人の作品は、さらにすぐれた力量と手腕とを伴うわれわれの目や耳や心や感情の使い方をわれわれに教えてくれる……。その作品は思いがけずに出会うこの世の特質、潜在能力、そこに内在する可能性などを識別する方法をわれわれに示してくれる。さらにそれは、この世が人間精神と歩調を合わせて、みずから身につけることのできる新たな特質をわれわれに理解させてくれる……。それでは、預言者や聖者の場合は別なのであろうか。彼らもまた、われわれに何程かのことをなすことができる。彼らもまた、われわれやわれわれの世の中に変化を生じさせることができる……。この世における人間の生命が何であり、また何であっていいかを理解する方法をわれわれに教えてくれる。人間の本性はその自然的な条件や素材の中から何をつくり出すことができるかを識別するその方法をわれわれに教えてくれる……。われわれが出会うこの世の特質を受け入れさせてくれる。そしてこの世が人間精神と歩調を合わせて、みずから身につけることのできる新たな特質に対してわれわれの心を開かせてくれる。この世の宗教的な次元をさらによいもの、つまり「輝かしい秩序」としてわれわれにわからせ、感じさせ、また人間の体験する宗教的な次元をこの秩序の中で、そしてこの秩序とともに、われわれにわからせ、感じさせることができる。神的なものの見つけ方をわれわれに教えてくれる。神のまぼろしをわれわれに示してくれる[19]。

ランドールは西洋の宗教に対する伝統的な仮定から徹底的に離反した立場を代表している、という点に注意が向けられねばならない。なぜなら、「神的なものを見つける」「神のまぼろし」を示されるということについて語る場合、ランドールは人間の知性には依存せず、神なり神的なものなりが実在として存在する、という所説を含意してはいないからである。彼は「象徴的に」語っているのである。神は「……われわれの理想、われわれの支配的な価値、われわれの「究極的なかかわり」なのである[20]。神は「……この世の宗教的な次元に対する、つまり神的なものに対する知性的な象徴なのである[21]」。この宗教的な次元は「……人間のもつこの世の経験の中で識別されるべき一つの特質、つまり現実的なものを越えて完全な、永遠な、想像の領域の中で見るまぼろしの輝きなのである[22]」。しかしながら、この最後の言明は、哲学的な修辞によって生気づいてはいるが、そのためにかえって、不本意にも、根本的な諸問題をあいまいなものにしてしまっている。人間の想像による所産は永遠ではない。想像による所産は人間自身の存在する以前には存在しなかった。仮に想像された存在物として見ても、これらの所産が存続しうるのはただ人間が存在するかぎりにおいてのみである。神的なものは、ランドールの定義によれば、一時的な心的構成物、つまり小さい星の衛星の一つに住んでいて、最近現われた一動物の投影なのである。

この見解によれば、神は天地の創造主でもなければ、究極的な統治者でもない。神は時間－空間のわずかな一端にのっかる、はかない想像の波紋でしかない。

宗教と宗教のことばの機能に対するランドールの理論は、それほど明白に定義されたかたちではないにしても、今日一般に普及している一つの考え方、そして、たしかにわれわれの文化に特徴的な一つの考え方、をすこぶる明快に表現している。この考え方は、要約して述べれば、「神」(God) ということばが、「宗教」(Religion)(あるいは、これと実際上、同意語として使われる「信仰」(faith)) ということばによって取り替えられてしまった、というふうに言えるであろう。以前は、神 (God)、神の存在、属性、目的、行為などに関して問われ、論争された文脈の中では、今日これらに相当する問いは、宗教 (Religion)、宗教の本性、機能、形式、実用的な価値などに典型的にかかわる。ある一群の語や語法に属する頂点としての「神」(God) ということばから、これと同族言語に属する新たな頂点としての「宗教」(Religion) ということばへと、移行が行なわれたわけである。

したがって人間文化の一側面としての宗教 (Religion) について論じたものはたくさんある。ランドールの言うように、今われわれが理解する「宗教 (Religion) は、社会的に不可欠な、みずから果たすべき機能を備えた、人間独自の一大事業なのである」[23]。多くの大学やカレッジには、この現象の歴史や種類、さらにこの現象が人間の文化一般にもたらした貢献などをもっぱら研究しようとする学科がたくさん設立されている。儀式、聖職、タブー、その他とならんで、右との関連において扱われる諸観念に、神（God）の概念も含まれている。それゆえ神（God）は、学問研究のためには、宗教（Religion）といういっそう大きな主題のもとに含まれる一つのサブ・トピックでしかない。

さらに通俗的なレベルでは、宗教（Religion）は心理学的な意味での一つの人間活動として、広く認められている。そしてこの人間活動の果たす一般的な機能は、個人にその内面とその環境との調和を達成させることである。宗教（Religion）がこの機能を達成させる独特の方法の一つは、人間のよりよい願望を強める力をもつところの偉大な観念なり、象徴なりを保持し、これを促進させることである。これらの象徴の中で最も重要であり、永続的であるものは神（God）である。それゆえ、学問的と通俗的との両方のレベルにおいて、神（God）は結局、宗教（Religion）の取り組む数多くの概念のうちの一つの概念として、宗教（Religion）によって定義されるのであって、実在する超自然的な存在に対し人間の示すいろいろの応答の分野として、宗教（Religion）が神（God）によって定義されるのではなくなっているのである。

教説の向かう広範囲な領域の焦点として「神」（God）と「宗教」（Religion）とが右のように取り替えられたことにより、この領域において最も執拗に問われてきた問題の性格が一変させられた。神については、これまで伝統的な問いは当然、神が存在するかどうか、あるいは実在するかどうか、であった。しかし、この問いは宗教（Religion）に関して生じる問いではない。宗教（Religion）が存在することは明らかである。重要な探究は、それが人間生活におけるどのような目的に仕えるものとなりうるか、それは育成されるべきものであるかどうか、もしそうならばいずれの方向に発展させることが最も大きな利得を生むものとなりうるか、などである。これらの関心が先立つので、宗教的信念に対する真理の問題は背後に退き、それに代わって宗教的信念に対する実質的な有用性の問題が前面に押し出されて、注目の的になっている。

歴史的展望においては、この実用主義の強調は、客観的な宗教的実在という古びた考え方の代理を勤めるもの、すなわち信仰の衰えゆく時代であれば当然考え出されるべき代用物、なのであろうか。このような見方は不可知論者であったミル（John Stuart Mill）により、「宗教の功用」（*The Utility of Religion*）に関する彼の有名な論文の中で触れられている。

もし宗教なり宗教の特定形式なりが真であるならば、それの有用性は証明をまたないでも出てくる。もし事物のどのような秩序の中で、世界のどのような統治のもとで生きるのがわれわれの運命なのかを確実に知ることが有用でないとするならば、有用なものとして何が考えられるかを想定することは困難である。人が快適な場所にいようと、不快な場所にいようと、つまり宮殿にいようと、牢獄にいようと、自分の居場所がわかっていることほど有用なことはほかにありえないのである。それゆえ、人びとが自己の存在なり自己の身辺にある物体の存在なりを疑いのないものとして受け入れるように、自己の宗教の教えを確実な事実として受け入れるかぎりにおいては、それを信じる効用を問うなどということはまず頭に浮かんでこないであろう。宗教の功利性が断定されねばならなくなったのは、宗教の真理性に対する論証がほとんど説得力をもたなくなってしまったからにほかならない。人びとは、自分たちが引き上げようと努めていたものを引き下げることになるとは気づかずに、かの劣った護教のための根拠を取り上げうるわけであるが、それ以前に、信じることをやめにしているか、それとも他人の信念に依存することをやめにしているかのいずれかに相違ないのである。宗教の功用に対する論証は、信じない者に対しては、彼らを勧誘して、良い意味の偽善を行なわせるための訴えであり、幾分か信じる者に対しては、彼らの未熟な信念をゆさぶるようなものから目をそむけさせるための訴えであり、最後に、人びと一般に対しては、彼らの抱きそうな疑念をどれ一つ口にのぼらせないようにさせるための訴えなのである。というのは、人類にとって計り知れないほどの重要性をもつ構築物はその土台がはなはだ不安定であるため、人びとはそれを吹き倒さない用心に、その周辺では息を殺していなければならないからである。(24)

真理よりも功用を強調しようとする現代のこの風潮と、『聖書』の示す偉大な信仰の模範者たちの思想とを比べてみるならば、ただちにわれわれは驚くべき転倒のさまを痛感させられる。神に仕え、神を礼拝することと、「宗教（Religion）に興味をもつ」こととの間には著しい差異がある。神は、もし神が実在するならば、われわれの創造主である。神は権能においても、価値においても、無限にわれわれよりすぐれている。神は「……すべての心を見通し、すべての願いを知り、すべての秘密をあばく」お方である。これに対して宗教（Religion）は、われわれが任意に選び求めることのできるいろいろの関心事のうちの一つとして、われわれの面前に立つ。宗教（Religion）と諸宗教（religions）とを論じる場合、われわれは評価鑑定人の役をする。そして、神はわれわれが評価するものの中に含められる。神のさばきとあわれみの前で人は自分の生活をむき出しにする必要がない。そうしなくても、宗教（Religion）は論じられうる。そしてこの宗教（Religion）の内部においては、神は一つの観念であり、われわれがその歴史をさかのぼることも、分析することも、定義することも、修正を加えることさえもできる一つの概念なのである。神は、『聖書』の思想に見られるように、人びとが敬虔な気持でひざをかがめて礼拝し、喜びいさんで立ち仕えする天地の生ける主ではないのである。

宗教（Religion）を本質的に人間文化の一側面としてとらえる現行の、そしておそらく支配的でさえあるこの見方の歴史的な源泉は、かなり明白である。増大する技術革新の社会の内部で、科学主義、実証主義、自然主義などと、いろいろに呼ばれてきたものについての論理的な発展をこの宗教観は代表している。この発展は驚異的な、劇的な、そして今なお加速的に伸びつつある科学的な知識と成果によって産み出された一つの仮定に基づいている。それは実在に対する側面、あるいは実在に対する仮想的な側面に関する真理は、科学的探究の方法を問題となっている現象に適用することによって発見されねばならない、とする仮定である。神（God）は科学的研究に有効な現象ではない。しかし宗教（Religion）のほうは有効である。宗教史、宗教現象学、宗教心理学、宗教社会学、比較宗教学が成立しうる。それゆえ、宗教（Religion）のほうは徹底的な探究の対象となった。しかし神（God）のほうは、やむなく、この宗教（Religion）の複合現象の内部で生じる一つの観念と同一視されている。

6　ブレイスウェイトによる非認知的な理論

宗教のことばの非認知的な性格を支持する、第二の宗教の機能についての理論は、ブレイスウェイト（R. B. Braithwaite）によって与えられた[25]。宗教の断定はもっぱら倫理的な機能に仕える、と彼は主張する。ブレイスウェイトによれば、倫理的な言明の目的は、ある一定した行動のポリシーに対する話者の忠誠を表わすことだ、という。倫理的な言明は、「……断定者がその断定の中で明らかにしたある特定の仕方で行動しようとする意思……かくかくをなすべしと断定すれば、自分の力の及ぶかぎり、かくかくをなそうと決心していることを宣言するために、彼はこの断定を用いている[26]」ということを表わす。そうすることによって話者は、もちろん他人にもこれと同じ仕方で行動することをすすめているわけである。宗教的な言明は、これと同じように、ある一般的なポリシーなり、生き方なりにコミットすることを表わし、これをすすめている。たとえば、神は愛（アガペー）であるとキリスト者が断定するとき、彼は「……アガペーの愛の生き方に従う意思[27]」を指し示しているのである。

つぎに、ブレイスウェイトは問いを立てる。二つの宗教（たとえばキリスト教と仏教）が本質的には同じ生きるためのポリシーをすすめている場合、この二つの宗教はどのような意味で異なる宗教と言えるのだろうか。むろん、儀式には大きな違いがある。しかし、ブレイスウェイトの見解においては、儀式の違いはさして重要ではない。重要な区別はこの二つの宗教の中で、それぞれの生き方に対する忠誠心に結びついていく、それぞれ異なる物語（つまり、神話とか、たとえ話）にある。

ブレイスウェイトによれば、これらの物語は真である必要はない。また、真であると信じられる必要さえもない。宗教的な物語と宗教的な生き方との結び付きは「……心理的、因果的な関係である。もしこのポリシーが頭の中で一定の物語と結びついていれば、自己の自然的な気質に反する行動であっても、多くの人びとは容易に決心し、やってのけられるということは、経験的な心理的事実である。そして多くの人びとの場合、行動のポリシーと結びついた物語が実際には信じられないとしても、たいしてこの心理的なつながりは弱められない。『聖書』と祈禱書についで、イギリスのキリスト者の宗教生活の中で最も深い影響力をもつ作品は、その物語が明らかにフィクションと認められる書物――バンヤンの『天路歴程』なのである[28]」。

要約して、ブレイスウェイトはつぎのように述べる。「宗教の断定とは、わたしにとっては、ある一定の物語に対する明示的な言明なり、暗示的な言明なりと一つに結びついて、ある一定したふるまいのポリシー――一つの道徳原理として十分に一般的な原理のもとに含められうる――を実行しようとする意思の断定であって、ある一定の物語の断定ではない[29]」。

ここでいくつかの問題が提起され、検討されなくてはならないであろう。

1 ランドールの理論の場合と同じように、ブレイスウェイトは、大多数の信仰者が実際にかかわってきたものとは異なる仕方で、宗教の言明が機能を果たすものであると考えている。ブレイスウェイトによるキリスト教の定式の中では、神は特定の生き方と結びついたフィクションの物語に出てくる一登場人物という身分しか持ち合わせていない。

2　ブレイスウェイトが宗教のことばについての説明の拠りどころとしている倫理説によれば、道徳の断定とは断定者がその断定の中で明らかにした特定の仕方で行動しようとする意思を表現したものである。そこで、たとえば「うそをつくことは悪い」は「わたしはけっしてうそをつかないつもりである」という意味になる。もしそうならば、邪悪に行動するつもりは論理的に不可能なことになる。「うそをつくことは悪い。しかし、わたしはうそをつくつもりである」は、「わたしはけっしてうそをつかないつもりである（＝うそをつくことは悪い）。しかし、わたしはうそをつくつもりである」というのと等値で、明らかに矛盾したことになる。この帰結は、われわれが論理的な文脈の中で、実際にものを語る語り方と衝突する。人はわかっていながら、邪悪に行動するつもりでいることがある。

3　ブレイスウェイトが彼の講演*の中で言及しているキリスト教の物語は、論理的にいろいろのタイプのものから成っている。これらの物語はイエスの生涯に関する端的な歴史的言明、天地創造や最後の審判に対する信念、神の存在に対する信念などの神話的な表現を含む。これらの中で、「経験的な吟味に付すことのできる端的に経験的な命題あるいは命題群」[30]というふうに、物語に対して与えたブレイスウェイト自身の定義にあてはまるものは、第一のカテゴリーのものだけであるように思われる。たとえば、「神はキリストにおいて御自身をこの世と和解された」、あるいは「神は人類を愛する」という言明は、ブレイスウェイトの意味における物語を構成しない。それゆえ、宗教の物語に対する彼のカテゴリーは、宗教の言明のうちでも比較的周辺的なタイプのものを説明するにすぎない。このカテゴリーでは、神に言及する中心的な、いっそう直接的で、独特な宗教の言明を説明することができない。人間をアガペーの愛の生き方に向かわせるものは、かなりの程度まで、神についての人間の信念である。それにもかかわらず、この最も重要な信念が分析されていない。なぜなら、ブレイスウェイトが与える唯一のカテゴリー、すなわち、明らかに事実的な信念というカテゴリーの中には、これらの信念に与える場所はありえないからである。

＊「宗教的信念の本性に対する一経験主義者の見解」(An Empiricist's View of the Nature of Religious Belief) は、「神は存在する」という命題の意味を論じた彼のエディントン記念講演（一九五五年）の内容である。

4

神についての信念は人間の実践的な行動を心理的に補強するから、それは人間の実践的な行動にかなっている、とブレイスウェイトは主張する。しかし、この問題に対するいま一つの可能な見解は、これらの信念がある一定の生き方を魅力的であると同時に、合理的にもさせている方法に、これらの信念に対する倫理的な意義がある、ということである。この見解はイエスの倫理的な教えの性格に一致するように思われる。イエスは人びとがいちばん深く求めてやまない欲求に逆らい、したがって、何か異常な相殺的な刺激を必要とするような生き方を彼らに求めはしなかった。むしろ、彼らの住むこの世の真の本性を彼らに明らかにし、この本性に照らして、彼らの求めてやまない欲求が満たされるような方法をさし示そうとした。それゆえ、ある重要な意味で、イエスは行動に対する何らの新たな動機をも提案しなかった。イエスは新たに求むべき目標も立てなければ、周知の目標に向かう新たな衝動をも与えることをしなかった。その代わり、ありのままの世界に合理的に住むことがイエスの描いてみせたとおりの生き方をすることであると考えられるような、新たな世界のまぼろし、あるいは理解の仕方というものを与えた。もしもこの世が本当に隣人たちの張り合ったエゴイズムに対して、自分と自分の持ちものをすべて各人で守らねばならないというはげしい利害関係の闘争の舞台であるならば、人びとが不安感をもつことは当然である。しかし、この不安感を表現するいろいろの生活態度や生活のポリシーを、イエスは何とかして取り除こうとした。もし人間の生活が本質的に動物の生活の一形態であり、人間の文明が洗練されたジャングル――そこでは動物の歯やつめよりも人間の利己心のほうがいっそう巧妙に、しかも確実に働く――であるならば、その場合にはさまざまに偽装した姿をいつまでも不死身に保とうと願うことはまったく合理的である。だから物質的にであれ、心理的にであれ、経済的にであれ、あるいは政治的にであれ、他人の上に君臨する権力というかたちで、あるいは世間から認められ、世間に迎えられるというかたちで、安定を求めることは、人間のおかれた状況との関連からさし示されるものであろう。しかしながら、イエスはこれらの態度や目標を退けた。というのは、この世は無神論的であるから、これらのものは間違ったこの世の評価に基づいている、と考えたからである。この世が想定することは、神は存在しないということ、つまりイエスが知っていたようなものは少なくとも何一つ存在しないということである。事実と無関係な理想をかかげて、現実よりむしろこれらの理想に導かれて生活すべきであるとすすめる人のことを理想主義者というならば、イエスはおよそ、このような理想主義者からは程遠い人であった。これに反して、イエスは現実主義者であった。彼は宇宙の現実的な本性によってさし示される何かあるものとして、隣人が自分と対等に尊ばれるような生き方をさし示した。彼は実在に関係して生きるように人びとを促した。彼の道徳性が普通の人間の慣習と違っていたのは、彼の実在観がわれわれの普通の世界観と違っていたからである。利己主義の倫理は究極的に無神論的であるのに対して、イエスの倫理は徹頭徹尾、有神論的であった。この倫理の説く生き方は、イエスが描いてみせたとおりに、神を実在すると心から信じるときに正しくあてはまる。イエスの実際的な、そしてある意味では処世の思慮から出たともいえる道徳的な、教えの基礎は、砂の上に建てた家と、岩の上に建てた家のたとえ話の中できわめて平明に表現されている(31)。このたとえ話が主張していることは、イエスの述べた生き方をすれば朽ちない土台に人の一生を築くことになるが、これに反した生き方をすれば、物の「性分に反した」ことになり、究極的な破綻を招くことになる、世界はそのようにできている、ということであった。これと同じ思想が、命にいたる道と滅びにいたる道についてのたとえ話の中にも出てくる。[32] イエスは自分の聞き手たちが実在に関係して生きたいと願っていると想定し、実在の真の本性について彼らに語ることを関心事とされた。この観点からすれば、アガペーの愛の生き方は、与えられている人間の心の構造を介して、アガペーの愛としての神の実在に対する信念から自然に出てくる。しかしながら神の実在、神の愛、神の力に対する信念は、それがただ象徴的にのみ取り上げられるのではなく、文字どおりに取り上げられてこそ、はじめて、アガペーの愛の生き方の中で(良い木が良い実を結ぶように[33])生じるのである。ある独特な生活のスタイルを魅力的であると同時に、合理的にもさせるためには、宗教的信念はただ単に想像上のフィクションではなく、事実の断定とみなされなくてはならないのである。

7 言語ゲームの理論

言語ゲームに対する第三の有力な非認知的見解は、ウィトゲンシュタインの後期哲学に発し、これがフィリップス(D. Z. Phillips)[34] 等によって展開された。この見解によると、たとえば宗教言語や科学言語のように互いに異なる言語は、互いに異なる「生活形式」の言語相でもある異なった「言語ゲーム」を構成している。そこで、たとえばキリスト教の

「生活形式」に全面的に参与するとは、独特なキリスト教のことばを使用することである。また、このことばには、キリスト教の言説領域内において真であるもの、偽であるもの、を決定する独自な内的基準がある。したがって、この言語ゲームの内部での解決は、外部からの批判を受けることがない。つまりは、宗教の発話は科学その他の非宗教的な評言から全く自由なのである。

たとえば、人類の最初の男と女がアダムとエバであり、エデンの園におけるかれらの堕罪がわれわれの原罪の初めであると論じることは、正真正銘の伝統的なキリスト教の言説である。このネオ・ウィトゲンシュタイン主義の言語論によれば、そうした語り方は、人類の初めが一組の原始的夫婦でもなかったし、また原始人が楽園の状態のなかで生きていたのでもないという、科学の理論と衝突しない。というのも、科学は科学独自の基準をもった、宗教とは異なる言語ゲームだからである。

宗教を世俗の事実や科学の研究と結び付け、宗教的確信のほうにこれらの諸事実との一致を求めるならば、それは、この見解に基づけば、著しく非宗教的なことになる。宗教はそれ自体の言語をともなった一つの自律的な生活形式であって、外部からはいかなる支持も批判も求めない。したがって、たとえば神の善性を主張するとしても、そこには「世界がどうなるか」についてのいささかの意味の含みも示されない。宗教は実在の現実的な構造を語り、現世よりもさらに大きな存在の背景を明らかにしてくれると考えるのは、この見解に基づけば、基本的な誤りなのである。(しかしながら、本当にそれが誤りならば、それは実際にすべての偉大な宗教の創唱者や教師たちがおかしてきた誤りでもあるようにも思われるのだが。)

D・Z・フィリップスは宗教を独自な言語ゲームとみる見方を、特に祈りと不死という二つのテーマに当てはめている。そこで、ここでは不死のほうを取り上げて、宗教の哲学におけるこの提唱について考えてみることにする。「永遠の生命」に対するキリスト教の信念は、通常、死後に関するわれわれの運命についての信念であり、したがって、それは、事実上、真か偽かの信念である。そして、もし真ならば、それは未来の経験において確証されるであろうと理解されているわけであるが、フィリップスによれば、そこにはそうした意味の含みはまったくない。霊魂は道徳的人格性なのである。

何者かのことを「あやつは自分の魂までも売り飛ばしてしまう男だ」と述べることは、まったく自然な評言である。ここには人間の本性における二元性などというような哲学的議論はまったく出てこない。この評言はある人物に対する道徳的な観察であり、その人物の低落した状態を表現したものなのである。ひとの魂は、この文脈では、この人物の統合性に言及している。つまり、この人物をおおった統合性において働く、信念と実践の複合体に言及しているのである。魂の不死についての語りは、これと同じような役割を果たしているのではなかろうか[35]。

確かにフィリップスによると、こうである。

永遠の生命は善のリアリティである。つまり、それによって人間の生は評価されるべきものなのである。……永遠とはこの現在の生の延長のことではなく、この生を判断する一つの様態のことである。永遠とはこの現在の生以上のことではなく、思考の道徳的・宗教的様態のもとでみられた、この現在の生のことなのである。……魂の不死についての問いはひとの生命の延長に関する問い、とくに墓の向こう側まで生きつづけられるだろうかという問い[36]ではなく、いま生きている生命の質に関する問いであると、解されなくてはならない。

この解釈のもつ積極的な道徳的価値は、それが自我と自我の未来に対する執着心から解放してくれる点にある。

この（来世の命という観念の）放棄は、自我に死ぬということばで信徒たちが意味している内容である。信徒は自分がこの世の中心であるという見方を辞める。死についての教えを通して、信徒は自分の自然的本能がすべて拒否するもの、つまり事態の成り行きに逆らうべきでないこと、を認める。大抵、信徒は自分自身の生に必然性のないことを認めさせられている。[37]

他方で、次のような批判もおこなわれている。われわれはこの世の生を超えた可能な未来に対して勝手な関心を持つことができるし、(また、しばしば、確かにそうした関心を持つものであるが)、だからといって、そのような未来は存在しない、ということにはならない。キリスト教の信念では、来世の生についての教えは人間の望みにではなく、その像に似せてわれわれを造った神の本性に基礎づけられているのである。神の愛はこの世の生のかなたにおいても、われわれを捕えて離さないであろう。大きな可能性を秘めた男女の創造であったし、またその可能性は地上で実現し始めるものであるから、神は中途でかれらを見放すことはないであろう。マルチン・ルターが述べたように、「怒りのもとであれ、憐れみのもとであれ、神の語りかけを体験する者、この者は確かに不死である。語りかける神のペルソナとロゴスとは、われわれがまさしく永遠に、また不死なる仕方で、神の語りかけを体験することのできる被造物であることを示している」。[38]

確かに、ネオ・ウィトゲンシュタイン主義の宗教言語の理論に向けられた批判は、基本的には、それが通常の、あるいは日常的な宗教言語の使用の内容ではなく、宗教的言説に対する根本的に新たな解釈の提唱であった。この新たな解釈によると、宗教的表現は、常にそれが持っていると想定されているような、宇宙論的な意味の含みを体系的には与えない。人間の不死がこの現在の道徳的生命の質として解釈されるだけでなく、神も人間の信念、不信念とはかかわりなく存する実在としては、最早考えられてはいない。むしろ、フィリップスが述べているように、「信徒が学びとるものは宗教のことば、つまり他の信徒と共にそこに参与する宗教のことばである。このことばの使い方を知ることが神を知ることである、と私は主張しているのである」[39]。また「神の観念を持つとは神を知ることである」[40]。ここには、そうした立場をとる者には認められない懐疑的な可能性がある。それは、人びとは神の観念を持ち、有神論的な言語に参与するが、神は存在しない、ということである。

第八章　検証の問題

1　検証可能性の問題

宗教のことばに対する非認知的な説明には暗にどれにも反対して、伝統的なキリスト教とユダヤ教の信仰は、いつもその基本的な断定の事実的性格を仮定してきた。もちろん、神学の言明はユニークな主題を扱っているので、他のいかなる言明にもまったく似つかわしくないものであることは、予備的な考察をまつまでもなく明らかである。これらの言明はことばの特別な使用（use）を構成しているから、これを調べることが宗教の哲学の課題となる。しかし、このことばが歴史的なユダヤ教やキリスト教の内部で機能する仕方は、美的な直観を表現したり、倫理的なポリシーを宣言したりすることのいずれにもまして、普通の事実を断定することのほうにはるかに近い。

事実のことばを使用するという伝統的な有神論のこの根深い傾向からみれば、事実的なものと事実的でないものとを区別するために準拠すべき基準についての現代哲学における展開は、宗教のことばの研究に直接に関係してくる。

第一次大戦後、オーストリアのウィーンで始まり、論理実証主義[1]として知られるようになった哲学運動以前には、ある命題が真として受け入れられるためにはただ一つのテスト、つまりこの命題の真偽に関する直接の試験に通りさえすればよい、と一般に想定されていた。ところが実証主義者たちは、それとは別の資格試験を設定し、もしこれに通らなければ、命題は真理証書を得ようと競うことすらできないとした。この第一次試験は、命題が有意味であるか否かにかかわる。この文脈における「有意味」(meaningful) は論理的な用語である。これはわれわれが「きわめて意味の深い経験」について語ったり、あるいは何か「わたしにたいそう意味がある」ものについて述べたりする場合のような心理的な用語ではない。ある命題に意味があると述べることは、あるいはさらに厳密な言い方になおして、(一九三〇年代と一九四〇年代の議論の中で明らかにされたように) この命題には事実的な意味がある、あるいは認知的な意味がある、と述べることは、この命題が人間の経験に照らして、原理上、検証可能 (verifiable) である、あるいは少なくとも「確率的に検証可能」(probabilifiable) である、と述べることである。要するに、命題の真偽というものは、何らかの経験可能な差異を生ぜしめねばならないということである。もし命題の真偽がどうしても観察可能な差異を生ぜしめなければ、この命題は認知的に無意味である。つまり、この命題は事実の断定を具体化していないのである。

たとえば、ある朝、物的宇宙の全体が二倍の大きさになっており、光の速度も二倍の速さになっている、という驚くべきニュースが報道されたとしよう。まずはじめに、このニュースはゆゆしい科学的な発見を指摘しているように思われる。われわれの身体をも含んで、宇宙を構成しているものが、すべて今はきのうの二倍の大きさになっている、というわけである。しかし、この報道を立証する証拠があるかどうかを問いただしてみなければならない。宇宙が二倍の大きさになったということをどのようにして知ることができるであろうか。二倍の大きさになっているにせよ、いないにせよ、それがどのような観察可能な差異を生ぜしめているのであろうか。どのような事実が、あるいはどのような現われが、これを指摘していると思われるのであろうか。さらに考えをすすめていくと、この特殊な命題を立証するいかなる証拠もありえないであろうということが明らかになる。なぜなら、宇宙全体が二倍の大きさになり、これにつれて光の速度も二倍の速さになったとすれば、われわれの寸法も二倍の大きさになっているはずであり、したがって、われわれは変化の起きたことを知ることができないからである。われわれの計る物差しが、計られる対象物といっしょに伸びたのであれば、われわれはこの伸びを計ることができないからである。たとえば、宇宙の大きさについて述べたこのような命題を吟味することは体系的に不可能である、ということを適切に認めるためには、この命題を（認知的に）無意味なものであるとすることが、最良の扱いであるように思われる。この命題は、はじめは正真正銘の事実の断定であるように思われたが、よく吟味してみると、断定の基本的な性格に欠けていることがわかる。すなわちこの命題は、その事実が立言されたとおりのものであるか否かに関して、経験可能な差異を生ぜしめねばならないという性格に欠けているのである。

事実の断定とは、その断定の真偽が何らかの経験可能な差異を生ぜしめるものをいう、という根本原理——論理実証主義者たちによるオリジナルな検証可能原理（verifiability principle）の修正版——が神学の命題にも適用された。ジョン・ウィズダム（John Wisdom）は、今ではだれもが知っている庭師のたとえ話を用いて、宗教の哲学における新たな一章を開いた。ウィズダムのたとえ話はここで全文を引用するに値する。

長い間放置しておいた自分たちの庭にふたりの男が戻ってくる。そして雑草の繁みの中に驚くほどよく育っている何本かの古い植物を見つける。「これはきっと庭師がかよってきて、これらの植物の手入れをしていたに相違ない」と一方の男は他方の男に向かっていう。ふたりは近隣の人びとに問い合わせるが、だれも庭の手入れをしていた人を見かけた者はいないことがわかる。そこで最初の男は、「人びとが眠っている間に、庭師は働いていたに相違ない」と他方の男に向かって言う。他方の男はこれを否定して、

「いや、もしそうなら、だれかきっと物音を聞きつけているに相違ないし、それに植物の手入れをした者がいるとすれば、これらの雑草は残らず抜き去られているに相違ない」という。最初の男は、「この整然たるさまを見たまえ。ここには目的があり、美感がある。だれかきっとかよって来ている。人間の眼には見えない何者かがきっとかよって来ている。もっと丹念に見れば、このことがいっそう明らかに確証されるだろうとわたしは信じる」と言う。そこでふたりは丹念に庭を調べる。すると庭師がかよって来ていたことを暗示するような新しい事象にぶつかることもあれば、またこれとはまったく反対のことや、悪意をもつ者がかよって来ていたことを暗示するような新しい事象にぶつかることさえもある。丹念に庭を調べるほかに、ふたりは、長い間無視され、放置された庭にはどのような事態が生じるものかについても知っていく。このことや、そして庭のことについて、一方の男の学び知るものを、他方の男もすべて学び知るにいたる。その結果、すべての調べが終わったあとで、「それでもわたしは庭師がかよって来ていると信じる」と一方の男が言い、「わたしは信じない」と他方の男が言うとき、ふたりの異なることばは、ふたりが庭で見つけたものについての差異、続けて探せばさらに見つけるかもしれないものについての差異、放置された庭がいかに早く無秩序に陥るものであるかについての差異を、今やまったく反映していない。この段階で、この文脈において、庭師という仮説は実験的であることをやめており、この仮説を受け入れる者と、これを退ける者との差異は、今や他方が予期しない何ものかを一方が予期するという問題ではなくなっている。このふたりの差異は何であろうか。「庭師はだれにも見られず、聞かれずにやって来る。この庭師はわれわれがみな良く知っている彼の仕事の中にのみはっきり現われる」と一方は言い、「庭師はいない」と他方は言う。そして、そのどちらも一方が期待しないものについては他方も期待しないという事実にもかかわらず、ふたりが庭師について述べる内容上のこの差異とともに、庭に対するふたりの気持ちの持ち方の差異が出てくる。(2)

ここでウィズダムが示唆していることは、有神論者と無神論者は経験的(経験可能)な事実について、あるいは未来を予想した言説について見解を異にするのではなく、同一の諸事実に対して異なった仕方で対応している、ということである。両者は互いに相反する断定をなしているのではなく、むしろ異なった感情を表現しているのである。両者をこのように理解すれば、普通のどのような意味においても、われわれは一方が正しくて、他方が間違っていると述べることはできない。両者はともに、両者のことばがさし示している仕方で、世界について真に感じているのである。ただし、感情の表現は世界についての断定を構成しない。われわれは、その代わり、多少なりとも満足のいく、あるいは価値のある、これらの異なった感情について語らなければならないであろう。サンタヤナの述べたように、宗教は真か偽かではなく、より良いか悪いかであるからだ。ウィズダムによれば、経験可能な事実についての意見の相違は何もない。もしあれば、この意見の決着が有神論者と無神論者のどちらが正しいかを決定することになろう。言い換えれば、両者の相反する立場はいずれも、原理上にもせよ、検証可能ではないのである。

次におこなわれた論争では、検証可能性（verifiability）という考えが、反証可能性（falsifiability）という相補的な考えに移った。そして、有神論を決定的に論破するような出来事——もしそのような出来事が起こるとして——が何か考えられるかどうかという問題が提起された。有神論が成立不可能になるような何らかのわれわれの経験の展開があるだろうか。あるいは何事が起ころうとも、有神論はその出来事と両立可能なのだろうか。神に対する信念によって何かが排除されているのではなかろうか。アントニー・フリュー（Antony Flew）は愛の神に対するユダヤ－キリスト教的信念に関して異議を唱えた人であるが、彼はつぎのように書いている。*

さて、「神は結局いなかった」とか、あるいは「それでは本当に神はわれわれを愛していないのだ」という言い分に譲歩することのできる十分な理由として、詭弁的な宗教家たちがすすんで認めるような出来事はまず考えられないし、またそのような一連の出来事はとても起こりそうには思えないように、宗教的でない人びとには見えることがしばしばある。父が子を愛するように神はわれわれを愛する、とだれかが述べたとしよう。われわれは安心させられる。しかしそれでは、ひとりの子どもが手術の不可能な喉頭ガンで死にかかっているのをわれわれは見ているとしよう。子どもの肉親は何とかしてこの子を助けてやりたいと必死の気持ちになる。しかし、天の父はいっこうにこれにかかわる明白なしるしを現わさない。ある資格条件が出される——神の愛は「たんなる人間の愛ではない」、つまり神の愛はおそらく「測り知れない愛」であろう——と。そしてわれわれは、このような苦しみが「神は父親のようにわれわれを愛する（が、むろん……）」という断定の真理性と少しも矛盾しないものと理解する。われわれは再び安心させられる。しかしわれわれは、おそらく今度はつぎのように問うであろう。神の（適当に資格づけの行なわれた）愛に対するこの確信にはどのような価値があるのだろうか。この明白な保証はいったい何に対する保証なのだろうか。「神はわれわれを愛していない」とか、あるいは「神は存在しない」とさえも（道徳的に、そして間違って）われわれに述べさせるだけに終わらず、（論理的に、そして正しく）このように述べる権利をわれわれに持たせるためにはどのような事態が生じなければならないであろうか。それゆえ、わたしは……単純な、中心的な問題を提起する。「神の愛に対する反証、あるいは神の存在に対する反証を諸君に対して構成するためには、どのような事態が生じなければならないか、あるいは生じなければならなかったであろうか」[3]。

＊ もともとこの考えは、論理実証主義を内在的に批判超克して、現代における科学哲学を大きく前進させたカール・ポパー（Karl Popper）によってはじめて定式化された科学的方法の論理である。これについてさらにくわしく研究する人のためには、Karl Popper, *The Logic of Scientific Discovery*（大内義一・森博訳『科学的発見の論理』恒星社厚生閣、一九七一年）や、高島弘文著『カール・ポパーの哲学』東京大学出版会、一九七四年などがある。

2 終末論的検証という考え

こうした異議にこたえて、わたしは読者の考察すべき課題として、一つの建設的な意見を提出したいと思う。[4] この意見は、キリスト教が死後の生命という信念を含むという事実に基づいている。まずいくつかの予備的な要点をつぎに掲げよう。

1 事実の断定に対する検証とそれに対する論理的な論証とは同じものではない。検証という考えの中心は、理性的な疑いの根拠を取り除くことである。命題 *p* が検証されるとは、*p* が真であることを明らかにするような事態が生じる、ということである。問題が解決されれば、これに関する理性的な疑いの余地はなくなる。このような根拠を取り除く方法は、もちろん主題に応じてさまざまに異なる。けれども、すべての検証の場合に共通な特徴は、理性的な疑いの根拠を取り除くことにより真理性を確証する、ということである。

このような根拠が取り除かれたときにはいつでも、検証が完了した、とわれわれは正しくいうことができる。

2 自分自身をある一定の立場に置くこと、あるいは何らかの特定な操作をおこなうことが、検証の前提条件として必要なことがある。たとえば、「隣の部屋に机がある」は隣の部屋へ行ってみることによってのみ検証可能である。ただし、そうしなくてはならないという強制はだれにも課されていないことに注意が払われねばならない。

3 それゆえ、「検証可能」は通常「公に検証可能」(すなわち、原理上、だれにでも検証できる)という意味ではあっても、ある与えられた検証可能な命題が、だれにでも、事実上、検証されてきたとか、あるいは事実上、検証されるであろう、ということではない。ある特定の真なる命題を検証する人間の数は、あらゆる種類の偶然的な要素に依存する。

4 ある命題が、真ならば、原理上、検証可能であるが、偽ならば、原理上、反証可能でない、ということがありうる。たとえば「十進法におけるπの小数値のなかには3個の7の連続数がある」という命題を考えてみよう。πの値がこれまでに計算されたかぎりでは、まだ3個の7の連続数はその値の中に含まれていない。けれども、この操作は無限にすすみうるから、まだだれの計算にも達していない地点で3個の7が現われるかもしれない、ということは常に真であろう。したがって、この命題は、もし真であれば、いつかは検証されるに違いないが、偽であればけっして反証されることがない。

5 身体は死滅しても意識は存続するであろうという仮説は、真ならば検証可能であるが、偽ならば反証可能でない、という命題のいま一つの例である。この仮説は身体の死後、この死を記憶するという経験をも含めて、人はいろいろの意識的な経験をもつであろうという予測を導き出す。これは、もし真ならば人間自身の経験によって検証されるであろうが、偽ならば反証されることがない、という予測である。すなわち、この予測は偽であるかもしれないが、しかし偽であるということは、だれかが経験的な知識としてもちうるような事実ではけっしてありえない。この原則は死後の存続という仮説の有意性をくつがえすものではない。というのは、それの予測が真であれば、それが真であると知られることになるからである。

さて、終末論的検証という考えは、次のようなたとえ話で指し示すことができる(5)。ふたりの男が連れ立って一筋の道を旅している。この道は天の都に通じていると一方の男は信じているが、他方の男はどこにも通じていないと信じている。しかし、この道しかないので、ふたりはこの道を行かざるをえない。どちらの男もこれまで、この道には来たことがないので、道の曲がり角には何があるかを述べることはできない。道中、ふたりは爽快な気分になって楽しい思いもすれば、また艱難と危険の憂きめにもあう。一方の男はいつでも自分の旅が天の都に向かう巡礼の旅であると考えている。彼は快適な旅の部分を激励と解釈し、いろいろの障害をかの都の王によって備えられ、ついにそこに到達した暁には自分がその場にふさわしい市民であるように計画された、王の目的の試みであり、忍耐の課題であると解釈する。しかしながら、他方の男はこの種のことを何も信じない。そして、自分たちの旅は避けられない無目的な放浪の旅であると見ている。この事における選択権は、まったく与えられていないので、ただ道中の善を喜び、悪に耐えている。彼には行き着くべき天の都もなければ、旅に寄せる全計画的な目的もない。あるのはただ一筋の道であり、晴天と悪天におけるこの道の運だけである。

旅の行程におけるこのふたりの間の争点は、経験的なものではない。ふたりが心に抱いている異なった期待は、その道の将来的な出来事についてのものではなく、ただ最終的な目的地についてのものだけである。しかし、ふたりが最後の道角を曲がれば、一方はいつも正しく、他方は正しくなかったことが明白になるであろう。したがって、ふたりの間の争点は経験的なものではなかったけれども、それにもかかわらず、それはすでに現実的な争点になっていたのである。ふたりは、この道についてただ異なる感じを抱いていただけではなかった。なぜなら、現実的な事態に関係して、一方は適切に、他方は不適切に感じていたからである。状況に対するふたりの対立した解釈は、正真正銘の相反する断定を構成してしまったが、これらの断定の身分には、未来の核心的な出来事によって回顧的に保証されるという特異な性格が備わっている。

右のたとえ話は、あらゆるたとえ話がそうであるように、その限界をもっている。このたとえ話は、ある一点だけを明らかにすることを意図している。ユダヤ－キリスト教的有神論は途上における（in via）あいまいな存在のほかに、故郷における（in patria）あいまいでない一つの最終的な存在を要請する。旅をしている状態のほかに、旅をすませた状態、地上の巡礼の旅のほかに、天上の永遠の生命がある。もちろん、未来の経験（future experience）といわれるものは、有神論のための証拠として、われわれの経験についての現在の解釈のようには、訴える力をもちえない。しかし、その経験は明らかに有神論か無神論かの選択を、ただ空虚な、あるいは口先だけの選択にさせておかないで、一つの現実的な選択にさせるには十分である。

したがって有神論者の思い描く宇宙は無神論者の思い描く宇宙と全く異なる。しかしながら、宇宙内のわれわれの現地点からすれば、この差異は過ぎ行く瞬間のおのおの、またはそのどれかの、客観的な内容における差異を含まない。有神論者と無神論者は刻一刻と変化する時間的な経過の中で、異なる出来事が起こると期待するわけではない（または、期待する必要がない）。彼らは内部からながめた歴史の進路に対して異なる期待を心に抱くわけではない（または、抱く必要がない）。しかしながら、歴史が完成されたとき、歴史はある特定の終末状況へと向かい、ある特別な目的、すなわち「神の子ら」を創造するという目的を成就したのだとわかるであろう、と有神論者は期待するが、無神論者は期待しないのである。

3 いくつかの困難と紛糾

人間の死後の存続について語ることが意味をなす、と仮に認めたにしても（もちろん多くの哲学者はすすんでこれを認めようとはしないであろうが）、これで死後の存続という経験が、有神論を検証することに役だつとはかぎらない。これはただ驚くべき自然的な事実として受けとめられるだけかもしれない。仮にこの世の生活のことが記憶にとどまりうるとするならば、無神論者は自分の地上の生活のことを思い起こして、宇宙が自分の思っていたものよりもさらに複雑で、おそらく、さらに是認されるべきものであることがわかったと言うかもしれない。しかし新しい身体で、新しい環境の中で存続するという端的な事実から、神の実在がこの無神論者に対して論証されたということにはならないであろう。来世の生活は現世のこの生活と同じように、宗教的にあいまいなものであると判明するかもしれない。また、神が存在するかどうかも、まったく不明瞭なままであるのかもしれないのである。

この点で、とくにカトリックの神秘神学に出てくる神の至福直観（Beatific Vision of God）という伝統的な教義に訴え出るべきであろうか。困難なのは、この成句に正確な意味づけをおこなってみせることである。[6] もしこれが詩的な隠喩以上のものであるとするならば、これは肉体をもった存在者が神性の可視的すがたを見ることであると意義づけることになる。けれども、このように語ることは、神を空間における有限な客体として考えることになるであろう。もし西洋の伝統に属するさらに深い明察の含意に従うとするならば、われわれはむしろ神の実在を明確にさし示しているところの経験された状況というものについて考えなければならないであろう。神意識の問題は、それが解釈の働きを含みつづけるであろうという意味において、今なお形式的には信仰の問題であろう。しかし、解釈されるべきデータのほうはあいまいであるどころか、あらゆる点において宗教的な信仰を確証するであろう。それゆえわれわれは、ある重要な点で、われわれの現状とよく対比されるべき一つの状況というものを要請する。この世に対する現在のわれわれの経験は、ある面では宗教的な信仰を支持するが、しかし別の面ではこれと矛盾するように思われる。いくつかの出来事からは、不可視の、慈愛に富んだ、聡明なる実在を知らされるが、他の出来事からは、そのような聡明のなせるわざを少しも知らされない。それゆえ、われわれの環境は宗教的にあいまいなものなのである。われわれはみずからこの事実に気づくために、この世があいまいなものでない状態、否、それどころかまったく神の明証に基づいた状態の何であるかという考えを、たとえ漠然としてではあっても、すでに持っていなければならないのである。それでは、宗教的にあいまいでない状況という、この考えを引き出すことは可能なのであろうか。

どのような未来の経験が有神論一般を検証することになるかを述べることは困難であるが、終末論的な信念を内に含んだキリスト教のような宗教の、きわめて特殊な主張を何が検証することになるかを述べることは、さして困難ではない。キリスト教の神の概念をとりまく観念の体系、そしてこれに照らして神の概念は理解されねばならないとされるその観念の体系は、人類に対する神の目的が「神の国」において最終的に成就されるであろう、という期待を含む。神に対するキリスト教の信念を検証するであろうと思われる経験は、この出来事の成就に参与するという経験である。『新約聖書』によれば、人間の生命に対する神の目的の一般的な本性は、永遠の生命に参与する「神の子ら」の創造である。これがどのようなかたちをとって成就されるかについては、だれも事前に知ることはできないが、しかしそこまでのことは述べることができる。この状況は小さい子どもが大人の生活にあこがれ、やがて成人して、今度は子どもの時代をふりかえるという状況に類比的である。成人するとはどのようなことであるのかまだ子どもには正確にわかってはいないけれども、「成人する」ということの概念は持っており、子どもはこれを正しく使うことができる。しかも大人になれば、そのとき自分が大人になったという自覚をもつことができる。というのは、自分が成熟するにつれて、大人の成熟というものに対する理解が増すからである。これと類比的なことが、人間の生命に対する神の目的の成就という場合にも生じるのではないかと思われる。この成就は、大人の成熟が小さい子どもには思いもよらないものであるように、われわれの現状からはおよそ程遠いものであるかもしれない。たしかに、遠くかけ離れたものであるかもしれない。しかし、われわれはすでにこれに対する何らかの考えを（キリストの人格において与えられて）持っている。そしてこれに向かって進んでいくにつれ、われわれの概念はますます適切なものになっていくであろう。やがて、ついにこの成就にいたるならば、そしていたるときには、これを認知するという問題は、その過程においてすでに消滅しているであろう。

4 「存在する」、「事実」、「実在する」

それでは、われわれは、神が「存在する」かどうかを正しく問うことができるのであろうか。もしできるとするならば、正確にわれわれは何を問うことになるのであろうか。「存在する」は、「トビウオは存在するか、−1の平方根は存在するか、フロイトの超自我は存在するか、神は存在するか」というふうに、すべて同じ意味で問いうるような単一の意味をもっているのであろうか。右の場合、われわれは非常に異なった問題を問うていることは明らかであろう。トビウオが存在するかどうかを問うことは、ある有機的な生命のかたちをしたものがこの世の海の中に見つかるかどうかを問うことである。他方、−1の平方根が存在するかどうかを問うことは、ある種の物的対象がどこかに見つかるかどうかを問うことではなく、数学のとりきめについての問題を取り上げることである。超自我が存在するかどうかを問うことは、フロイトが描いてみせた精神構造を人が受け入れるかどうかを問うことであり、さまざまの考察が関係してくる一つの決定問題である。それでは、神が存在するかどうかを問うことは一体何を問うことになるのであろうか。ある特定の物的対象があるかどうかを問うことではむろんない。では（数学の場合のように）言語上のとりきめについてたずねることなのであろうか。あるいは（心理学の場合のように）多数にのぼるさまざまの考察――おそらくわれわれの経験全体の特性までも――をたずねることなのであろうか。要するに、神が存在すると断言することは、いったいどういうことなのであろうか。

神の自存性という観念に言及して(7)、神と神以外の実在が存在するその存在の仕方の差異は、神は必然的に存在するが、神以外のものはすべて偶然的に存在するということだ、と述べてみても、右の問いに対する答えにはならないであろう。なぜなら、われわれは神が偶然的でなく、必然的に存在して、働きを与えていたり、受けていたりするということがどういうことなのかをなおも知りたいと思うからである。（われわれはある電流が交流で、他の電流が直流であると言われても、電気の何であるかを理解しない。同様に、あるものは必然的に存在し、他のものは偶然的に存在すると言われても、存在するとはどういうことなのかをわれわれは理解しない。）

宗教のことばに対するいろいろの非認知的な説明の中から一つをとって、これを説明にあてる人びとには、神が「存在する」という場合の意味は問題にならない。かれらが「神は存在する」という表現を使うとき、彼らはこれを話し手自身の感情なり、態度なり、道徳的なコミットメントなり、あるいは経験的な世界の特性なりに、遠回しに言及していることであると理解している。しかし神は創造主として、また宇宙の究極的な統治者として存在すると主張する伝統的な有神論者は、「神は存在する」に対してどのような説明を与えることができるであろうか。

これと同じ問題が「事実」という観念に関しても取り出すことができる。有神論者は、神の存在はたんなる定義の問題であったり、言語学的な用法の問題ではなく、むしろ事実の問題であると主張する。有神論者は「実在する」ということばも使用して、神は実在するとか、実在であるとか、主張する。しかし、これらのことばはこの文脈の中で何を意味しているのであろうか。「存在する」、「事実」、あるいは「実在する」のどのことばをとろうとも、問題は本質的に同じである。

「存在」、「事実」、「実在」という概念に共通な核心は「差異をなす」とか「差異を生ぜしめる」(making a difference) という考えであり、これは終末論的検証という考えと一致する。たとえばxが存在するとか実在すると述べることは、または、xがあることは事実であると述べることは、この宇宙の特性が、xのない宇宙の特性と何らかの特定の仕方で異なると主張することである。この差異の本性は、当然、問題の x の特性いかんにかかっている。そして「神は存在する」の意味は、人間の経験の内部で神の存在が生ぜしめると考えられる、その過去、現在、未来にわたる差異を明確にとらえることによって、さし示されるであろう。

第九章　諸宗教における相容れない真理の主張

1　多数の信仰、そのすべてが真であることを主張する

比較的最近まで、世界の諸宗教は、それぞれ他の宗教のことについては実質的に何も知らないままに発展してきた。しかしながら、二つの異なる信仰を接触させるような大きな進展の動きがなかったわけではない。とりわけ紀元前の終わりの三世紀と紀元後のはじめの数世紀にかけて、インドと東南アジアの全土にわたり、さらに中国、チベット、日本にまでも、その使信を述べ伝えていった仏教の進展がある。当時ヒンドゥ教は、仏教を犠牲にして再興をはかった。そのため今日、インド亜大陸では、仏教がほとんど見られないという結果を招いている。つぎに、ローマ帝国の内部に浸透した初期のキリスト教の進展がある。さらに七世紀、八世紀になると、中東諸国、ヨーロッパ、そして後にインドにまで

伝播されていったイスラム教の進展がある。そして最後に、一九世紀の宣教師たちの運動によるキリスト教やイスラム教の第二次進展がある。しかし、これらの進展の中での接触は、たとえばキリスト教やイスラム教の場合をみても、ほとんど対話にならず、むしろ衝突に終わってしまった。一方の信仰に固執したため、どんな接触によっても、他方の信仰に対する深い理解、あるいは共感的な理解にはいたらなかった。世界の諸宗教に対する学問的な研究が進んで、人びとの持ついろいろな信仰が正しく評価されるようになり、その結果、諸宗教の伝統のもとでいわれる真理の主張がそれぞれ一致しないで衝突を引き起こすという問題がますます多くの人びとによって痛感されるようになってきたのは、ついこの数百年を通じてのことである。今やこの問題は、現代および未来の宗教哲学者たちにより取り上げられるべき一つの主要な争点として浮かびあがってきている。

この問題はつぎのように、きわめて具体的に提起することができる。もしわたしがインドに生まれていれば、おそらくわたしはヒンドゥ教徒になっていたであろう。エジプトに生まれていれば、おそらくわたしはイスラム教徒になっていたであろう。セイロン（スリランカの旧称）に生まれていれば、おそらくわたしは仏教徒になっていたであろう。しかしわたしはイギリスに生まれた。そしてわたしは、予想通り、キリスト教徒になっている。（もちろん、それぞれの場合、「わたし」は違ったものになっていたであろうが……。）しかし、これらの異なる宗教は、究極的な実在の本性について、神の働きの真相について、人間の本性と運命について、それぞれ相異なる、両立しがたい事柄を述べているようである。神の本性は人格的なものなのであろうか、それとも非人格的なものなのであろうか。神はこの世に受肉するものなのであろうか。人間はこの世に何度も生まれかわるものなのであろうか。経験的な自我は、神との交わりの中で永遠の生命を約束されている実在的な自我なのであろうか、それとも永遠の高次の自我が一時的な迷いの姿で現出したものにすぎないのであろうか。キリスト教の『聖書』なり、イスラム教の『コーラン』なり、ヒンドゥ教の『バガヴァッド・ギーター』なりが、神の言なのであろうか。これらの問いに対するキリスト教の答えが真であるならば、ヒンドゥ教の答えは、相当程度、偽であることにはならないであろうか。仏教の述べる内容が真であるならば、イスラム教の述べる内容は大部分が偽であることにはならないであろうか。

これらの問いに対する疑念は非常に深まっていく。なぜなら、どの宗教もそれぞれ真であることを主張するけれども、すべての宗教が真であるはずはないという考えから、どの宗教もおそらく真ではないであろうという考えが簡単に導かれるからである。それゆえ、ヒュームはつぎのような原理をたてた。「こと宗教に関するかぎり、異なるものは相容れない。古代ローマ帝国の宗教、トルコの宗教、シャム（タイ国の旧称）の宗教、中国の宗教、どれも堅固な基礎の上に確立されることは不可能である」。したがって、特定の信仰の真理性を証明するものとしての奇跡に関して、「奇跡の直接のねらいは、その奇跡をもつ特定宗教を確立することなので、それらの宗教のどの場合にも、それゆえ奇跡はどれも役立ってきたかのように見せかけた（事実、これらの宗教のどれをとってみても、いずれも奇跡に富んでいる）。そこで奇跡は、さらに間接的ではあるけれども、他のどのような体系をも打ち破っていくような、これと同じ力をもっているのである」[1]。これと同じ推論を働かせると、ある特定の宗教が真であると信じる根拠は、それ以外の宗教はすべて偽であると信じる根拠として働くに違いない、ということになる。したがって、どの特定の宗教の場合についても、その宗教が真であると信じるよりも、偽であると信じる根拠のほうが、いつでもいっそう強く出てくることになろう。これは、世界のさまざまの信仰が相容れない真理を主張し合っている、という事実から出てくる懐疑論的な議論なのである。

2 「宗教」の概念に対する批判

ウィルフレッド・カントウェル・スミス（Wilfred Cantwell Smith）は、かれの重要な著書である『宗教の意味と目的』[2]の中で、「宗教」というなじみの概念を取り上げ、相容れない宗教的真理の主張という伝統的な問題の多くは、この「宗教」という用語に基づいている、と批判した。われわれが宗教と呼んでいるもの――歴史的にその形跡をたどることもできれば、地理的にその地図をつくることもできる経験的な存在物――は人間の現象である、と彼は強調する。キリスト教、ヒンドゥ教、ユダヤ教、仏教、イスラム教等々の宗教は人間が造り上げたもので、その歴史は人間のより広い文化史の一部である。カントウェル・スミスは、宗教という概念がある明確な、限定的な歴史的現象として発展してきたことをつきとめ、この概念が普遍的でも自明的なものでもなく、もっぱら西洋の独自な発想に基づいてできたもので、これが世界の国々に輸出されていったことを示している。彼は詳細な歴史的論証の成果を要約して、つぎのように述べている。「キリスト教が真であるとか、イスラム教が真であるとか考えることは、近代の驚くべき逸脱である。——これは啓蒙主義時代が始まってからのこと、基本的にはヨーロッパ世界が知的な体系として、つまり教義の様式として、宗教を要請しはじめるようになったときからのことで、その結果、宗教がはじめて「キリスト教」「仏教」という名称で呼ばれるようになり、また、真とか偽とか言われるようになったのである[3]」。今日、われわれはさまざまな「宗教」として知っている名称は、事実上、(「イスラム教」を除いて) 一八世紀に発明されたものである。そして、西洋の影響によって、諸宗教が世界の諸民族に押し付けられるようになるまでは、だれひとりとして自分が競い合う一群の信仰の体系の中の一つに属していると考える者もいなければ、またしたがって、「これらの体系のうちのどれが真なるものであろうか」と問うことができると考える者もいなかった。宗教がそれ自身の性格と歴史とを持つ相互に排他的な存在物であるとする考えは——今日ではわれわれの思考の習慣的なカテゴいい。これは良い形容詞を悪い名詞相当語句に変えてしまうようなもので、西洋思想にはそうした傾向が強く、現代哲学はそうした傾向に対して、われわれに警告を与えてきた。右の場合には、強力な、しかも歪みを与えてしまうような概念性が手伝って、それに答えていく現象をつくり上げてしまった。つまり、世界の諸宗教は自他の宗教を敵対するイデオロギー的共同体であると見させてしまったわけである。

しかしながら、宗教を相互に排他的な体系の中にあるものと考える代わりに、われわれはおそらく、人類の宗教的な生をダイナミックな連続体と見るべきであろう。そしてこの連続体の内部において、大きな力であれ、小さな力であれ、新しい力をもつ領域が、引力と斥力、吸収、抵抗、補強などの複合した関係を呈しながら、ある重大な変動によって、確立されていくのだと見るべきであろう。これらの重大な変動は、人類の歴史に対する偉大な、創造的、宗教的な契機であり、個々の宗教的伝統はここに由来するのである。神学的には、このような契機は、神の恵み、神の主導性、神の真実が、人間の信仰、人間の応答、人間の悟得と触れ合う接点として理解されている。これらの契機は、人類の歴史の流れに衝撃となって、その結果、文化の発展を促すことになった。そしてキリスト教、イスラム教、ヒンドゥ教、仏教と呼ばれているものはすべて、その結果として生じた歴史的－文化的現象の中に含まれるのである。たとえば、キリスト教が宗教的な要因と非宗教的な要因との複合した相互作用によって発展してきたことは明らかである。キリスト教の諸観念は、ギリシア哲学によって与えられた知的な枠組みの内部で形成されてきた。キリスト教の教会は、ローマ帝国とローマ法の体系のもとで、一つの制度として形成された。カトリックの精神は、中世ラテン世界の気質を反映しているが、プロテスタントの精神は、北部ゲルマン民族の気質を反映している、等々。歴史的なキリスト教と西半球に住む人間の生活との結びつきを理解することはむずかしいことではない。また世界の他の諸宗教についても、もちろん同じことがいえる。

以上のことは、真か偽かのいずれかの問題として文明を語ることが適切でないように、宗教についても真か偽かのいずれかの問題として語ることが適切でないことを意味している。なぜなら、人類史における独自な宗教文化的な潮流という意味での宗教は、人間の類型、気質、思考形式の多様性の表現だからである。それぞれ性格的に異なる概念的、言語的、社会的、政治的、芸術的な諸形式の中に現われる東洋と西洋の精神の差異は、おそらく、東洋と西洋の宗教の差異をも裏付けることであろう。

カントウェル・スミスは、『宗教の意味と目的』の中で、原初の宗教現象や観念——それが仏陀の悟りであれ、キリストの生涯であれ、あるいはマホメットの経歴であれ——から始めて、それぞれの信仰告白の支柱や制度的な組織をもつ巨大な生きた有機体という意味における宗教にいたるまでの、発展を調べあげている。そしてそれぞれの場合に、この発展がその原初の宗教現象や観念と疑わしい関係にあることを示している。みずからの聖域を定めた神学的な教義と行動の掟とをもつ制度としての宗教は、宗教的現実性の要求から生まれてきたものではなく、異なる文化圏の交流が未発達な状態の時代にそのような発展が歴史的に避けられなかったという理由から、生まれてきたものであった。しかし、世界が一つの交流の場になっている現在、みずからの歴史的‐文化的な聖域を踏み越えることが宗教的な思考にとって可能であり、また正しいことでもあるような、新たな状況に向かって、われわれは今進んでいる。しかし、そのような新たな思考はどのような形態を取り、またそれは相容れない真理の主張の問題に対してどのような影響を与えることができるであろうか。

3 可能な解決を目ざして

多数の宗教の存在は、過去においては歴史的に不可避なものであったが、未来においては不可避的なものではないことを理解するためには、人類の営む宗教的な生がこれまでにたどってきた広範な過程に注目しなければならない。人間は、本性的に宗教的な動物として叙述されてきた。人間は自己の環境を自然的に有意義なものと経験するばかりでなく、宗教的にも有意義なものと経験し、さらに、自己の環境の中でそのような生き方をすることが求められていると感じる生得的な傾向をも示している。この傾向は、マナ（mana）をもつ聖なる対象のうちに自己の信念を抱く先住民の文化の中や、入念な慰めを必要とする無数の霊魂の中に、普遍的に表現されている。ここでは多数の擬似動物的な力として理解されている。つぎの段階に入ると、部族の統合により、さらに大きな群族が見られるようになる。そこで、いろいろの部族神は、階層的な位置づけを与えられ（そのうちのいくつかは融合の過程で消滅していった）、さらにこれらの神々が、たとえば中近東の場合であれば、偉大なる民族神によって——たとえば、シュメール人の女神イシュタル、テーベの守護神アモン、イスラエルの人格神ヤーウェ、バビロニアの主神マルドゥク、ギリシアの主神ゼウスによって——支配を受けたし、また、インドの場合であれば、『ヴェーダ』の諸高神によって——たとえば、ディアウス（空の神）、ヴァルナ（天の神）、アグニ（火の神）によって——支配を受けた。このように民族的な神々の世界、自然の神々の世界は、しばしば好戦的で残忍でもあり、また時には人間のいけにえを要求することもあったが、この神々の世界は史実の夜明けともいうべき三〇〇〇年も昔に生きた人間の神意識の状態を反映したものである。

これまでの全発展の過程は、自然宗教の成長とも言えるものである。すなわち、未知なる自然の力に対する人間の恐れを表現したものとしての原始的な霊魂崇拝と、自然の様相（太陽、空など）なり民族の集合的な人格なりを描いたものとしてのさらにすすんだ領域神の礼拝とは、神の啓示や照明という特別の介入が行なわれる以前の人間の宗教的な生の範囲を表わしている。

しかし、紀元前一〇〇〇年が過ぎると、ヤスパースによって「枢軸時代」[4]と名付けられた、あの宗教的な創造性の黄金時代が到来する。これは世界の各地に生じた一連の啓示的な体験から成り立つ。そしてこの啓示的な体験によって人間の神概念は深められ、純化された。この宗教的信仰は人間精神に対する神的実在の働きかけに帰することができるだけである。ボウケイ（A. C. Bouquet）のことばを引用すれば、「紀元前八〇〇年の世界のどこかに、この世の全住民におよぶ精神の躍動が起こった。それは人間の広い領域にはそれほど大きな影響力を残さなかったが、それでも地球上のいろいろの場所において、人間の新しい生き方と考え方の出発点をなすような預言者的な人間を幾人も生み出した。このことは宗教史の専門家たちの間で常識になっている」[5]。この時期のはじめに、ヘブライ人の偉大な預言者たちが現われている（前九世紀のエリヤ、前八世紀のアモス、ホセア、第一イザヤ、そして前七世紀のエレミヤ）。彼らはイスラエルの民が神に服従し、彼らの生活を新しい神の義と正義とで満たすように命じる主のことばを聞いた、と告げた。これに続く五世紀の間に、つまり紀元前約八〇〇年から前三〇〇年の間に、預言者ゾロアスターがペルシアに現われた。ギリシアはピタゴラスを生み、それからソクラテスとプラトン、そしてアリストテレスを生んだ。中国では孔子と道教の経典の著者あるいは著者たちがいた。

インドではこの創造期にウパニシャッド哲学が形成され、さらに仏陀とジャイナ教の祖マハーヴィーラの生涯が見られる。そしてこの時期の終りになると、インドに大叙事詩『バガヴァッド・ギーター』が現われる。その後に始まるキリスト教とそれからイスラム教でさえ、ともに枢軸時代のヘブライの宗教にそのルーツがあり、それとの関係を抜きにしては両宗教は理解されえない。

これらすべての啓示的な契機を生んだ状況について考察することは、重要である。当時、異なる民族間の交流はきわめて限定されていたので、実際上、人びとはそれぞれ異なる世界に住んでいた。大部分は中国、インド、アラビア、ペルシアに住み、他人の存在には気づかなかった。それゆえ、必然的に、多数の地域宗教が存在し、しかもこれらの地域宗教が同時に地域文明でもあったわけである。したがって、啓示と照明の偉大な創造的契機は、異なる文化の中で独自に起こり、独自の発展を促していった。その際、それぞれの文化に一貫性と自信を持たせて、さらに大きな統一体へと拡大させ、そうして、また今日われわれが世界宗教と呼ぶ巨大な宗教的‐文化的存在物をも産み出させたわけである。さまざまに異なる宗教体験と信念の潮流は、こうして最近まで、それぞれ別々の環境を形成しながら、また、それによって形成されながら、異なる文化の中を流れていった。もちろん歴史上のある時点で、異なる宗教の間に接触がなかったわけではないし、また一方が他方に及ぼす影響——時には重要な影響——がなかったわけでもない。しかし、それにもかかわらず、大まかに言えば、宗教は異なる歴史的、文化的な背景のもとで、それぞれ別々に発展していったのである。

こうした歴史的な事情をふまえた上で、さらにつぎのような重要な区別を立ててみる必要がある。すなわち、人は一方において、さまざまな宗教体験のかたちで神的実在に出会い、他方において、このような出会いの意味を概念化するために神学的な理論や教義を展開させる。そこでこれら二つのものを区別して考えることが重要になる。しかし宗教におけるこれら二つの構成要素は、区別はできるが、分離はできない。あの有名なにわとりと卵の話のように、どちらが先のものであるかを論じることはむずかしい。なぜなら発展の連帯過程の中で、これら二つのものは絶えず影響を及ぼし合っているからである。つまり、体験のほうは信念に根拠を与え、逆に信念のほうは体験のとる形式に影響を及ぼすからである。そして、異なる宗教は異なる宗教体験の流れであり、どの宗教も歴史上の異なる時点で発生し、異なる文化の環境の中でみずからの概念的な自意識を形成してきている。

以上の点から、つぎのような仮説が考えられる。偉大な宗教はすべて、その体験的な根底において、同一の、究極的な、神的実在に触れているが、しかしこの実在に対する体験の仕方が異なっており、また異なる文化の異なる思考方法によって、何世紀もかかわり合ってきたので、その結果、差異を増大させ、発展形態を対比的なものにさせた——それゆえ、たとえばヒンドゥ教とキリスト教とは著しく異なる現象であり、両者のあいだには神的なものの体験と思考の方法について著しい差異が認められるのである。しかしながら、今日のような「一つの世界」において、宗教的な諸伝統は相互の研究と対話によって、意識的に影響を及ぼし合っているのであるから、今後の発展はしだいに集約的な方向に向かっていくことが可能であろう。なぜなら、今後の何世紀間にもわたって、どの宗教もおそらく変化しつづけるであろうし、またおそらく相互に歩み寄りを示すであろう。そうすれば、やがて「キリスト教」、「仏教」、「イスラム教」、「ヒンドゥ教」といった名称では、もはやその時の人間の宗教体験や信念のすがたを正しく述べたことにはならないような日がくるかもしれない。わたしはここで、人間の宗教性が世界的な世俗化のもとで消滅してしまうであろうと考えているわけではない。もちろん、これから先、こうした事態の生じる可能性はあるし、また、たしかに、そのような事態が未来に生じるであろうと考えている人びとも多い。しかし、もし人間が永久に宗教的な動物であるならば、人間は世俗化のまっただ中においてさえも、常にそれによって悩まされもすれば、高められもするような超越者の意識というものを体験するであろう。したがって、今わたしの念頭にある未来は、現存する諸宗教が異なる力点と変化を持った過去の歴史を構成するような、そうした未来である。おそらくその時には、諸宗教は徹底的に排他的な全体性のすがたをとるものとしてではなく、むしろ、たとえば今日の北アメリカや、ヨーロッパに見られるような、キリスト教の異なる教派のすがたにも似たものとして現われるであろう。

もしも宗教の本性、ならびに宗教の歴史が、たしかにこのようなものであり、この種の発展が二一世紀に起こりはじめるとするならば、さまざまに異なる宗教間の相容れない真理の主張の問題に関して、これは何を意味することになるのであろうか。

この問題は三つの側面に分けて考えることができるであろう。つまり、神的実在を経験する様式の差異、この実在や宗教的経験に関する哲学的‐神学的な理論の差異、そして宗教的生の流れを統一する啓示体験における差異である。

第一の差異についての最もすぐれた例証は、おそらく、神的なるものの経験を人格的なものとみるか、非人格的なものとみるか、の差異であろう。ユダヤ教、キリスト教、イスラム教、そして有神論的な立場をとるヒンドゥ教においては、究極者はヤーウェ、神、アッラー、クリシュナというそれぞれ異なる名称のもとに、人格的な善、意志、目的として理解されている。他方、アドヴァイタ・ヴェーダーンタ派の解釈によるヒンドゥ教や部派仏教*においては、究極的実在は非人格的なものとして理解されている。大乗仏教は無神的な禅宗と擬似有神的な浄土仏教とを含む一層複雑な伝統である。しかし、究極者に対するこうした人格的および非人格的経験は相補的なものであって、けっして相容れないものではないと理解することができるので、ここには原理上、なにも困難はないように思われる。なぜなら、どの深い宗教形態においても確言されているように、もし究極的実在が無限であり、それゆえに有限な人間のカテゴリーの範囲を越え出ているならば、その実在は人格的な主であるとともに、非人格的な存在の根拠であるかもしれないからである。とにかく、シュリ・オーロビンド（Sri Aurobindo）のいう、いわゆる「無限者の論理[6]」の探究の中には、思考のためのプログラムがある。つまり、有限の実在にあてはめると矛盾を起こすような述語が無限の実在にあてはめられた場合、どの程度まで矛盾が避けられるものになるか、という問題である。

＊「小乗仏教」という表現をとれば我々には理解しやすいものとなろう。しかしこの名称はもともと大乗仏教に属する者が非難がましくつけたもの（「小乗」とは成仏の目的に導くのに劣小な乗物を用いるとの意）で、小乗のほうでは決して自ら「小乗」とはいわない。したがって、本書のように、正しくは「部派仏教」というべきなのである。さらに「大乗仏教」に対する理解はこれでいいだろうか。読者の考察すべき問題である。

第二のかたちの差異は、哲学的‐神学的な理論や教義の中に存在する。このような差異はたしかに衝突を意味するが、それらはたんに見かけのものではない。それらの差異はいまだ発展途上にある人間の思想史に属する部分である。しかし、これらの差異もやがて克服されることになろう。なぜなら、これらの差異や衝突は、変化にさらされている宗教の歴史的および文化的制約の側面に属しているからである。たとえば、現代の聖書学、現代の物理学や生物学の発展に即応して、過去数百年の間にキリスト教思想の内部に生じた著しい変化のさまを思い起こしてみるならば、将来これ以上に起こるかもしれない発展に制限を設けることはできないからである。現代キリスト教神学（ダーウィン以後、アインシュタイン以後、フロイト以後）の著作は『聖書』の本文批評を考慮に入れ、さらに『新約聖書』の世界観に対する非神話化をかなりの程度まで当然のこととして受け入れているので、二〇〇年も昔のことであれば、これがキリスト教神学であるとはだれにも認められなかったであろう。キリスト教にみられるような現代科学に即応する態度は、まだ多くの世界の宗教には見られないが、しかし、遅かれ早かれ、この態度は必ずとられるようになるであろう。主要な宗教的伝統のすべてが現代科学との出会いを経験するようになれば、おそらく彼らも、キリスト教がそうであったように、内部的な発展を重要なものとみなすようになるであろう。さらに、今日の「一つの世界」において、彼らがますます自由に出会い、ますます自由に働きかけを行なうようになれば、各信仰はますます深く影響を及ぼし合うことになるであろう。こうしたすべての観点からながめてみるならば、いま私が思弁的に描き出している未来は不可能ではないように思われる。

しかしながら、宗教的な同意にいたる途上で最大の困難を生じさせるのが、第三の種類の差異である。どの宗教も聖祖や聖典、あるいはその両者――ヴェーダ、トーラー*、仏陀、キリスト、聖書、コーラン――をもっており、その中に神的実在は啓示されていると主張する。また、どの宗教も聖なるものが啓示されるところでは、絶対的な信仰の応答と礼拝とが要求されると主張し、それゆえに、それ以外に主張される聖なるものの開示に対して同様な応答を示すことは相容れないことのように思われている。たとえばキリスト教では、この応答の絶対性と排他性は、キリストが唯一の神であり、神のひとり子であり、父と同質であり、神と人との唯一の和解者であるとする教義の中で、強く展開してきた。しかし、この伝統的な教義も、人類のさらに広い宗教的生について実質的に無知な時代に形成されたものであるから、今日では著しい矛盾を生じさせている。なぜなら、一方でキリスト教は、伝統的に神はすべての人間の創造主である、そして神はすべての人間を愛し、彼らの最終的な善と救いを求める、と教える。そして他方で、キリストにおける神への信仰によってのみ人間は救われる、と教えるからである。このことは、事実上、多数の人間を締め出すかたちでのみ人間に救いをもたらすように無限の愛は定められていることを意味する。というのも、有史以来、この世に出生した人間の大部分は、キリスト以前に生きたか、それともキリスト教国以外の場所で生きたか、のいずれかだからである。この明白なパラドックスに答えようとして、キリスト教神学は、キリスト教の信仰の圏外にいる者でも救いは得られる、という教義を発展させた。たとえば、ローマ・カトリック教会の第二ヴァチカン公会議（一九六二―一九六五年）はつぎのように宣言した。「みずからの怠慢によるわけではないが、いまだにキリストとキリストの教会の福音を知らない者、しかし心から神を探し求める者、そして神の恵みの助けにより良心の声を通して知らされた神の意志を実践しようとつとめる者、この者たちにも永遠の救いはもたらされる」[7]。これは現実的な問題に即応した、一つの真の運動を表わしている。しかし、それにもかかわらず、それはただエピサイクルな理論でしかなく、根本的に疑わしい教義学の体系を複雑にはさせても、問題の核心には触れようとしていない。このエピサイクル**はキリスト教の福音に触れてこなかった有神論者たち（「心から神を探し求める者」）を包みこむようにできている。しかし、それならば、非有神論的な仏教徒、非有神論的なヒンドゥ教徒の場合にはどうだというのであろうか。また、キリスト教の福音を聞くには聞いたが、それでもやはり先祖の信仰にとどまることを好んだイスラム教徒、ユダヤ教徒、仏教徒、ヒンドゥ教徒、ジャイナ教徒、ゾロアスター教徒たち――有神論と非有神論の両方の信徒たちを含む――の場合はどうだというのであろうか。

＊ イスラエルの人格神ヤーウェの律法の意。『旧約聖書』において「律法」（トーラー）として一括されているものは、創世記、出エジプト記、レビ記、民数記、申命記の五つの書物である。

＊＊「エピサイクル」（epicycle）は大円の円周上を同じ中心でまわる小円のこと。「周転円」ともいう。もともと天動説を弁護するためのつじつま合わせに考案されたものであるが、それがここで比喩的に用いられている。

それゆえ、もしも非キリスト教的信仰に対する伝統的なキリスト教的態度の、その中心に見られる矛盾は解決されるべきだとするならば、キリスト教の思想家たちは、これまでにないラディカルな思想をこの問題に対して示さなければならないであろう。しかしながら、キリスト教やキリスト教以外の他の宗教の教義を再建するための見取図を示すことは、もとより本書の範囲内での仕事ではない。

4　宗教多元主義のための哲学的枠組

偉大な宗教的伝統のあいだでは、また特に神秘主義的な傾向の強い流れのなかでは、神的実在者そのもの、あるいは究極者そのものと、人間によって概念化され経験される実在者とのあいだの区別が広く認められている。究極的実在は無限であり、人間の思考や言語をも越えたものであるから、記述可能にして、経験可能でもあるような礼拝と瞑想の対象物は無限の現実性における究極者ではなく、有限な知覚者とのかかわりにおいて捉えられた究極者でしかないという想定が広く行なわれている。この区別の一つの形態は無相ブラフマンと有相ブラフマンの区別、つまり人間の思考を越え出た、属性を持たないブラフマンと、人格的な創造者であり、宇宙の統治者でもあるイーシュヴァラとして人間に経験された、属性を備えたブラフマンとの区別である。西洋では、キリスト教の神秘家マイスター・エックハルトがこれと平行する区別、つまり神性と神の区別をたてた。道教の経典である『道徳経』は「表現しうるタオ（道）は永遠のタオ（道）ではない」という言葉で始まっている。ユダヤ神秘主義のカバラーたちは、人間のいかなる記述にも及ばない絶対的な神的実在「エーン・ソーフ」と『聖書』の神とを区別した。またイスラム教の神秘家であるスーフィーたちの間では、実在者である「アル・ハック」が自己啓示的なアッラーの神の基体として、さきの「エーン・ソーフ」に対応する類似的な概念であるように思われる。さらに近年ではパウル・ティリッヒが「有神論の神を越える神」について語ったし、[8]またゴードン・カウフマンは、「実在的な神」と「身近な神」とを区別した。[9]これらはみな幾分か類似した（同一ではないが）区別であるように思われる。もしもわれわれが実在者は一であるがその実在者に対するわれわれ人間の覚知は多であり、多様であると考えるならば、われわれは次のような仮説、つまり宗教的経験の異なる流れは、異なる文化的歴史を通して形成されていく異なる人間のメンタリティにより、性格的に異なるしかたで覚知されていく同一の、無限の、超越的な実在に対する多様な覚知を示すものだという仮説、のための基盤を得ることになる。

イマヌエル・カント（Immanuel Kant）は、（期せずして）そうした仮説を展開させることのできる一つの哲学的枠組を与えている。かれは即自的（an sich）な世界、つまり本体的世界と、それが人間の意識に現われてくる世界、つまり現象的世界とを区別した。かれの著述は様々に解釈され得るが、一つの解釈によれば、現象的世界は人間によって経験された本体的世界にほかならない。カントによれば、無限の様々な感覚的手掛かりは、それによってわれわれが自分の環境を意識するようになる関係概念あるいはカテゴリー

（たとえば「物体」とか「原因」というような）の体系によってもたらされる。したがって、われわれが知覚する自分の環境は、世界そのものと、その知覚者による選別、解釈、統合的活動との共同産物なのである。カントはもっぱらわれわれの、世界に向かう意識についての心理的寄与に関心を向けていた。しかしその基本的原理は、生理学的レベルにもあてはめることができる。われわれの感覚器官は、常時われわれに働きかけてくる微妙な音波や電磁波――光線、電波、赤外線、X線、ガンマ線――に対してのみ反応しうる。したがって、われわれが経験する世界は、即自的（an sich）な世界の持つ巨大な複合性と豊かさからの特定の選択――極めて人間的な選択――を示すものなのである。われわれはあるミクロなレベル、あるいはマクロなレベルでものを経験する。われわれが固くて持続するテーブルとして経験し使用するものは、ミクロの観察者にとっては、継続的に迅速な活動を続けている電子、中性子、クォークから成る放電的エネルギーの渦巻き世界なのである。われわれは自分の特定の物理的および心理的器官を使って、それが存在物に見えるように世界を知覚するのである。世界がわれわれに現象するしかたは、世界がわれわれに対して存在するしかたにほかならない。その昔、トマス・アクィナスが述べたように、「知られるものは、知るものの様式に従って知られる」[10]のである。

即自的に存在する世界と、特定の認知的機構を通してわれわれに見えてくる現象的世界との間のカント的な区別をとり上げ、これを究極的実在と、その実在に対するわれわれの異なる覚知との間の関係に当てはめてみることはできないであろうか。もしもできるならば、われわれは単一の神的本体と、多様な複数の神的現象との両方から、思考を働かせることができるであろう。そうすると、実在者そのものは二つの根本的な宗教概念の一方あるいは他方によって人間に経験される、という仮説を立てることが出来るかもしれない。その一方は、有神論的な宗教形態に現われる神の概念、つまり人格的なものとして経験される実在者の概念であり、他方は、非有神論的な宗教形態に現われる絶対者の概念、つまり非人格的なものとして経験される実在者の概念である。しかしながら、両方の基本概念のそれぞれは、神に対する特定のイメージ、あるいは絶対者に対する特定の概念として、さらに具体的なものに（カントの用語で言えば、図式化）される。神のイメージはそれぞれ異なる宗教史の内部で形成される。したがって、ヘブライの『聖書』のヤーウェは、ユダヤ民族との交互作用のもとで存在する。ヤーウェはユダヤ民族の歴史の一部であり、またユダヤ民族はヤーウェの歴史の一部なのである。ヤーウェはこの特定の、具体的な、歴史的連関性から切り離されてはならない。他方クリシュナはこれとは全く異なる神的形象であり、これは異なる独自の宗教的エートスを伴った宗教共同体のもとで存在する。神的なるものの現実性という根本的仮説をたてれば、次のように言えるかも知れない。ヤーウェとクリシュナ（また同様に、シヴァとアッラーとイエス・キリストの父）はそれぞれ異なるペルソナではあるが、これによって神的実在は異なる宗教的生の流れのなかで経験されたり、思考されたりするのである。したがって、これらの異なるペルソナは、一部には神的実在が人間意識の中へと投影されたものであり、また一部には特定の歴史的文化によって人間意識が形成される際に、人間意識そのものがそこに投影されたものでもある。人間の側からすれば、それらのペルソナは神に対するわれわれの異なるイメージであり、神の側からすれば、それらのペルソナはそれぞれ異なる人間の信仰の歴史との関係における神のペルソナなのである。

これと似た説明が、非有神論的な宗教の様々な流れにおいても経験されている非人格的な絶対者、つまりブラフマン（梵）、ニルヴァーナ（涅槃）、シューンヤター（空性）、ダルマ（法）、ダルマカーヤ（法身）、タオ（道）に対してもなされねばならないであろう。ここでも、われわれの仮説に従えば、無限の同一の究極的実在が、実在者についての様々に異なる概念的形態を通して、非人格的なるものとして経験され、思考されているのである。

実在者に対する一層神秘的な意識形態のものについては、それらが人間精神の知覚機構によって直接的であり、無媒介的であり――したがって歪められていない――ようにも思える、ということが特徴的なことである。しかしながら、われわれの仮説はなおも次のように主張しなければならないであろう。ヒンドゥ教徒のモークシャ（悟り）であれ、仏教徒のサトリ（悟り）であれ、西洋の合一的神秘主義であれ、実在者に対する直接的で、無媒介的であるようにおもえる意識は、それでもやはり人間主体の意識的経験にほかならない。したがって、それは認知的な活動によっておこなわれる解釈の影響をまぬがれてはいないのである。人類はみな自分がその一部である文化の影響を受けてきたし、またその文化を自分のものにすることにより、自分の経験を育むことに役立てたり、またそれゆえ、継続的にその文化のなかで確証されていく深い解釈的傾向を受け入れたり、あるいは発展させたりしてきたのである。こうした「複合」のさまは、ヒンドゥ教、仏教、キリスト教、イスラム教、ユダヤ教の、それぞれの宗教文化によって育まれてきた神秘家たちが、それぞれ異なる独自な経験の形態を明らかにしてきていることからも容易に見て取ることができるであろう。したがって、神秘家たちがみな同一の経験を持ちつつもこれを異なる宗教言語で伝えているというのが実情ではなくて、かれらはそれぞれ性格的に異なる合一的な経験（重要な共通の側面を合わせ持ってはいるが）を持っている――ただし、この場合の差異はかれらの参与する宗教的伝統によって供せられる概念的枠組や瞑想的訓練に起因するものだ――と考えるほうがより実情に添ったもののように思われる[11]。

したがって、世界の偉大な宗教的伝統は、無限の同一の神的実在に対する人間のさまざまに異なる覚知と対応とをあらわしているのだとすることが、一つの可能な、また確かに魅力のある仮説――全面的な懐疑論にかわる代案――なのである。

第一〇章　人間の運命――不死とよみがえり

1　霊魂の不死

身体と非物質的あるいは準物質的な霊魂とを区別することは、人間の文化と同じように古いことのように思われる。このような区別が存在したことは、今なお発見される古代の白骨死体の埋葬様式から指摘されている。人類学者たちはこの区別の起源についてさまざまな推測を与えている。たとえば、おそらく、はじめは故人の思い出から始まったものであろうとか、故人の夢からであろうとか、水面や他の明るい表面にうつった自分のすがたからであろうとか、あるいはまた、死という事実に直面して自然に生じた宗教儀式の意義に基づいた考えからであろう、と。

心身二分法を体系的に発展させ、霊魂の不死を最初に証明しようとしたのは、西洋文化に最も深く永続的な影響を与えてきた哲学者、プラトン（B.C. 428/7-348/7）であった。[1]

身体は感性的な世界に属し[2]、可変的で永続的でない性質のものであるが、もしわれわれが特定の善いものではなく、善そのものを思考し、特別の正しい行為ではなく正義そのものを思考し、そして物的な事物や事象に特性をもたせる別の「普遍者」、つまり永遠のイデアについて思考するならば、知性はわれわれの自覚する不変的な実在に関係する、とプラトンは論じる。消え去るようなはかない感性の世界にではなく高次の永続的な領域に関係するので、理性または霊魂は不死である。それゆえ、身体のつかのまの欲望を満足させることよりも、永遠の実在を観想することに生涯をささげる者は、自己の身体は土に帰っても、霊魂は変化しないものの領域、そこで永遠に安住すべき領域にまで引き上げられることを、死に際して見いだすことになる。プラトンは実に優美に、そして説得力をもって、一つの荘厳な叙述を行なってみせた。それは何世紀にもわたり、多くの国々、島々で無数の人びとの心をゆさぶり、かれらの精神を高めてきた。それにもかかわらず、今日ではこれが（キリスト教時代の最初の数世紀間のようには）西洋の共通した哲学には成っていない。したがって、プラトンの形而上学的な体系を前提とした霊魂の不死の論証は、二〇世紀の人間にとっての証明になると主張することはできない。

プラトンは、さらに、あるものを破壊するとはそれを個々の成分に分解することを意味するから、破壊を受ける当のものは合成されてできたものだけである、という証明をおこなった。身体を含むすべての物体は合成体である。しかしながら、霊魂は単一体である。それゆえ滅びない。この論証はトマスによって採用され、ローマ‐カトリック神学の標準となっている。これは現代のカトリック哲学者、ジャック・マリタン（Jacques Maritain）のつぎの節の中でうかがわれるとおりである。

霊魂には質料がないから、腐敗することがない。霊魂には成分がないから、分解することがない。それは自存的であるから、独自の統一性を失うことがない。またそればかりか、自己の内部にエネルギーのすべての源を含んでいるから、内部的なエネルギーをなくすこともありえない。人間の霊魂は死滅することがない。一度存在すれば、消滅することがない。それはとこしえまでも必然的に存在し、無限に存続する。それゆえ、トマス・アクィナスのような偉大な形而上学者によって始められる哲学的な理性は、論証というかたちで人間の霊魂の不死性を証明することができるのである。[3]

このタイプの推論は、いくつかの根拠に基づいて批判されてきた。カントは、単一な実体は分解できないということを真であると認めるが、しかし意識の度合をゼロに減じれば、意識は存在しないものになるかもしれない、と批判した。[4] 現代心理学は、心が単一な存在物であるとする基本的な前提を疑問視している。心は相対的な統一性をもつだけの一つの構造物、つまり、ふだんはかなり安定していて、かたく統合されているが、いろいろな度合のストレスのもとでは分離し、分解するような一つの構造物である、と見ている。心理学からのこの所見は、霊魂が単一な実体であるとする仮説は経験的な言説ではなく、形而上学的な理論である、という点を明らかにしている。この仮説のままでは、これは霊魂の不死に対する一般的な証明の根拠とすることはできない。

最初に古代ギリシアで、一つの哲学的な教義として定式化された心身の区別は、キリスト教の洗礼を受けて、中世を経過した。そして、一七世紀にデカルトによって焼き直されると、この心身の区別は自明の真理という公の身分を与えられて、近世にはいった。しかしながら、何世紀にもわたって受け入れられてきたデカルトの物心二元論は、第二次大戦以降、厳しく批判されることになった。[5] 心の特性や働きを記述することば——たとえば「頭がいい」、「思慮深い」、「苦労知らずの」、「幸福な」、「打算的な」など——は、実際には人間の行動の類型や行動の素質にあてはまる、と論じられる。これらのことばは経験的な個人、すなわち誕生し、成長し、行動し、感じ、死滅するところの観察可能な人間のことを述べているのであって、不可思議な「機械の中の幽霊」*のあやしい行為を述べているのではない。それゆえ、人間は身体と不可解に作用し合う非身体的な霊魂ではなく、むしろ外観されるとおりのもの——特有の仕方で行動し、また行動することのできる血肉の被造物——である。

＊日常言語（分析）学派に属する現代イギリスの哲学者、ギルバート・ライル（Gilbert Ryle）は彼の有名な著書 *The Concept of Mind*（巻末の注（5）を参照せよ）の中で、「心」についての伝統的な理論を鋭く批判した。彼はデカルトの「心」についての理論を「神話」（myth）であり、「機械の中の幽霊のドグマ（the dogma of the Ghost in the Machine）であり、「カテゴリーの誤認」（category-mistake）であると批判した。ライルによる「心」についてこの批判の観点と方法とは、日常言語に対する「言語分析としての哲学」の一つの典型を示している。

以上の発展の成果として、二〇世紀半ばのたいていの哲学は、『聖書』の記事の中に見られるものと同じ方法で人間を見るようになった。つまり、人間は死滅する身体に仮に取り付いた永遠の霊魂ではなくて、有限で死滅する精神身体的な生命の一形態である、と見るようになったのである。それゆえ、旧約聖書学者のペーデルセン（J. Pedersen）は、ヘブライ人について、彼らにとっては「身体は外面的なかたちをとった霊魂である」と述べている。[6] この思考方法は、ヨーロッパの思想におけるプラトンや新プラトン学派の傾向の中で見られるものとはまったく異なる、死についての考え方に向かわせている。

2　精神身体的な人間の再創造

旧約聖書時代の終わりごろになって、はじめて死後の生命に対する信念が、ユダヤ教において何らかの真の重要性をもつようになった。それ以前は、世代の交代する何世紀間というもの、ずっと守り続けられてきた有機的な関係としての民族と神との契約に、もっぱらヘブライ人の宗教的明察がおかれていたので、個人に対する神の目的、つまり現世を超越した神の目的という思想は、政治的実体としての民族の没落が個人と個人の運命の問題をきわだたせた場合以外には、発展しなかった。

死の危機を乗り越えてまでも神の目的は個々人をとらえて離さないという積極的な確信が生じたとき、この確信は身体のよみがえりを信じるという、非プラトン主義的な信仰形態をとるようになった。霊魂の不死に対するプラトン主義的な信念と、身体のよみがえりに対するユダヤ－キリスト教的信念との間の宗教的な差異は、後者が再創造（re-creation）という神の特別な行為を要請していることである。いまわのきわで神に絶対帰依する気持ち、「大地のちり」[7]から造られたという聖書的な人間観に相応する感情、（今日われわれが口にするように）太古の沼に始まる下等な生命現象からの長い進化による産物という所見は、いずれもここから生まれてくる。それゆえ、ユダヤ教やキリスト教の考え方の中では、死は実在するもの、恐ろしいものである。ある部屋から別の部屋に移ったり、古い上着をぬぎ捨てて、新しい上着に着かえる、といったもののようには考えられていない。死は完全に無条件な消滅――あかりのともされた生命の枠からはずされて、「暗い永遠の死のとばり」の中へ消し去られる――という意味のものである。至上なる神の創造的な愛によってのみ、墓の向こうに新たな存在が可能となる。

「死人のよみがえり」とは何のことを意味するのであろうか。聖パウロの教えは、この問いに対するキリスト教の基本的な回答となっている。(8) 一般のよみがえり（イエスのユニークなよみがえりとは区別される）についての彼の考え方は、墓地に埋められた死体の蘇生とはおよそ無関係である。それは精神身体的な個人に対する神の再創造、または再構成という考え方、つまり死せる生命体としてではなく、「霊のからだ」(soma pneumatikon) としての再創造、または再構成であり、現世には肉のからだがあるのだから、霊の世界には霊のからだもある、としている。*

＊「コリント人への第一の手紙」一五章四二—四四節をとくに参照されたい。

このような教義から出てくる主要な問題は、地上の生命とよみがえりの生命とを結ぶ個人の同一性の基準をどこに求めうるか、という問題である。パウロはとくにこの問題にはふれていないが、おそらくつぎのような線に沿って考えていくならば、彼の思想を発展させることができるであろう。(9)

まずはじめに、合衆国に住んでいた何者か——ジョン・スミス——が、忽然と謎のごとくに友人たちの眼前から消え去り、それとまったく同じ瞬間に、スミスの生き写しが謎のごとくにインドに現われたと仮定しよう。インドに現われたこの人物は、からだつきといい、物の考え方といい、アメリカで消息を断った人物とそっくりそのままである。記憶は断絶していないし、からだの特徴も、指紋、頭髪、眼色、胃袋の中味まで、みな同じである し、信念、習慣、情緒性、気質もそっくり同じである。さらに生き写しのほうの「ジョン・スミス」は、自分が合衆国で消息を断ったジョン・スミスであると考えている。可能なかぎりのあらゆる調査が行なわれて、ついに肯定的な判断が下されると、「ジョン・スミス」をジョン・スミスと友人たちに認めさせる要因は間違いなく動かぬものとなるであろうし、またそうすれば謎めいた彼の大陸移住のことも、問題にされなくなるであろう。そして、ジョン・スミスのあらゆる記憶と特徴をそなえた「ジョン・スミス」をジョン・スミス以外の人物として取り扱うこともなくなるであろう。

第二に、このジョン・スミスが謎の如く姿を消す代わりに、今度は死亡するとしよう。しかし、その死亡時刻と同時に、ふたたび記憶とあらゆる特徴を完備した「ジョン・スミス」の生き写しがインドに現われると仮定しよう。思うに、ジョン・スミスの死体をこの手につかまされても、なおかつ、われわれはこの「ジョン・スミス」を死亡したジョン・スミスと認めないわけにはいかないであろう。われわれは彼がどこかで、奇跡的に再創造されたものと見なければならないであろう。

第三に、このジョン・スミスが死亡する瞬間に、今度はインドではなく全く別の世界に、つまりよみがえった人間だけの住むよみがえりの世界に、よみがえりの生き写しとして、「ジョン・スミス」の生き写しが現われると仮定しよう。この世界にはこの世界特有の空間があり、それは今のわれわれがなじんでいる空間とは全く異なっている。すなわち、この現実の世界であれ、よみがえりの世界であれ、どの対象も同一世界内では他のすべての対象に対して空間的に関係するのであるが、よみがえりの世界の対象はこの現実の世界の対象からある距離に位置したり、ある方向に位置したりしてはいないのである。

以上の仮説から、神は身体を備えた人間人格を再創造する、と考え始めてもいいような一つのモデルが出てくる。このモデルの中では、麦の穀粒と麦の種粒が違うように、肉のからだと霊のからだは違うであろうと述べたパウロ自身の見解[10]は無視して、よみがえりのからだが肉のからだと同じ姿をとると述べた幾人かの初期の教会教父たちの見解[11]に従うことにより、不可思議なるもの、神秘なるものという要素は最小限にまで減じられている。

人間の死後の人格を神は再創造する、あるいは再構成する、というユダヤ－キリスト教のこの信仰の根本にあるものは何であろうか。もちろん、死後の生命については『新約聖書』の中でくまなく教えられている(『旧約聖書』の中ではきわめて稀であるが)という点から、『聖書』の権威に訴える論証がある。しかし、もっと根本にまでさかのぼれば、よみがえりに対する信念というのは、神の至上なる目的、つまり死に拘束されず、しかも死という人間の自然の運命を超えてまでも、人間をとらえて離さないという神の至上なる目的に寄せる信仰の必然的な結果として出てくるものである。しかし、これに似た調子で、つぎのようにも論じられる。神との交わりの中に住まわせるために、有限な人間を造ることが神の計画であったとするならば、そして、被造物に対する神の目的がまだほとんど未完成であるにもかかわらず人間に死を授けてしまうならば、人間という被造物に対するその意図と神の愛とはともに神の計画に矛盾するものになるのではあるまいか、と。『新約聖書』の中で、いろいろの人間が呼び集められ、ともに喜びを分け合うための盛大な晩餐会として象徴されている「天国」とは、人間に約束されたこの神の目的が成就するということであり、また人間性に与えられている可能性がことごとく実現されるのも、この目的が成就されるときである。悪の問題を検討した際にわれわれの理解したとおり、神義論はこの終末論的な信仰[12]——あらゆる痛みと悲しみにまさる永遠の、それゆえに無限の、善を信じる信仰。ただし、その善にいたる途上でこれらの痛みと悲しみには耐え忍んだ——をその内容につけ加えなければ成功しえない。

キリスト教の伝統で天国の観念につり合うのは、地獄の観念である。この地獄という観念も、やはり神義論の問題に関連する。ちょうど神の善と悪の事実との和解が苦難の歴史を介しての永遠の善の到来を要求するように、それは人間の永遠の悲惨を取り除くことであるようにも思えるのである。神の無限の力と愛とに結局相容れないものとして終る悪の種類は、まさしく意味のない、救いようのない苦しみであり、痛みであろう。しかも、これはけっしてあがなわれず、神の善なる目的の成就にも仕えない。いつ果てるとも知らぬ苦悩というものは、まさしくこういう苦しみをいうのであろう。なぜなら、こういう苦しみはどこまでも続くので、この苦しみのかなたにある善なる終局にはどのようにしてもたどりつくことができないからである。それゆえ、たとえばアウグスティヌスや、カルヴァンのように、地獄のことを熱心に説いた人びとは、地獄を悪の問題の主要な部分と考えている。もし地獄が永遠の苦悩と解釈されるならば、この考えの背後にある神学的な動機は、神義論を求めようとする衝動と直接には相容れないものになる。しかしながら、永遠の刑罰という教義が『新約聖書』に確実な基礎をもつという主張[13]は大いに疑わしい。他方、もし「地獄」の意味をこの世の生活の中でよく体験される煉獄的な苦しみの延長であり、最終的には天国の高次の善にいたるものと考えるならば、この地獄という考えは神義論の必要性と何ら衝突を起こさない。また、地獄という考えには文字どおりの解釈を与えないで、これを創造主との関係の中で人間の自由に内在する重大な責任を表わす有力な、含蓄の深い一つの象徴として評価することもできるであろう。

3　超心理学は役立つか

心霊運動は「死者」と生者の間に交信があったという実例をあげて、これによって死後の生命は証明されたと主張する。一九世紀の終わりの二五年間と今世紀のはじめの数十年間にわたって、この主張は多くの責任のある、そして有能な人物たちによる丹念な、積年の研究課題とされた。(14) この研究はロンドンで、一八八二年に心霊研究学会(Society for Psychical Research)の発足した当時にまでさかのぼることができようが、一般には同学会の名づけた名称によって、あるいは今日ではもっと一般的に、超心理学(Parapsychology)という名称によって知られている。

本章におけるわれわれの関心に立脚してこの主題に立ち向かうならば、われわれは、まず超心理学の学者たちによって研究される現象を、二つのグループに区分することができるであろう。これらの現象の中には、死後の生命という考えに触れるものは一つも含まれていないが、これらの中で主要なものは、たとえば、テレパシー、透視力、事前認知などの種々のかたちにおいて示される念力動(Psychokinesis—PK)と超感受的知覚(extra-sensory perception—ESP)である。さらに、たとえば、死人の幽霊や別の感性的な示現や霊媒による「霊のお告げ」などによって、人間の死後の存続という問題を提起する現象もある。しかしながら、右の区分は予備的な用途につかえるにすぎない。というのは、ESPが第二のグループの中で生じる大半の現象を理解する糸口として、浮かび上がってきたからである。それでは、テレパシーのような不思議な出来事を、この分野の多くの研究者たちが積極的に要請するようになった理由を、簡単に概説することから始めよう。

テレパシーは、ふたりの人間の間に通常の伝達手段がない場合に、そしてたんなる偶然の一致とはいえないような状況のもとで、ひとりの人間の心の中にある思いが、別の人間の心の中にこれと似ているか、あるいは関連した思いを明確に生ぜしめることがある、という不思議な事実に与えた名称である。

たとえば、ある人が紙の上に一連の絵なり、いくつかの図表なりを書くとする。そして、別の部屋にいる人にこれと同じものの印象を、何らかの仕方で転送する。すると、別の部屋の人は明らかにそれとわかるものを再現する。これが一回限りの再現であれば、偶然の一致と言っていいかもしれない。しかし、この再現が何度もおこなわれる場合には、それらがまったく偶然の一致であると言いきれるであろうか。

テレパシーの例といえそうなものの偶然の一致で起こる確率を計算しようとする実験がくふうされた。最も簡単な例では、順に五つの異なる符号のプリントされたカードが用いられる。各符号を一〇枚ずつプリントした一組五〇枚のカードが、よく切られる。そして、伝える側は一回に一枚のカードに注意を集中する。そして、受ける側は（むろん、伝える側のすがたもカードも見られない）符号を順に正しく書きつけようとする。この手続きが、何百回、何千回と、各回ごとにカードが新たに切られて、繰り返される。カードの符号は五種類だけであるから、当て推量でいっても、五回に一回はうまく当たることになるであろう。したがって、「偶然」だけが作用するという仮定に基づけば、受ける側の試みは当たるのが約二〇パーセント、はずれるのが約八〇パーセントということになるはずである。そして、この試みを繰り返せば繰り返すほど、ますますこの比率に近づくことになるはずである。ところが、よく当てるテレパシーの被験者の場合には、当て推量といったのではすまされないほど、よく当たっている。確率的な待望値からの偏差は、数学的に、「偶然に反した勝ち」（長々とした試みの経過の中で、当たる比率が保持されるにつれて増大していく）に換算することができる。この方法で、1,000,000：1以上の勝ちが記録された。デューク大学のライン（J.B. Rhine）は「偶然に反する」値が7（100,000：1の偶然に反した勝ちと同値）から82（偶然に反した勝ちを何万億にも換算する）までの範囲に及ぶことを示す結果を報告した。[15] この二人の研究者の仕事には多くの批判が寄せられ、また激しい論争もおこなわれてきている。しかし他方で、これと類似する結果を記録した別の研究者たちもいる。[16] 以上の報告に照らせば、たんに「偶然」が作用しているだけでなく、何か積極的な要因が作用しているとする説を否定することは困難である。「テレパシー」は、この未知なる積極的な要因に対してつけられた一つの名称なのである。

テレパシーはどのように作用するのであろうか。まだ消極的な結論しか得られていないようである。かなり確実に言いうることは、テレパシーはたとえば電波に類した物理的な放射線状のものから成り立ってはいない、ということである。まず第一に、テレパシーは、周知の放射線のもつ特性のように、距離に比例して遅くなったり、弱くなったりはしない。そして第二に、送信なり、受信なりの中枢とみなしてもいいように思われる器官は、脳の中にはどこにもない。テレパシーは純粋に心的な出来事であるように思われる。

しかしながら、この出来事は——もし本当に右の考えが意味の通るものであるならば——心の中にある思いを一方から他方へ移し換えたり、運び換えたりすることではない。テレパシーにかけられた心の思いは、受ける側の意識の中に入ろうとして、伝える側の意識から離れるということはない。何が生じるかといえば、伝える側の心の思いが受ける側の心の中に、心的な「こだま」を生ぜしめるのである、という言い方をすれば、事態をいっそううまく記述したことになろう。この「こだま」は無意識の領域で生じる。したがって、受ける側の意識の中へと生じていくこだまの変形は、断片的なものでしかないかもしれず、また、夢の中で行なわれるように、いろいろの仕方でゆがめられたり、象徴化されたりするものなのかもしれない。

テレパシーを説明するために、暫定的に主張されてきている一つの理論に従えば、われわれの心は意識的（および、前意識的な）領域でのみ分離しており、相互に交渉のない状態におかれている。ところが、無意識の深層領域では絶えず相互に影響し合っている。そして、テレパシーの起こるのはこの深層領域であるといわれる(17)。

テレパシーにかけられた心の思いは、どのようにして、たくさんの人びとのうちの特定のひとりに向けられるのであろうか。明らかに、心の思いは、情緒なり共通の利害なりの何らかの連結によって方向づけられる。たとえば、ふたりの友人同士が、仮に地球の端と端とに分かれていても、何か一方の受けた重大な危機とか衝撃とかを、テレパシーの作用によって感じ合うということがある。

さて、超心理学の今一つの部門に目を転じてみよう。この部門はわれわれの主題にいっそうはっきりした関係をもっている。『心霊研究学会報』(*Proceedings of the Society for Psychical Research*)には、多くの場合、遠方にいて、死亡に気づかずにいた人びとのところに、最近死んだ人の亡霊が現われた(稀な実例の場合には、一度にふたり以上のところに)という注意深い記録と、信頼に足る証言の付された事例が、たくさん記載されている。また、このS・P・Rの諸報告は、故人の霊になりきって霊媒的な恍惚状態の中で作用する心というものは、霊媒でも普通の手段によっては得られないような個人消息や、また時には、事後検証はされても、どの生存者にも知らされていない情報を与えることさえあるということを、疑う余地なく、確証している[18]。

また他方で、たとえば人の目に見え、人の手に触れられるようなかたちをとった霊の「形体示現」(materializations)というような物理的現象もあるが、これらは、さらにいっそう疑わしい。しかし、これらの物理現象の全領域を割引きして考えるとしても、恍惚状態で発せられる表述の場合は、どれも印象深く、謎めいているということと、そして額面どおりに受け取れば、どの場合も、死後の存続と交信とを表示しているということとは、やはり本当である。仮に、霊媒を介して、人は理性的に語るとすれば、そして理性的に語ることにより、それが個人的に知己の友人であったという首尾一貫した印象が与えられ、そしてまた、豊富な個人消息や説明しにくい個人の特性などにより、それがあの友人に間違いないと確証される――このようなことがしばしば生じている――ならば、その場合には、意識が霊界から立ち戻るということが現に起こっているとする説を、よく吟味もしないでかたづけてしまうことはできないであろう。

しかしながら、超感受的知覚の研究に重点をおいた別の超心理学の部門の知識が進歩したので、右のような明らかな死者との交渉という事態に対して、意外な光があてられることになった。というのは、霊媒とその依頼人との間のテレパシーによる無意識的な接触ということが、重要な、そしておそらく十分な説明の要因であろう、ということが示唆されたからである。このことはふたりの女性の体験によって、あざやかに例証された。このふたりの女性は、その一方の女性が書き下ろした未発表の小説の中に出てくる、まったく架空の人物の人柄と雰囲気とを、数週間にわたって自分たちの心の中に取り込んで、霊を吟味することにした。ふたりはこの架空の人物の特性をすっかり自分たちの心の中に詰め込んでから、評判の高い霊媒のところへ出かけて行った。すると、霊媒はこのふたりの架空の友人を、墓のかなたからやってきた訪問者として正確に叙述し、この訪問者から適切な伝言までも伝えてくれた。

これよりさらに驚くべき事例は「直接的な声」の霊媒（すなわち、降霊術の会の席上で、交信を求める「霊」の声が、空中からはっきり語りかけてくるのを聞くことができる）の場合である。この霊媒は、当人のものに間違いないと認められる声で語りかけてくるひとりの「ゴードン・デーヴィス」なる人物の霊を生み出し、ゴードン・デーヴィスについてのしたたかの知識を披瀝し、そしてこの男の死亡のことさえもはっきりと記憶していた。これはまさに驚嘆すべきことであったのだが、実はこのゴードン・デーヴィスなる人物は、まだ生きている男であることが発見されたのである。彼は幽霊屋にあらぬ不動産屋で、降霊術の会が開かれていた時には一軒の家を売りつけようと、四苦八苦していたということである。(19)

以上のいくつかの場合から言えることは、正真正銘の霊媒は、端的にテレパシーによる例外的な感度の持ち主であるということであり、依頼人の心の中から「霊」を無意識に引き出す者であるということである。

死人の出現という意味での「幽霊」に関係して、これまでに確証されていることは、「有意味な幻覚」というものはありうるということと、この幻覚の源泉はほぼ確実にテレパシーによるものであろう、ということである。古典的で、いくぶんかドラマチックな例を引用するならば、湖畔に坐すひとりの女が、湖に身を投げるひとりの男の姿を見る。数日後、ひとりの男がこの同じ湖に投身自殺する。この幻影を説明するならば、おそらく、男が自殺しようと思いつめている間に、この男の心の思いがその女性の心を介して、テレパシーの作用により、その場面に投影されたものということになるだろう。(20)

記録されている実例の多くの場合では、行動は後になって起こされている。テレパシーの作用で投影された心の思いは、外界に対する一つの不注意な状態が劇的な形をとって——たとえば幻覚的な声なり幻影なりの形をとって——夢の中で働くのと同じメカニズムにより、受け手の無意識の心を意識的な心にのぼらせるまで、受け手の無意識な心の中でくすぶっているのである。

生きている人間の妄想は、もしその心の中に現われる人間の、その生前に体験された思想や情緒性によって造られうるとするならば、死者の妄想もこれと平行して、その妄想の中に現われる人間の、その生前に体験された思想や情緒性によって引き起こされる、という可能性が出てくる。言い換えれば、幽霊は「心霊の足跡」であり、死者が残していった一種の心的形跡であるということができるであろう。ただし、幽霊は、その形をとって現われる死者の現実存在とか、いわんや持続的存在とかには一切かかわらないようである。

4 蘇生の諸事例

最近、かなり高い関心を呼んでいるのは、臨死体験、つまり死亡が確認されてから蘇生したという人の体験の記録である。[21] 仮死の状態にあった時間は数分から二〇分、あるいはそれ以上と、さまざまである。その記録によると臨死体験には、一様ではないが、大体、次のような要素がある。まず初めに大きな物音、つぎに暗い穴のようなトンネルの中に吸い込まれていくような感じ、光と美の「世界」の中に迎え入れられ、さきに死んでいる身内や友人たちと出会う。それから、キリスト教徒であればキリストとか、そうでない者であれば天使あるいは神的なるものというような、道徳的あるいは霊的な「光の存在」と出会う。さらに、自らの人生を極めて鮮明に、絵を繰るように顧みる。それから、この世とあの世の最後の境と思われる境界線に近づく。その後で、この世の体へ送り返されたり、あるいは引き戻されたりする。一般に、こうした体験をした人は、その叙述し難く信じ難くもあるこの現象のことを話したがらない。しかし、その体験により、死に対する態度が変わり、将来訪れてくる本当の自分の死について恐れることなく、むしろ希望をもって前向きに考えるようになる特徴がある。

このような視覚と聴覚による出来事に先立って、しばしば「体外離脱」という体験も起こる。つまり、意識が自分の体から浮き上がり、ベッドなり床なりに横たわる自分の体や手術台を上の方から見下ろしているのである。臨死の際であれ、存命中であれ、そうした「体外離脱」は起こる、ということを記した文章はますます増えてきている。[22]

蘇生の諸事例が本当に死者の体験を報告しており、したがって死後の生に関する情報を確かに伝えてくれていると判断していいかどうかは、今以って決定し難い。そうした内容はあの世の生の初期相や、あるいは心と体が最終的に分かたれる移行期を記述しているのであろうか。それとも、脳が酸欠状態になる直前の、はかない夢の最終活動を記述しているのであろうか。さらに研究が進んで、やがてこの問題に決着がつけられることを期待したい。

以上の考察は、超心理学の諸発見を評価する際には警戒が必要である、ということを示唆している。[23] しかし、この警戒はさらに探求を推し進めるべき誘因であって、けっして問題を封じ込めてしまう誘因となってはならない。ともあれ、われわれは、しばしの間、知識の不在を不在の知識と混同しないように注意しなければならない。

第一一章　人間の運命——業と生まれかわり

1　通俗的な概念

西洋文化に育ったほとんどすべての者には、われわれが受胎あるいは出生によってこの世に存在するようになり、やがて死にのぞんでこの世を見おさめることになるということは、言い換えれば、一回かぎりの生と一回かぎりの死を経験することは、自明のことのように思われる。ところが、インドのヒンドゥ文化の中に育った者には、これとは反対に、われわれが以前からこの世に何度も生きてきたし、また何度も生きなくてはならないということが自明のことのように思われている。このどちらの考え、あるいは理論にも、それぞれの難点がある。そこでわたしは、生まれかわり（reincarnation）という考えの中に見られるいくつかの難点を指摘してみようと思う。しかし、まずはじめに、インド人たちのほうが西洋の想定の中に見いだす主要な難点を取り上げてみよう。彼らは人間の出生についての著しい不平等を指摘する。ある者は健康なからだと高い知能指数に恵まれ、豊かな上流社会で高収入のある愛すべき親のもとに生まれる。そのおかげで、この子どもには、豊かな人間文化を享受する道が開かれており、また自分の好む生活様式を自分で選ぶ自由もかなりもたされている。ところが、別の子どもは不具で知能指数も低く、愛もなければ教養もない貧しい親のもとで、しかも大きくなれば犯罪でも犯して、若く非業の死を迎えることになるかもしれないような社会に生まれつく。このように不平等な生まれ方をすることがあっていいものであろうか。もし新生児がはらまれる時には、いつでも新しい魂が創造されるとするならば、魂の不平等な賦与に対して責任のある創造主は、それでも愛なる存在と言われうるであろうか。われわれは皆ジョン・ブラッドフォード（John Bradford）のお話を聞いたことがあるだろう。彼は絞首台にひかれていく罪人を見て、こう言ったというのである。「神さまのお恵みがなければ、ジョン・ブラッドフォードもあのようになるだろうよ」。このお話は、それがジョン・ブラッドフォードに対する神の恵みのことをわれわれに思い起こさせるかぎりにおいて、有益である。しかし、罪を宣告された者に向かって、神の恵みが深いの、恵みに欠けているの、と言うことがどのような意味をもつことになるのであろうか。人間の出生をめぐるかずかずの不平等と、そうしたさまざまな条件のもとで人間は神によって創造されるのだとする西洋の宗教的な想定とを考え合わせてみるならば、ここには不正という由々しい問題の存することが強く思い知らされるであろう。

これに代わるインド起源の諸宗教の想定によれば、われわれはすべて前世から生き続けていて、現世の諸条件はこの前世の直接の結果であるとされる。われわれのめぐりあわせの不平等の中には、気まぐれもなければ、でたらめもなく、また不正もない。あるのは、ただ因果のみである。すなわち、過去に蒔(ま)いたものを現在みずからの手で刈りとることだけがある。われわれの本質的な自我は繰り返し生まれたり、生まれかわったりして、生から生へと継続していく。そしてその業(karma, カルマ)の状態が、つぎの生の環境を決定していくのである。

東洋と西洋のいずれにおいても、さらに通俗的なかたちで主張される「生まれかわり」の教義によれば、意識的に性格を保持し、また(原理上)意識的に記憶を保持する自我はからだからからだへと輪廻(りんね)するとされている。『バガヴァッド・ギーター』にあるように、「人がすり切れた衣服を投げ捨てて、新しい衣服を着るように、肉化した魂はすり切れたからだを投げ捨てて、新しいからだを身につける」(二章一三節)。この考え方に基づけば、わたし、すなわち今意識して、今これらのことばを書いているこの「わたし」は、別のからだで以前から生きていて、またふたたび別のからだで生きることになるであろう、と述べることが可能になる。したがって、一般には死と出生という外傷が、事実上、過去の記憶をぬぐい去り、それらの記憶を無意識という普通では近づくことのできない深い領域にまで押しやってしまうのであるが、この現在のわたしのからだで、わたしの過去の生を思い出すことが、原理上、わたしに可能になるにちがいない。たしかに、普通の人間が、時として、最近の生活の断片を何らかの理由で思い出すことがある。そして、このように主張される前世の記憶というものは、再生（rebirth）の動かぬ証拠として重要であるばかりでなく、その教義の意味する内容を固定するためにも概念的に重要である。人はこのような事例を再生の動かぬ証拠と考えて、これを印象深いものと見るかもしれないし、またそうは見ないかもしれない[1]。それにもかかわらず、前世の思い出と想定されるものが証拠としてあげられるという事実から、再生という観念に対して、ある特定の内容が明らかになる。それゆえ、わたしは、前世の記憶とされるそうした例を基礎にして、生まれかわりという仮説を定式化してみようと思う。

いま書き物をしているジョン・ヒック（このジョン・ヒックのことをこれからはJ・H_{66}と呼ぶ）と、いま二歳になるジョン・ヒック（このジョン・ヒックのことをこれからはJ・H_{2}と呼ぶ）との間の関係を考えてみよう。ふたりの間の主要な差異は、まず第一に、J・H_{66}とJ・H_{2}は互いに似たところがないように見えるということであり、第二に、ふたりの意識的な自我はまったく異なっているということである。第一の差異についていえば、J・H_{2}の写真が示されたとき、それが六四年前のJ・H_{66}の写真であって、彼とは別の二歳の人物の写真ではないということは、人から指摘されなければ、だれにもわからないであろう。というのは、眼にうつるこれら二つの対象の間には、外観上の類似性がほとんどないからである。そして第二の差異についていえば、もしもだれかが、二歳のJ・H_{2}が言葉や物音によって自分の考えを表わした録音を聞いたとするならば、わたしが思うに、その人は現在のJ・H_{66}が非常に異なる心の持ち主であると感じるであろう。たしかに、同一の基本的な人格の特徴が、その子どもとその大人の両方にあることは疑いない。しかし、それにもかかわらず、一方の意識的な自我は他方の意識的な自我とは非常に異なっている——その差異があまりにも大きいので、両者の比較からでは、両者の自我が同一のものであるという結論はけっして出てこないであろう。つまり、身体的な特徴と心理的な特徴の両面からみれば、J・H_{2}とJ・H_{66}のあいだには無数の差異が存在する。しかし、それにもかかわらず、J・H_{66}はJ・H_{2}の体験した出来事についての、少なくとも一つの断片的な記憶を持ち合わせている。彼は自分より二つ年下の妹がいつ生まれたかを教えられた記憶を持っている。それゆえ、J・H_{66}とJ・H_{2}との間に認められるあらゆる差異にもかかわらず、両者を結びつけていくかすかな記憶連鎖というものがある。そしてこの事実から、ほとんどいかなる程度の身体的な差異のギャップも、心理的な差異のギャップも、記憶は乗り越えられるものだと語りうることに気づかせられる。

さて、何者か前世の記憶をもつ者について、これと同じことが言えるかどうかを調べてみよう。有名なシャンティ・デヴィ（Shanti Devi）の事例を用いて、これをはっきり説明すれば、次のようになるであろう。一九〇二年に生まれ、マトゥラーに住み、ケーダール・ナート・チョーベイと結婚したルジ（Lugdi）は、一九二六年生まれの、デリーに住むシャンティ・デヴィとは、身体的な特徴に関しても、心理的な特徴に関しても、非常に異なっていた（ようである）。しかしシャンティ・デヴィは、ルジが出会った人びとや、体験した出来事のかずかずの記憶を持ち合わせていると主張した。しかもこのことは、公正な研究者たちによって確証ずみの事実であると言われている。「生まれかわり」というわれわれの仮説からすれば、このふたりは、ふたりのもつ差異にもかかわらず、事実上、同一の人格または同一の自我であるとされる。これはある意味で、J・H_{66}とJ・H_{2}とが同一の人格と認めることにも相当する。このように、同一の人格が一九〇二年にインドの一地方に生まれ、やがて死に、そして今度は一九二六年にインドの別の地方に生まれかわると語る場合、われわれは、わたしがここで自我とか人格と呼んでいる継続的な心的実体の存在を前提している。いまわれわれが考察している仮説は、その人格の経歴の遅い時期ではあっても、J・H_{66}とJ・H_{2}とが同一の人格と認められるように、シャンティ・デヴィとルジとはやはりその人格の経歴の遅い時期ではあっても、同一の人格と認められうる、ということである。大きな差異は——それが本当に大きすぎるほどの差異であるかどうかはよく調べてみなくてはならないが——今、右の二つの場合が同一の生における早い、遅いの時期のことではなく、継続する二つの生における早い、遅いの時期のことになっている、ということである。それらは、いわば同一の書物における異なる章のことではなく、全何巻という同一の作品における異なる巻のことに相当する、ということである。

つぎに、大多数の人びと、おそらく九九パーセントにものぼる人びとが、そのような前世の記憶は持ち合わせていないと言うにもかかわらず、あらゆる人間の自我は以前から何度も生きてきたと主張する考えを考察してみよう。ここでわたしが提起したいと思う問題は、基準の問題、つまり現在生きている何者かが、まったく彼の知らないような、あるいは記憶にないような、たとえば五〇〇年前に生きていた何者かと同一の人格である、あるいは同一の自我である、と言われる場合に準拠すべき基準の問題、にかかわる。というのは、われわれが現在の再生仮説の中でおこなっているように、記憶という結び糸を切りはなすと、普通われわれが時間を通しての個人の同一性と呼んでいるもの、つまり連続性を構成する三要素のうちの一つ、しかもその中でもきわめて重要な要素を切り捨ててしまうことになるからである。第二の要素はからだの連続性、すなわち新生児から老人にいたるまで時間と空間の中でかたく結び合わされている存在ということ、それゆえに、ゆりかごから墓場にまでも続く連続性ということである。幼児のからだを組成していた原子が、大人となったからだの構成部分であるわけはないであろう。しかし、それにもかかわらず、絶えず変化する物的な生命体は存在してきたし、またこの生命体は、原理上、観察しうるものであった。つまり、これを組成する原子の総数は刻々わずかな違いを見せてはいるが、必要な原子の個数と個数の配置はいつでもその同一の生命体を構成するのに十分なだけ存在している。しかしながら、からだの連続性を構成するこの要素も、われわれの再生仮説によって切り捨てられる。というのも、現在アメリカに生きている何者かと、たとえば五〇〇年前の中国に生きていた何者かとの間には、身体的な結びつきは何もないからである。しかも再生の教義は、からだの類似性については何も主張していないように思われる。というのは、あるものは男として生まれることがあり、女として生まれることがあり、この人種として生まれることがあり、あの人種として生まれることがあり、また、たしかに、（この教義の一つ一つの解釈に従えば）動物として生まれることもあれば、おそらく昆虫として生まれることもあるだろう、といわれているからである。

それゆえ、人格の同一性を担うものとして最後に残されているのは、第三の要素だけなのである。これは気質のパターンについての心理的な連続性である。今や、一方が他方の生まれかわりであるといわれる場合の、ふたりの人格の同一性の重みをすべて担わなくてはならないのは、まさにこの要素である。なぜなら、記憶とからだの連続性という二つの要素が切り捨てられると、残された唯一の結びつきは人格的な特性を形成する心理的な気質だけだからである。Aの生まれかわりとしてのBは、Aと同じ個性的特徴をもつと主張される。もしAが高慢で不寛容であれば、Bも高慢で不寛容になるであろう。もしAが偉大な芸術家になれば、Bも早くから強い芸術的な傾向を示すであろう。もしAが親切で思慮深いならば、Bも親切で思慮深くなるであろう。しかしこの理論の存否は、時間t1におけるAの全人格性と時間t2におけるBの全人格性とのあいだに存すると主張される類似性の程度に多く依存している。沢山の人びとが親切で思慮深かったり、芸術的な気質をもっていたり、高慢で非寛容であったりする。しかし彼らが別個に異なる意識と記憶の流れをもって、別個に身体的に存在する以上、たとえふたりの個人が一つの共通な性格特徴を表わしているからといって、あるいは数多くの共通特徴を表わしているからといって、そのふたりを同一の人格と認めていいということにはならない。同時代に生きている人びとの場合、そのように認めることは「同一の人格」という概念を直接に侵すことになるであろう。同時代に生きていない人びとの場合には、これと同じア・プリオリな論理的明確さをもって、そのような同一性の認定を排除しはしない。しかし、それにもかかわらず、ここには非常に困難な問題が出てくる。というのはA（t1）とB（t2）の類似性は、AとBとが異なった人種や性別であったり、異なった文明、風土、歴史の産物であったりするかもしれないので、ほとんどの場合、あまりにも一般的になりすぎて、かえってそのために多くの異なる実例が指摘されることになるかもしれないからである。たしかに、個性の一般的な類似性というものはありうる。たとえば、利己主義と利他主義、内向的であったり外向的であったりする性格のタイプ、芸術的であったり実践的であったりする傾向などの諸特性の中に見つかるし、またたとえば、紀元前一二世紀のチベットの農夫と二〇世紀アメリカの女子大卒業生との間の知性の水準の中にも見つかる。しかし、このような一般的な類似性があるからといって、ふたりを同一の人格と認めていいとか、認める権利がある、ということにはけっしてならないであろう。たしかに、これらの根拠に基づいて同一性を認めるためには——からだの連続性もなければ、記憶の連鎖もまったくない場合には——われわれは次のような原理を受け入れることになるであろう。すなわち、同時代に生きていないが、個性的に類似したパターンを示すすべての個人に対しては、これを同一の人格とみなしてもいい、とする原理である。しかしこの場合には、この基準に準拠して同一の人格と認められる人びとがあまりにも多く出すぎることになるであろう。ルジと同世代の人びとの中には、ルジがそうであったように、その一般的な性格がシャンティ・デヴィに似ていた人びとが一体何人いたであろうか。おそらく何十万人もいたであろう。わたしが生まれる直前の世代で、わたしと類似した性格特徴を持っていた人びとが何人いたであろうか。おそらく何十万人もいたであろう。そこで、この根拠に基づいただけでは、ルジとシャンティ・デヴィとが同一の人格であったとか、わたしが過去の特定の個人と同一の人格であるなどという考えは、おそらくだれにも浮かんでこなかったであろう。この根拠に基づけば、わたしも同様に、過去の各世代に生きた無数の人びとの中の何者かの生まれかわりということになるであろう。それゆえ、性格の類似性ということの基準はあまりにも広くて、甘すぎる。もしこの基準が何かを確立するとしても、それはあまりに多くのものを確立しすぎてしまい、かえって自滅の道をたどることになる。

それゆえ、生まれかわりの観念、つまり前世の記憶をぬきにして自我は一つのからだの死から他のからだの出生へと転生するという観念は、概念的な難点につきまとわれているのである。

2　ヴェーダーンタの考え方

さて、今度はヒンドゥのヴェーダーンタ哲学において説かれている、もっと複雑で精緻な、生まれかわり（reincarnation）についての考え方に目を向けてみよう。もちろん、これがインドの宗教思想のもつ唯一の学派ではない。しかし業（karma）と再生（rebirth）についてのヴェーダーンタの考え方は中心的であり、他の学派の主張は、それと枝葉部分において異なるだけである。アドヴァイタ・ヴェーダーンタ（Advaita Vedānta）によれば、究極的な実在——ブラフマン（Brahman）——は未分化の純粋意識で、人格性をも含むあらゆる性質を越えている。ブラフマンの創造的な力は宇宙の存在の中で現わされるが、その宇宙の本性はマーヤー（māyā）である。マーヤーは依存的、一時的という意味での非実在性を含意する。無限にして永遠の意識はマーヤーと結びついて、複数個の有限にして一時的な意識、すなわちジーヴァートマン（jīvātman）、あるいはジーヴァ（jīva）――わたしはこれを魂（soul）と呼ぶことにする――を形成する。この複数個の有限な意識はマーヤーの所産であり、これらの意識の存在は一種の迷いである。すなわち、唯一の普遍的な意識から分離しているという意味での、迷いなのである。しばしば用いられるヴェーダーンタの直喩においては、ブラフマンは大空間、個々の魂は瓶の中の小空間のようなものである。瓶がこわされると、瓶の囲んでいた小空間は大空間の一部になる。同様に、個々の魂は、自己の有限な範囲を定めている無知が智慧によって取り除かれると、無限のブラフマンに帰入する。*

＊「小我（ātman, アートマン）が大我（Brahman, ブラフマン）に帰入する」とか、「梵（Brahman）我（ātman）一如」の思想の表現としてみると、われわれにはさらに明確に理解されるであろう。

そうすると、個々の魂は無数に存在することになる。しかし、この無数性と個別性とは、究極的には迷いである。というのは、個別の魂がそれぞれブラフマンとしての自意識に達するとき、個別の境は消滅するからである。ブラフマンとしての魂はすべて一であり、同一なのである。業と再生の理論は、魂と、この魂の迷いの状態から真の自意識へといたるまでの展開とに関係している。なぜなら、みずからの根底、根拠、ブラフマンとの同一性から迷い出た「神性の火花」としての無数の魂は、再生を繰り返しながら、離存的同一性という迷いの意味にはまどわされないような、唯一の究極的な実在であるブラフマンとの同一性を悟り、遂には解脱を達成していく過程の中で、徐々にこの迷いから浄化されていくからである（この考え方は、もちろん、西洋における新プラトン主義やグノーシス、それから最近のパウル・ティリッヒの神学と類似性がある）。

そうすると、はじまりをもたずにこれまで存在しつづけてきた魂の無限性というものが存することになる。しかし、今これを書いている意識的な自我であるわたしと、今これを読んでいる意識的な自我であるあなたとは、そうした永遠の魂のいずれでもない——あるいは、むしろ意識的に、そのいずれでもない。われわれは心理的な自我であり、マーヤーというこの領域にのみ存在する迷いの個別的人格である。心理的な自我は男であったり、女であったりするが、魂は男性でも女性でもなく、（ユングの用語によれば）、アニムスとアニマの両側面、つまりさまざまな形体に具現化されると、男性女性の両性格を示すような、そういう両側面を含んでいる。この心理的自我は、通常、魂の永遠的な過去を意識していないが、それでもこの過去の体験がすべて記録されているような魂の深みというものはある。それゆえ、個々の心理的自我は、一つの永遠の魂の一時的な現われであったり、器官であったり、道具であったりするのである。現に、それはそうした魂の連続的な再生を構成している、そのような現われの連続体なのである。魂がマーヤーの中にあるということは、それが一組の「からだ」あるいは覆いの中に収められたものであることを意味する。この考えは、一本の刀が連続的に多くの鞘に収まり、この鞘がすべて払われれば、刀は自由の身になる、という類比に基づいて考えられている。このような「からだ」とか鞘には、主要なものが三つある。粗大な身体（sthūla śarīra, ストゥーラ・シャリーラ）、微細な身体（sūkṣma śarīra, スークスマ・シャリーラまたは liṅga śarīra, リンガ・シャリーラ）、そして原因的な身体（kāraṇa śarīra, カーラナ・シャリーラ）である。再生という考えの本質的な理論に関するかぎり、後者の二つは一つにまとめて「微細な身体」とし、これと「粗大な身体」との関係に注目することができる。「粗大な身体」とはからだの有機体のことで、受胎すると形成が始まり、死ぬと同時に崩壊が始まる。しかしこれは「微細な身体」によって存続を保持する。そしてこの「微細な身体」が、そのつぎの媒体、つまり生まれかわりとしての別のからだの発展に影響を及ぼすのである。しかしながら、この「微細な身体」という言葉は、西洋人には著しく誤解されがちなものであることをただちに述べておかねばならない。というのは、この「微細な身体」というものは、その精緻な哲学説の中では、西洋の「物体的」の意味における一つの物的な存在物としては考えられていないからである。それは空間を占めないし、また形や大きさも持たない。たしかに、それは西洋的なことばの意味における身体ではない。しかしながら、それは意識と意識を欠くすべてのものとを区別するインドの基本的な二分法によって与えられる、まったく異なる意味において、やはり物的なものなのである。そして、それはプラクリティ(prakṛti) ――「自然」または「物体」――と呼ばれる。これはマーヤーと同一のものである。したがって西洋的な用語においては、微細な身体は、物的な存在物というより、むしろ心的な存在物として叙述されなくてはならない。たしかに、あるヒンドゥの注釈者は、それを端的に、「精神身体的な生命体の心的なる部分」と語っている。[2] 再生の理論におけるその機能に関するかぎりでは、リンガ・シャリーラ（微細な身体）は、人間的生命を生きる過程で、あるいはむしろ人間的生命とおそらく非人間的生命との連続を生きる過程で育成された道徳的、美的、知的、精神的な気質によって変容されたり、あるいはこれらの気質を表示したり、それゆえ（比喩的にいえば）「受肉化」させたりする心的存在物、あるいは実体として叙述されうるかもしれない。微細な身体に対するこうした変容はサンスカーラ（saṁskāra）、すなわち押印といわれる。しかしこれは、たとえば紙の上の印のように、静的な押印との類比から考えられたものではなく、むしろ動的な押印として、つまり行動のパターンに現われる生きた生命体の変容として、考えられたものである。普通、人間の精神や個性は自己の意志により、また自己の体験に対する対応の仕方により、どのようにでも変容されうるものだと考えられる。たとえば、いつでも利己主義的なポリシーに甘んじていれば、利己主義的な傾向がますます強められることになる。いつでも正確な思考の訓練を行なっていれば、いっそう明確で正確な物の考え方ができるようになる。もっぱら一、二の芸だけに専念していれば、美的な感受性を速め、深めることができる。こうした精神的な瞑想を行なえば、より広い環境の影響に対して自己の目が開かせられる。こうした周知の事実は、リンガ・シャリーラがわれわれ人間の存命中に絶えず生じてくる種々の情動的、精神的、道徳的、美的、知的な変容の台座であることを物語っている。このような変容は、現代の西洋的な物の考え方の枠組では、心的気質(mental disposition)として特徴づけるのが最も適切である。

われわれはすでに、意識と物的なるものとを区別する基本的な二分法のうちの後者、つまりプラクリティ(物的なるもの)のほうに微細な身体が属することを見てきた。そしてこの理由から、インド思想の脈絡においては、それをからだと呼ぶことがふさわしいのである。なぜなら、それは有限で、可変的で、意識を欠いているので、魂よりも、物的なからだのほうにいっそう多くの共通点を有するからである。このことをよく理解するためには、われわれは思想や情動や欲望をもの(thing)として、しかも意識とは別に存在することのできるもの(thing)として、つまり意識と結びつけば行動に導くことができるような気質的なエネルギーとして考えなくてはならない。相互強化の場合に行なうように、集合化することによって、そのような種々の気質は比較的安定した耐久的な構造を形成するが、その「かたち」が人格の特徴であり、またこの人格のもつ思想によってその「かたち」は形成されていく。このような気質の構造は、死における意識の消滅の後にも存続し、一つの実在として、すなわち微細な身体、リンガ・シャリーラとして、存在しつづける。そしてこの身体は、後になって、一つの新しい意識的な生命体と結びつくことになる。それゆえ、これはブロード（C. D. Broad）により、「心的要因」と呼ばれたものに非常に近い。[3] ブロードは恍惚状態にある霊媒の現象に対して可能的な説明を与えるために、心的要因（psychic factor）という概念を展開させた。個人が死ぬとき、彼の精神的な側面は、完全な意識的人格としてではなく、心的要因を構成するもろもろの精神的要素——気質、記憶、欲望、恐れなど——の集合体として、存続する。そして、これらの諸要素はかなりの間結合を保持することもあれば、ただちに断片に分解し、散在してしまうこともある。そこでブロードは次のことを示唆した。死亡した特定個人の記憶や気質の特徴から成り立つと認められるほど十分な結合力をもつこのような心的集合体は、恍惚状態にある霊媒と結びつく。それゆえ、死者に存続するもろもろの精神的要素の融合体が、霊媒という生きた構造と一緒になって、一時的な意識的人格性を生みだすようになったのだ、と。生まれかわりの理論は、たしかにブロード自身が注目したように、[4] この概念をさらにおしすすめたものであり、したがってそれは、死んだからだから離れていく心的要因が霊媒の発達した生命構造の中にではなく、胎児のまだ未発達な生命構造の中に続いて融合していくことを主張した理論である、と見ることができる。そこで心的要因は、からだの遺伝と並ぶ一要因として、胎児の発育に影響を与えるものと見られているのである。

それでは、どうしてヒンドゥ教の信者たちは、これが人間存在の真相を言い当てた間違いのない説明であると信じるのか、とたずねるならば、そこには三つの相互に関連する答えがある。第一は、それが『ヴェーダ』の中で説かれている啓示的な真理であるという答え、第二は、生まれかわりが、人間の出生におけるかずかずの不平等を含めて、人間の生の多くの側面に意味をもたせる一つの仮説であるという答え。このことはまたあとで問題にされるであろう。そして第三は、わたしがすでに論及したあの前世についての断片的な記憶と、さらに重要なことに、モークシャ(mokṣa)つまり解脱、と悟りに達した人びとによって体得されるいっそう充実した記憶とが存在するという答えである。たとえば、ヨーガの行を完成すると、その人は自分の前世をすべて思い起こし、さらに自分とは明らかに異なり無関係でもあるもろもろの生の連続を通して流れている業の結びつきを知る、と言われている。したがって、この最後の内容は、インドに住むたくさんの人びとにとって、生まれかわりを信じる信念の根拠のうちでも最も重要である。

しかし、存命中に記憶の連鎖をもたなかった一連の生に対して、その事実上の拠りどころがヨーガによる回顧的な記憶によって与えられると主張されるとき、一体生まれかわりとは正確に何を意味するのであろうか。われわれの眼前にある光景は、たとえば無数の個別の経験的自我があり、それらが互いに異なる生を営み、しかも他のどの無数の生とも互いに別個に存在している、というようなものである。しかし、その系列の最後の一員が全系列を意識するという意識の水準に達する点では、無数の生のどの系列とも異なっている。さらにその者は、いまや高次のこの意識の状態において、みずから営んできた数々の生として、その全系列を思い起こすというわけである。しかしながら、このような「思い起こし」については論理的に不可解な点がある。なぜなら、高次のこの意識の状態は、それらの古い生を経験したはずもなく、したがって、それらの生を思い起こすというようには、通常の意味では言えないからである。むしろそれは、事実上の経験ではないが、あたかも経験したかのような状態にあるということなのである。

したがって、ここでの主張は、やがて未来に超常的な意識の状態があらわれて、かずかずの異なる生についての長い連続体の「記憶」が生じてくるであろう、ということなのである。しかしながら、ここには、どのようにすればそうした事態は最もうまく叙述したことになるのだろうか、という問題が残されている。系列の最初の人をAと名づけ、最後の人をZと名づけることにしよう。そうすると、B－ZはAの生まれかわりの系列に属する、と言えるであろうか。もしそうならば、われわれは暗につぎのような定義を取り決めている。つまり、ふたりあるいはそれ以上の非同時的な人間の生が与えられていて、もしそれらをすべて「思い起こす」ような高次の意識が存在するならば、そのときには、系列間のそれぞれあとの個人はそれぞれその前の個人の生まれかわりとして定義される。しかし、このように定義される生まれかわりというものは、もしわたしがAであるなら、このわたしはB－Zとして繰り返し生まれかわるであろうとする考えから逸脱した概念になる。さらに、異なる生は非同時的でなければならないと取り決めるべき概念的な理由もどこにもない。もし高次の意識が異なる生をいくらでも「思い起こす」ことができるとするならば、その意識は異なる時間に営まれてきた生のようには容易に、同時的に営まれている生を「思い起こす」はずがないとする理由は、原理上、どこにもないように思われる。たしかに、われわれはこれまでに生存したすべての人間の「記憶」を生じさせるような、無限に高次の意識を考えることができる。そうすれば、すべての人間の生は、たとえ自分自身のいくつかの観点と異なっていても、生まれかわりという観念によって要請された仕方で、高次の意識を介して、結びつけられるであろう。そうすれば、どのようなふたりの生についても、それらがより前であり後であっても、あるいは同時的であっても、一方の個人が他方の個人の異なった生まれかわりであると述べることは正しいことになるであろう。それゆえ、生まれかわりの観念には、比較的通俗的な形式においても、またいっそう緻密なヴェーダーンタの形式においても、ともに概念的な難点が存在するように思われる。

さて、ここで人間の出生をめぐるかずかずの不平等の問題に立ちもどり、生まれかわりという考えが本当にこの問題の釈明に役だつものであるかどうか、たずねてみよう。原初の人間的差異によって特徴づけられるような一番はじめの生が存在するのか、それとも(ヴェーダーンタ哲学の中で説かれているように)一番はじめの生は存在せず、ただ生まれかわりというはじまりのない後退だけがあるのか、のいずれかである。後者の場合には、現世の不平等についての釈明は無限に引き延ばされてけっして達せられない。なぜなら、現世は前世の結果であり、前世はそのまた前世によって説明され、そのまた前世はさらにそのまた前世によって説明されるというふうに、無限後退の中で物が言われる場合、われわれは出生という出来事についての究極的な説明には少しも近づいて行かないからである。人はこのようにして、魂ははじまりのない性格をもつ存在であると確言することができる。しかし、だからといって、現在の人間の運命の中に見いだされるかずかずの不平等が理解できたとか、道徳的に容認しうるとみなすことはできない。なぜなら、まだ解決策は生み出されておらず、ただ無限に引き延ばされているだけだからである。そこで仮に、われわれが代わって、はじめの生というものを要請するならば（ヒンドゥ教はそうしないが）、われわれは魂が同一の心的原子として創造されているか、そうでなければ、あとになって続いて出てくる差異を、少なくとも胚種の中に含むものとして創造されているかのいずれかである、と主張しなければならない。もし後者であるならば、生まれながらの不平等の問題は創造のそもそものはじまりの時点で一挙に生じてくることになるし、前者であるならば、もともと同一のまとまりの間で順次生じていた多種多様な差異をすべて生み出すようになった環境そのものに関して、この問題が強力に押し出されてくることになる。それゆえ、もし神的な創造者が存在するならば、その創造者はこれらのいずれの道をたどるにしても、彼の被造物のもつ性格——その被造物に内在するかずかずの大きな不平等をも含めて——に対して、最終的な責任をのがれられないように思えるのである。

3　非神話化による解釈

生まれかわりは、検証することも反証することも、ともに不可能な、形而上学的な観念であると解釈しうることから、われわれはこの教えの第三の形式の境界へと進むことになる。この形式においては、生まれかわりは、われわれの行動のすべてが人間社会のどこかの部分に影響を与えており、良かれ悪しかれ、未来に生きる人びとによって保持されていくものだという事実の神話的な表現である。この倫理的意味は、幾人かの学者たちにより、とりわけジェニングズ（J. C. Jennings）により、仏陀（Buddha）に帰せられてきた。[5] 彼はこう述べている。「彼（仏陀）は個々の魂の永続性を信じなかったので、死における魂が新しいからだへ転生するというヒンドゥ教の業の教えを受け入れることができなかった。しかし、すべての言動と思想のもつ道徳的な責任とその結果とを十分に信じていたので、個別の意味で、すなわちすべての行動の結果は世代から世代へと継続的に伝達されていくという意味で、業の教えを十分に受け入れたのである」（p. xlvii）。また、ジェニングズはこうも述べている。「彼（仏陀）はあらゆる生命と精神とに共通な起源と基本的な統一性とを想定していたので、全世界の生命体に及ぼす業の力の統一性を想定した。それゆえ、彼の説いた業の教えは集合的なものであって、個別的なものではない」（p. xxv）。

この見解に基づけば、業は神話的な表現としての生まれかわりと結びついて、真に一つの道徳的な真理、つまり人間の普遍的な責任についての一つの教えとなる。われわれの行ないはすべて、われわれの生がそれぞれ先人たちによる影響を順に与えられてきているように、人間の未来に影響を与えていく。業の歴史には個別的な道筋はない。あるのは人類に共通の業であり、各人はこれに寄与し、またこれに影響されて生きているのである。このように理解すれば、生まれかわりの観念は人類の集団的な統一性と、個人のそれに属する全体に対しての責任とを首肯する一つの方法となる。われわれは相互に無縁な孤島にも似たモナド的な個人ではなく、一つの人間世界を構成する相互作用の部分なのである。そしてこの一つの人間の世界の中で、各人の思想と行為とは、良かれ悪しかれ、絶えず他人の生を通して鳴り響いている。先人たちの生きた道が今われわれの生きねばならない世界を形成しているように、今度はわれわれが次代の住むべき世界を今形成しているのである。われわれの相続した世界、あるいは世界の業の状態が、その中に生み落された個人としてのわれわれを形成したように、今度はわれわれが、次代の人びとを育成することになる環境の形成に助けを貸しているのである。業の考えは、このように考えてくると、環境汚染の脅威、環境計画や環境保全の問題、核戦争の防止、人口爆発に対する調整、民族の争い、個人や集団の行動が全体の繁栄に悪影響を及ぼすような無数の他の問題に全国民が総力を結集して解決しようとしている時代において著しく大きな実践的意義を帯びてくる。このような見方をすれば、業は一つの倫理的な教えとなる。そして、魂の転生という比較的通俗的な観念も、また継続する世代における個人から個人への「微細な身体」の連続性という一層哲学的な観念も、ともにこの偉大な道徳的真理の一つの神話的な表現であると解することができる。

この最後の形式における生まれかわりの教義であるならば、たいていの西洋の哲学者も、おそらく何の困難もおぼえずに、これを受け入れるであろう。なぜなら、この教義は人間の統一性についての生き生きとした確言だからである。今日の世界は、もし共通の生における一体化が行なわれなければ、おそらく共通の死において一体化されるほかにないような状態である。しかし、これが数千年にもわたってインドの偉大な諸宗教によって育まれてきた再生の観念の解釈として、どの程度まで受け入れられうるものになっているかどうかは、われわれの口にすべきことではないであろう。

註

【序論】

（1）これらの用語は本書一三六頁に定義されている。

（2）*Philosophical Investigations*, ら, 2nd ed., pp. 66-67.（『哲学探究』ウィトゲンシュタイン全集第八巻、大修館書店、六九—七一頁）

【第一章】

（1）「自然神学」の定義については一三六頁を参照せよ。

（2）たとえば、ギリシアの神殿には、ポセイドン（海の神）、アレス（戦争の神）、アフロディテ（愛の女神）がある。

（3）申命記六章四—五節。これよりさかのぼって、紀元前一四世紀にはエジプトの王、イクナートンにより太陽神アートンに対する単一崇拝が定められていた。しかしイクナートンの死後、たちまちにしてこの初期の一神教は国民的な多神教に征服されてしまった。

（4）C. H. Dodd, *The Authority of the Bible*, New York: Harper & Brothers, Publishers, 1929, and Torchbooks, 1958, p. 111.

（5） H. Richard Niebuhr, *Radical Monotheism and Western Culture*, New York: Harper & Brothers, Publishers, 1960, pp. 52-53.

（6） Paul Tillich, *Systematic Theology*, I, Welwyn, Hertfordshire: James Nisbet and Company Ltd. and Chicago: The University of Chicago Press, 1951, p. 237. Copyright 1951 by the University of Chicago.（鈴木光武訳『組織神学』第一巻下、新教出版社、一九五九年、一一一－一一二頁）

（7） *Proslogion*, chap. 19.（長沢信寿訳『プロスロギオン』岩波文庫、一九四二年、五二頁）

（8） *Summa Theologica*, Part I, Question 46, Art. 2. 創造に関するトマスの教説については F. C. Copleston, *Aquinas*, Harmondsworth, Middlesex: Penguin Books Ltd., 1955, pp. 136f. の中に立派な議論がうかがえる。

（9） *Confessions*, Book 11, chap. 13（『告白』）および *City of God*, Book 11, chap. 6（『神の国』）を参照されたい。

（10） 宇宙の起源についての最近の理論のいくつかは、Ian Barbour, *Issues in Science and Religion*, Englewood Cliffs, N. J.: Prentice-Hall, Inc., 1966. の中で論じられている。

（11） *De Principiis*, IV, I, 16. *The Writings of the Ante-Nicene Fathers*, IV, 365.

（12） 出エジプト記三章六節。

（13） 詩篇六一篇一節。

（14） *I and Thou*, 1923.（田口義弘訳『我と汝・対話』ブーバー著作集第一、みすず書房、一九

六七年）

（15）これらの神学者のうちには、次のような人びとがいる。John Oman, *Grace and Personality*, 1917. London: Fontana Library, 1960 and New York: The Association Press, 1961; Emil Brunner, *God and Man*, London: The Student Christian Movement Press, 1936, and *The Divine-Human Encounter*, Philadelphia: The Westminster Press, 1942 and London: The Student Christian Movement Press, 1944; H. H. Farmer, *The World and God*, Welwyn, Hertfordshire: James Nisbet & Co., 1935, and *God and Men*, Welwyn, Hertfordshire: James Nisbet & Co., 1948 and Nashville, Tenn.: Abingdon Press, 1961.

（16）ヨハネの第一の手紙四章八節。

（17）ヨハネによる福音書三章一六節。

（18）詩篇四六篇一節。

（19）C. H. Dodd, *The Meaning of Paul for Today*, New York: World Publishing Company, 1920, and Meridian Books, 1957, pp. 63-64.

（20）イザヤ書四〇章一八―二三、二五―二六節。

（21）イザヤ書五七章一五節。

（22）イザヤ書五五章八―九節。

（23）イザヤ書六四章六節。

【第二章】

(1) 存在論的な論証は、アンセルムスの『プロスロギオン』(長沢信寿訳『プロスロギオン』岩波文庫、一九四二年)の二―四章において見いだされる。最もすぐれた英訳にはM. J. Charlesworth, *St. Anselm's Proslogion*, Oxford: Clarendon Press, 1965――本章における引用はここからとられた――とJ. H. Hick and A. C. McGill (Eds.), *The Many-Faced Argument*, New York: The Macmillan Company, 1967, およびLondon: Macmillan & Company Ltd. 1968の中のMcGillによるもの、とがある。

(2) 時おり(たとえば『プロスロギオン』一四章と一八章で)アンセルムスは、「より大なるもの」の代わりに、「より善なるもの」(melius)を使う。

(3) 三三頁を参照せよ。

(4) 詩篇一四篇一節、五三篇一節。

(5) *Meditations*, V(『省察』)。デカルトが存在論的な論証の基本原理をアンセルムスから受け容れたのであるかどうかは、全然明らかでない。アンセルムスと彼自身の論証についての関係をメルセンヌ(Mersenne)に問われたとき、彼は「機会がありしだいわたしは聖アンセルムスをよく調べてみよう」と喜んで答えたということである(N. Kemp Smith, *New Studies in the Philosophy of Descartes*, p. 304)。デカルトは神の存在を証明しようとする別の違った試みも表わしている:*Discourse on Method*, IV(『方法序説』)と*Meditations*, III(『省察』)。

(6) Immanuel Kant, *Critique of Pure Reason*(『純粋理性批判』)、「先験的弁証論」、第三章、第四節。

（7） David Hume, *A Treatise of Human Nature*（大槻春彦訳『人性論』岩波文庫、一九四八年）、第一巻、第三部、第七節。

（8） 記述理論のこの側面のことはラッセルの *History of Western Philosophy*, pp. 859-860（市井三郎訳『西洋哲学史』全三巻、みすず書房、一九五六年、第三巻、三〇七―三〇八頁）に要約されている。さらに専門的な議論については、*Introduction to Mathematical Philosophy*（平野智治訳『数理哲学序説』岩波文庫、一九五四年）、第一六章を参照せよ。

（9） Karl Barth, *Anselm: Fides Quaerens Intellectum*, 1931, London: The Student Christian Movement Press および Richmond: The John Knox Press, 1960 を参照せよ。バルトの解釈はエティエンヌ・ジルソン（Étienne Gilson）により、"Sens et nature de l'argument de saint Anselme", *Archives d'histoire doctrinale et littéraire du moyen âge*, 1934, pp. 23f. の中で批判されている。

（10） Norman Malcolm, "Anselm's Ontological Arguments", *Philosophical Review*, 1960. 同論文は *Knowledge and Certainty*, Englewood Cliffs, N. J.: Prentice-Hall, 1963 に転載されている。Charles Hartshorne, *The Logic of Perfection*, LaSalle, Ill.: Open Court Publishing Co., 1962, chap. 2 and *Anselm's Discovery*, LaSalle, Ill.: Open Court Publishing Co., 1965; James F. Ross, *Philosophical Theology*, New York: Bobbs-Merrill, 1969; Alvin Plantinga, *The Nature of Necessity*, Oxford: Clarendon Press, 1974, and New York: Oxford University Press, 1979, chap. 10. さらに同著 *God, Freedom, and Evil*, London: George Allen & Unwin, Ltd., 1974, and Grand Rapids: Wm. B. Eerdmans Publishing Co., 1978, Part II.

（11） Thomas Aquinas, *Summa Theologica*（高田三郎訳『神学大全』創文社、一九六〇年）、第一冊、第二問題、第三項。トマスの論証に対する最近の重要な哲学的研究については、Anthony Kenny, *The Five Ways*, London: Routledge & Kegan Paul Ltd., 1969, および Notre Dame, Ind.: University of Notre Dame Press, 1980を参照されたい。

（12） Aquinas, *Summa Theologica*, Part I, Question 46, Art. 2. *Summa Contra Gentiles*, Book II, chap. 38も参照されたい。

（13） たとえば、E. L. Mascall, *He Who Is*, London: Longmans, Green and Co., 1943, chap. 5.

（14） Cf. Hans Reichenbach, *The Rise of Scientific Philosophy*（市井三郎訳『科学哲学の形成』みすず書房、一九五四年）、第一〇章。

（15） David Hume, *An Enquiry Concerning Human Understanding*, sec. 7.

（16） カントの『純粋理性批判』の中の「先験的分析論」を参照せよ。

（17） Aquinas, *Summa Contra Gentiles*, Book II, chap. 15, sec. 6.

（18） たとえば、*New Essays in Philosophical Theology*, Antony Flew and Alasdair MacIntyre eds., New York: The Macmillan Company and London: The Student Christian Movement Press, 1955所収のJ. J. C. Smart, "The Existence of God"とJ. N. Findlay, "Can God's Existence Be Disproved?"を参照せよ。

（19） 三三頁を参照せよ。

（20） E. L. Mascall, *He Who Is*, London: Longmans, Green and Co., Inc., 1943; Austin Farrer, *Finite and Infinite*, 2nd ed. London: Dacre Press, 1960. 現在の科学的宇宙論に論及しながら、

第一原因にいたる論証を興味深く叙述しているのは、次の著書である。William Lane Craig, *The Kalám Cosmological Argument*, London: Macmillan and New York: Barnes & Noble, 1979. 宇宙論的な論証についての一般的な論及については、次の著書を参照されたい。William Rowe, *The Cosmological Argument*, Princeton, N. J.: Princeton University Press, 1975.; William Lane Craig, *The Cosmological Argument from plato to Leibniz*, London: Macmillan and New York: Barnes & Noble, 1980.

(21) ペーリーの著書は、フレデリック・フェレー（Frederick Ferré）の編集による Library of Liberal Arts, 1962 の中で、ふたたび入手可能となった。

(22) たとえば、Robert E. D. Clark, *The Universe: Plan or Accident?*, Philadelphia: Muhlenburg Press, 1961.

(23) Arthur I. Brown, *Footprints of God*, Findlay, Ohio: Fundamental Truth Publishers, 1943, p. 102.

(24) Hume, *Dialogues Concerning Natural Religion*, Part VIII.

(25) *Dialogues*, Parts VI, VII.

(26) *Dialogues*, Part V. Cf. *An Enquiry Concerning Human Understanding*, sec. XI, para. 105.

(27) F. R. Tennant, *Philosophical Theology*, II, Cambridge: Cambridge University Press, 1930, chap. 4.

(28) Richard Swinburne, *The Existence of God*, London and New York: Oxford University Press, 1979.

(29) Richard Taylor, *Metaphysics*（吉田夏彦訳『哲学入門』培風館、一九六八年）、七章において、人間の認知的な経験ということが、焼き直された〈計画性による論証〉の中で見事に用いられている。

(30) たとえば、Morris R. Cohen, *A Preface to Logic*, London: Routledge & Kegan Paul Ltd., 1946, chap. 6 を参照せよ。

(31) たとえば、Roderick M. Chisholm, *Perceiving*, Ithaca: Cornell University Press, 1957, chap. 2 を参照せよ。

(32) たとえば、Tennant, *Philosophical Theology*, I, chap. 11 を参照せよ。

(33) スウィンバーンの議論は彼の著書 *The Existence of God* に見られる。その議論に対する批判は、たとえば、次の著書に見られる。John Hick, *An Interpretation of Religion*, New Haven: Yale University Press and London: Macmillan, 1988, chap. 4.

(34) J. H. Cardinal Newman, *A Grammar of Assent*, ed. C. F. Harrold, New York: David McKay Co., 1947, pp. 83-84.

(35) *Critique of Practical Reason*（『実践理性批判』）、第二篇、第二章、四、五節。

(36) D. M. Baillie, *Faith in God and its Christian Consummation*, Edinburgh: T. & T. Clark, 1927, pp. 172-173.

【第三章】

(1) *The Elementary Forms of the Religious Life*, 1912, London: George Allen & Unwin Ltd.,

1915, and New York: The Free Press, 1965.

（2） H. H. Farmer, *Towards Belief in God*, London: The Student Christian Movement Press, 1942, chap. 9を参照せよ。ここでの議論は同書の九章に負うている。

（3） フロイトの *Totem and Taboo*, 1913（土井正徳訳『文化論』日本教文社、一九五三年）、*The Future of an Illusion*, 1927（土井正徳・吉田正己共訳『幻想の未来』日本教文社、一九五四年）、*Moses and Monotheism*, 1939（『幻想の未来』の中に訳出されている）、*The Ego and the Id*, 1923（井村恒郎訳『自我論』日本教文社、一九五四年）と *Civilization and Its Discontents*, 1930（『文化論』の中に訳出されている）を参照せよ。

（4） *The Future of an Illusion*.（土井・吉田共訳『幻想の未来』四三頁）

（5） 土井・吉田共訳『幻想の未来』二〇頁。

（6） 同書、二一―二二頁。

（7） 同書、六六頁。

（8） オイディプスはギリシア神話に出てくる人物で、知らずして自分の父親を殺害し、自分の母親と結婚する。フロイト学説のエディプス・コンプレックスは、自分の父親に対する子供の無意識の嫉妬であり、自分の母親に対する子供の無意識の欲望である。

（9） 宗教は男性が造り出し、次にこれを女性に押し付けたのだ、とフロイトは考えたようである。

（10） 神学の側から検討されたものを若干あげるとすれば Ian Suttie, *The Origins of Love and Hate*, London: Kegan Paul, 1935; R. S. Lee, *Freud and Christianity*, London: James Clarke Co.

Ltd., 1948; H. L. Philip, *Freud and Religious Belief*, London: Rockliff, 1956; Arthur Guirdham, *Christ and Freud*, London: George Allen & Unwin Ltd., 1959. そして、精神分析の理論の側からのものをあげれば、T. Reik, *Dogma and Compulsion*, New York: International Universities Press, 1951; M. Ostow and B. Scharfstein, *The Need to Believe*, New York: International Universities Press, 1954; J. C. Flugel, *Man, Morals, and Society*, New York: International Universities Press, 1947.

（11） A. L. Kroeber, *Anthropology*, revised ed., New York: Harcourt, Brace Jovanovich, Inc., 1948, p. 616. クローバーは、文化に対する精神分析学の説明を「直観的、教義的、そしてまったく非歴史的」と叙述している。マリノフスキー（Bronislaw Malinowski）はフロイトの理論を念入りに調べている中で、つぎのような所見を述べている。「原始群族はヨーロッパの中流家庭のあらゆる偏執者、不適応者、短気な人間どもで偽装され、それから最も魅力的ではあるが空想的な一つの仮説の中で騒ぎ回るようにと、先史のジャングルの中へ放たれたのだ、と了解することは容易である」。Bronislaw Malinowski, *Sex and Repression in Savage Society*. London: Routledge & Kegan Paul Ltd., 1927, p. 165.

（12） これらの闘争の古典的な歴史は A. D. White, *A History of the Warfare of Science with Theology*, 1896, 2 vols の中に見いだされる。この歴史はニューヨークの Dover Publications によるペーパーバックで入手可能である（森島恒雄訳『科学と宗教との闘争』岩波新書、一九六八年）。

（13） この考えに対する一層綿密な叙述については、本文一五〇―一五三頁を参照されたい。これとは逆の考えを述べているものには、次の論文がある。Robert Mesle, "Does God Hide From Us?", *The International Journal for Philosophy of Religion*, vol. 24 (1988).

（14） 奇跡を扱ったもので現代最高のものの一つは H. H. Farmer, *The World and God: A Study of Prayer, Providence and Miracle in Christian Experience*, 2nd ed. London: Nisbet & Co., 1936 の中に見いだされる。また、C. S. Lewis, *Miracles*, London: The Centenary Press, 1947, and New York: Macmillan Publishing Co., 1963 も参照されたい。

【第四章】

（1） 「神義論」（Theodicy）は、ギリシア語の theos（神）と dike（義なる）から成ることばで、ライプニッツによって造られた。これは悪の問題を神学的に解決する試みのための専門用語である。

（2） J. L. Mackie, "Evil and Omnipotence", *Mind* (April, 1955), 209. これに似た論点のことがフリュー（Antony Flew）によってなされた。*New Essays in Philosophical Theology* 所収の論文、"Divine Omnipotence and Human Freedom" を参照のこと。これらの論議に関する重要な批判的論評がスマートによって与えられている。Ninian Smart, "Omnipotence, Evil and Supermen", *Philosophy* (April, 1961), with replies by Flew (January, 1962) and Mackie (April, 1962). さらに、Alvin Plantinga, *God, Freedom and Evil*, Grand Rapids: Wm. B. Eerdmans Publishing Co., 1977 も参照されたい。

（3） *De Genesi Ad Litteram*, Imperfectus liber, 1. 3.

（4）『自由意志』第三巻、第九章、二六（アウグスティヌス著作集第三巻、泉治典訳、教文館、一七二―一七三頁）。

（5）Schleiermacher's *The Christian Faith*, Second Part, "Explication of the Consciousness of Sin" を参照されたい。

（6）『神の国』第一二巻、第九章、二（アウグスティヌス著作集第一三巻、泉治典訳、教文館、一一二―一一三頁）。

（7）Irenaeus, *Against Heresies*, Book IV, chaps. 37 と 38 を参照されたい。

（8）'hedonistic' はギリシア語の 'hedone'（快楽）から出た言葉である。

（9）これはヒュームの *Dialogues*, Part XI における悪の問題に対する彼の本質的な論議である。

（10）テニスンの詩、*The Lotus-Eaters* はこのような「夢見がちな容易さ」に対する欲望（母の胎内の安らぎに立ち戻りたいと思う願望として、フロイトによって分析された）をうまく表現している。

（11）以上の議論は人間の苦しみの問題に限定された。大きな、手に負えない、動物的な痛みの問題はここでは取り上げられていない。この問題の検討のためには、たとえば、Austin Farrer, *Love Almighty and Ills Unlimited*, Garden City, N. Y.: Doubleday & Company Inc., 1961, chap. 5 と John Hick, *Evil and the God of Love*, 2nd ed., London: Macmillan, and New York: Harper & Row, 1977, pp. 309-317 を参照されたい。なお、後者の著書にはイレナエウスのタイプの神義論が大はばに取り込まれている。

（12）たとえば、Edward H. Madden and Peter H. Hare, *Evil and the Concept of God*, Springfield, Ill.: Charles C. Thomas, Publishers, 1968, chapt. 5を参照されたい。

(13) John Cobb and David Griffin, *Process Theology: An Introductory Exposition*, Philadelphia: The Westminster Press, 1976.(『プロセス神学の展望』延原時行訳、新教出版社)

(14) David Griffin, *God, Power and Evil: A Process Theodicy*, Philadelphia: The Westminster Press, 1976. さらに、次の著書も参照されたい。Barry L. Whitney, *Evil and the Process God*, New York: Mellen Press, 1985.

(15) Griffin, *God, Power and Evil*, p. 276.

(16)「経験の一つの契機が他の諸経験から与件を取り込む行為、これが「感じ」とか「積極的な抱握」と呼ばれる。与件を感じから排除する行為、これが「否定的な抱握」と呼ばれる」。同書、二八三頁。

(17) A. N. Whitehead, *Religion in the Making*, New York: Cambridge University Press, 1930, p. 51.(ホワイトヘッド著作集　第七巻『宗教とその形成』斎藤繁雄訳、松籟社)

(18) A. N. Whitehead, *Adventures of Ideas*, New York: Cambridge Press, 1933, p. 330.(ホワイトヘッド著作集　第一二巻『観念の冒険』山本誠作・菱木政晴訳、松籟社)

(19) Griffin, *God, Power and Evil*, p. 300.

(20) *Ibid.*, p. 309.

(21) *Ibid.*, pp. 309-310.

(22) John Stuart Mill, *Three Essays on Religion*, London: Longmans, 1875, and Westport, Conn.: Greenwood Press, pp. 116-117.

(23) たとえば、Madden and Hare, *Evil and the Concept of God*, chap. 6を参照されたい。

(24) Barbara Ward and René Dubos, *Only One Earth*, New York: W. W. Norton & Co. Inc., 1972.（『かけがえのない地球』人間環境ワーキング・グループ／環境科学研究所共訳、日本総合出版機構、二四頁）

(25) Alfred Whitehead, *Process and Reality*, Cambridge: Oxford University Press, 1929, p. 497.（『過程と実在（下）』ホワイトヘッド著作集　第一一巻、山本誠作訳、松籟社、六二五頁）

(26) この非難は、プロセス神学者の幾人かは現代の解放神学の運動に与するという事実にもかかわらず、なおも主張しうるように思われる。そうした幾人かの神学書として、次のものを参照されたい。Schubert Ogden, *Faith and Freedom: Toward a Theology of Liberation*, Nashville: Abingdon, 1979 および John B. Cobb, Jr., *Process Theology as Political Theology*, Philadelphia: Westminster Press, 1982. ただし、この動きがグリフィンの提示するプロセス神義論と整合するかどうかは疑問が残る。

(27) Griffin, *God, Power and Evil*, p. 313.

【第五章】

(1) *The Catholic Encyclopedia*, New York: Robert Appleton Co., 1912, XIII, 1.

(2) Gustave Weigel, *Faith and Understanding in America*, New York: The Macmillan Company, 1959, p. 1. 他方、最近の若干のカトリックの著書の中には、知的な同意の要素と同時に、信仰の他の側面をもますます認める傾向がみられる。たとえば、Karl Rahner, ed. *Encyclope-*

dia of Theology, London: Burns & Oates and New York: Crossroad Publishing Co., 1975を参照されたい。

（3）Walter Kaufmann, *Critique of Religion and Philosophy*, New York: Harper & Bros. Publishers, 1958. たとえば、「当面の論議のために、神は存在し、人類に対して諸命題を啓示することがあると、仮に認めるとしても……」（p. 89）の一節を考察されたい。

（4）たとえば、「その一般的な気持ちは、おそらく何らかの証拠に基づいた信念なのであろうが、その信念はきわめて堅く、また信じる者によって所有される証拠が合理的に保証する以上に、少なくともさらに堅く、あるいは／そして（or/and）さらに広い内容のものから成り立っている」。C. J. Ducasse, *A Philosophical Scrutiny of Religion*, New York: The Ronald Press Company, 1953, pp. 73-74. Copyright 1953 by The Ronald Press.

（5）Dorothy Emmet, *The Nature of Metaphysical Thinking*, London: Macmillan & Company Ltd., 1945, p. 140.

（6）*Summa Theologica*, Part II, Question 2, Art. 9.

（7）Pascal, *Pensées*, No. 233.（松浪信三郎訳『パンセ』世界文学大系一三、筑摩書房、一九五八年、一九六頁）

（8）松浪信三郎訳『パンセ』No. 233. 一九七頁。

（9）パスカルの賭は護教論的な一つの考察として使われる。Edward J. Carnell, *An Introduction to Christian Apologetics*, Grand Rapids, Mich.: W. B. Eerdmans Publishing Company, 1948, pp. 357-359.

（10）William James in *The Will to Believe and Other Essays*.（福鎌達夫訳『信ずる意志』ウィリアム・ジェイムズ著作集二、日本教文社、一九六一年、三七―三八頁）

（11）福鎌達夫訳『信ずる意志』三九頁。

（12）福鎌達夫訳『信ずる意志』一〇頁。

（13）ジェームズに対する一層同情的な見解を示しているものには、たとえばStephen T. Davis, *Faith, Skepticism and Evidence*, Lewisburg: Bucknell University Press, 1978, Part IIがある。

（14）F. R. Tennant, *Philosophical Theology*, Cambridge: Cambridge University Press, 1928, I, 297. テナントは*The Nature of Belief*, London: The Centenary Press, 1943の中でも自己の理論を説いた。

（15）Tennant, *Philosophical Theology*, I, 297.

（16）*Ibid.*, 299.

（17）Tennant, *The Nature of Belief*, p. 70.

（18）*Ibid.*, p. 70.

（19）Paul Tillich, *Dynamics of Faith*.（谷口美智雄訳『信仰の本質と動態』新教出版社、一九六一年、一一頁）

（20）Paul Tillich, *Systematic Theology*.（鈴木光武訳『組織神学』第一巻上、新教出版社、一九五五年、二七頁）

（21）鈴木光武訳『組織神学』第一巻上、二三―二四頁。

（22）谷口美智雄訳『信仰の本質と動態』二二―二三頁。

（23） "The Two Types of Philosophy of Religion", *Theology of Culture*.（茂洋訳『文化の神学』第一部Ⅱ「宗教哲学の二類型」、新教出版社、一九六九年）

（24） 鈴木光武訳『組織神学』第一巻下、新教出版社、一九五九年、七七頁。

（25） *Systematic Theology*, II, 5f.

（26） 現代のプロテスタント思想における命題的から非命題的な見方への発展内容に対しては、John Baillie, *The Idea of Revelation in Recent Thought*, New York: Columbia University Press, 1956 を参照せよ。

（27） Irenaeus, *Against Heresies*, Book IV, chap. 37, para. 5.

（28） Ludwig Wittgenstein, *Philosophical Investigations*, Part II, sec. xi.（『哲学探究』ウィトゲンシュタイン全集第八巻、大修館書店、三八三―四五七頁）

（29） John Skinner, *Prophecy and Religion*, Cambridge: Cambridge University Press, 1922, p. 261.

（30） 宗教的な信仰の本性に対するこの見解は、わたしの *Faith and Knowledge*, Ithaca, N. Y.: Cornell University Press, 2nd ed., 1966, Reissued, London: Macmillan, 1988, chaps. 5-6 の中にいっそうくわしく提示されている。宗教の認識論におけるこの論題、およびその他の多くの論題については、Terence Penelhum, *Problems of Religious Knowledge*, London: Macmillan & Company Ltd., and New York: Herder & Herder, Inc., 1971 の中に啓発的な論議が行なわれている。

（31） 松浪信三郎訳『パンセ』No. 430. 二三六―二三七頁。

【第六章】

(1) デカルトの『方法序説』と『省察』を参照。

(2) G・E・ムーアの以下の論文参照。"The Refutation of Idealism", reprinted in *Philosophical Studies*, London: Routledge & Kegan Paul Ltd. and New York: Humanities Press, 1922. 邦訳は神野慧一郎訳「観念論論駁」坂本百大編『現代哲学基本論文集II』(勁草書房、一九八七年)一一四九頁。"A Defense of Common Sense, reprinted in *Philosophical Papers*, New York: The Macmillan Company and London: Allen & Unwin, 1959, and *Some Main Problems of Philosophy*, New York: The Macmillan Company and London: Allen & Unwin, 1953, chap. 1.

(3) W. K. Clifford, "The Ethics of Belief", in *Lectures and Essays*, London: Macmillan, 1897, p. 186.

(4) David Hume, *Treaties*, Book I, Part IV, Sec. 2, Selby-Bigge's edition, Oxford: Clarendon Press, 1896, pp. 187-88. 邦訳はデイヴィド・ヒューム『人性論』第二巻(岩波文庫、大槻春彦訳一九四九年)一五頁。

(5) William Alston, "Religious Experience as a Ground of Religious Belief", in *Religious Experience and Religious Belief*, eds. Joseph Runzo and Craig Ihara, Benham, Md.: University Press of America, 1987, pp. 32-33.

(6) "Reason and Belief in God", in *Faith and Rationality*, eds. Alvin Plantinga and Nicholas

Wolterstorff, Notre Dame and London: University of Notre Dame Press, 1983, pp. 78-91.

（7） *Ibid.*, p. 80.

（8） Alston, "Religious Experience as a Ground of Religious Belief", p. 44.

（9） 『リヴァイアサン』第三二章。

（10） Alston, "Religious Experience as a Ground of Religious Belief", p. 47.

【第七章】

（1） *Summma Theologica*, Part I, Question 13, Art. 5（高田三郎訳『神学大全』第一冊、第一三問題、第五項、創文社、一九六〇年）、*Summa Contra Gentiles*, Book 1, chaps. 28-34.

（2） Thomas De Vio, Cardinal Cajetan, *The Analogy of Names*, 1506, 2nd ed., Pittsburgh: Duquesne University Press, 1959.

（3） Friedrich von Hügel の主要な著書は *Essays and Addresses on the Philosophy of Religion* の二巻と、*The Mystical Element in Religion and Eternal Life* である。いずれもその主題上、大変な古典に属する。

（4） Friedrich von Hügel, *Essays and Addresses on the Philosophy of Religion*, First Series, New York: E. P. Dutton & Co., Inc. and London: J. M. Dent & Sons Ltd., 1921, pp. 102-103.

（5） これはティリッヒの『組織神学』『信仰の本質と動態』その他多くの論文の中で見いだされる："The Religious Symbol", *Journal of Liberal Religion*, II, No. 1（Summer, 1940）; "Religious Symbols and our Knowledge of God", *The Christian Scholar*, XXXVIII, No. 3

(September, 1955) ; "Theology and Symbolism", *Religious Symbolism*, ed. F. E. Johnson, New York: Harper & Bros., Publishers, Inc., 1955; "Existential Analyses and Religious Symbols", *Contemporary Problems in Religion*, ed. Harold A. Basilius, Detroit: Wayne State University Press, 1956, reprinted in *Four Existentialist Theologians*, ed. Will Herberg, Garden City, N. Y.: Doubleday Anchor Books, 1958; "The Word of God", *Language*, ed. Ruth Anshen, New York: Harper & Bros., Publishers, Inc., 1957. ティリッヒの宗教の象徴の理論に対する哲学的な批判については、William Alston, "Tillich's Conception of a Religious Symbol", *Religious Experience and Truth*, ed. Sidney Hook, New York: New York University Press, 1961 を参照されたい。なおこの巻にはさらに二つのティリッヒの論文、"The Religious Symbol" と "The Meaning and Justification of Religious Symbols" が含められている。

(6) Paul Tillich, *Dynamics of Faith*, p. 42.（谷口美智雄訳『信仰の本質と動態』五八頁）

(7) *Ibid*., p. 43.（同書五九頁）

(8) *Ibid*., p. 42.（同書五九頁）

(9) *Ibid*., p. 42.（同書五八頁）

(10) *Ibid*., p. 45.（同書六一頁）

(11) Tillich, *Systematic Theology*, I, 239.（鈴木光武訳『組織神学』第一巻下、一一五頁）

(12) 二〇七―二一三頁を参照せよ。

(13) Tillich, *Dynamics of Faith*, p. 43.（『信仰の本質と動態』六〇頁）

(14) この見解を批判したものについては、Ronald Hepburn, *Christianity and Paradox*, Lon-

don: C. A. Watts & Co., Ltd., 1958, and Indianapolis: The Bobbs-Merrill Co., Inc., 1968, chap. 5 を参照されたい。

（15） "Theology and Falsification", *New Essays in Philosophical Theology*, eds. Antony Flew and Alasdair MacIntyre, pp. 122–123. Ian Crombie の論文、"The Possibility of Theological Statements" in *Faith and Logic*, ed. Basil Mitchell, London: George Allen & Unwin Ltd., 1957 も参照されたい。

（16） ボストンの Beacon Press により一九五八年に出版された。

（17） 宗教のことばについてこれと同じ理論を表わした一九五四年出版の論文の中で、ランドールはみずからつぎのように述べた。「いまここで述べようとしている立場にわたしが導かれたのは、パウル・ティリッヒとの共同でわたしに与えられた神話と象徴に関するいろいろのコースに関係してからのことである……。長い討論の末、わたしとティリッヒ氏とはほぼ同意し合うところまできていることがわかった」。*The Journal of Philosophy*, LI, No. 5（March 4, 1954）, p. 159. ランドールのとる方向に自己の象徴の教義を最も明瞭に発展させていくティリッヒの論文は、"Religious Symbols and our Knowledge of God", *The Christian Scholar*（September, 1955）である。

（18） Randall, *The Role of Knowledge in Western Religion*, Boston: Beacon Press, 1958, p. 114.

（19） *Ibid.*, pp. 128–129.

（20） *Ibid.*, p. 33.

（21） *Ibid.*, p. 112.

（22） *Ibid.*, p. 119.

（23） *Ibid.*, p. 6.

（24） J.S. Mill, *Three Essays on Religion*, London: Longmans, Green & Co., 1875, pp. 69-70.

（25） R.B. Braithwaite, *An Empiricist's View of the Nature of Religious Belief*, Cambridge: Cambridge University Press, 1955. Reprinted in *The Existence of God*, ed. John Hick, New York: The Macmillan Company, 1964, and *Classical and Contemporary Readings in the Philosophy of Religion*, ed. J. Hick, Englewood Cliffs, N.J.: Prentice-Hall, Inc., 1970. ブレイスウェイトの分析と同族類似性を示す宗教のことばに対する非認知的な分析を独自に展開させた哲学者たちは、Peter Munz, *Problems of Religious Knowledge*, London: The Student Christian Movement Press, 1959; T. R. Miles, *Religion and the Scientific Outlook*, London: George Allen & Unwin Ltd., 1959; Paul F. Schmidt, *Religious Knowledge*, New York: The Free Press, 1961; Paul Van Buren, *The Secular Meaning of the Gospel*, New York: The Macmillan Company, 1963; Don Cupitt, *Taking Leave of God*, London: S. C. M. Press, 1980, *The World to Come*, London: S. C. M. Press, 1982, and *Only Human*, London: S. C. M. Press, 1985.

（26） Braithwaite, *An Empiricist's View of the Nature of Religious Belief*, pp. 12-14.

（27） *Ibid.*, p. 18.

（28） *Ibid.*, p. 27.

（29） *Ibid.*, p. 32.

（30） *Ibid.*, p. 23.

（31）マタイによる福音書七章二四節以下。
（32）同七章一三－一四節。
（33）同七章一六節以下。
（34）D. Z. Phillips, *The Concept of Prayer*, London: Routledge & Kegan Paul, 1976, and New York: Seabury Press, Inc., 1981, *Faith and Philosophical Enquiry*, London: Routledge & Kegan Paul, 1970, *Death and Immortality*, London: Macmillan and New York: St. Martin's Press, 1971, *Religion Without Explanation*, Oxford: Basil Blackwell, 1977, *Belief, Change and Forms of Life*, London: Macmillan and New York: Humanities Press, 1986.
（35）Phillips, *Death and Immortality*, p. 43.
（36）*Ibid.*, pp. 48-49.
（37）*Ibid.*, pp. 52-53.
（38）Emil Brunner, *Dogmatics*, II からの引用。
（39）Phillips, *The Concept of Prayer*, p. 50.
（40）*Ibid.*, p. 18.

【第八章】

（1）論理実証主義の教説に関する古典的な言明については、A. J. Ayer, *Language, Truth, and Logic*（吉田夏彦訳『言語・真理・論理』岩波書店、一九五五年）を参照されたい。
（2）"Gods", first published in *Proceedings of the Aristotelian Society*, London, 1944-1945.

Reprinted in *Logic and Language*, I, ed. Antony Flew, Oxford: Basil Blackwell, and New York: Mott Ltd., 1951; in John Wisdom, *Philosophy and Psychoanalysis*, Oxford: Basil Blackwell, and New York: Mott Ltd., 1953, pp. 154-155, and in John Hick, ed., *Classical and Contemporary Readings in the Philosophy of Religion*, Englewood Cliffs, N. J.: Prentice-Hall, Inc., 1989.

（3） *New Essays in Philosophical Theology*, eds. Antony Flew and Alasdair MacIntyre, London: S. C. M. Press Ltd., 1955, and New York: The Macmillan Company, 1956, pp. 98-99.

（4） この意見は John Hick, "Theology and Verification", *Theology Today*, XVII, No. 1（April, 1960）の中にさらに詳しく提示されている。なおこの論文は *The Existence of God*, John Hick, ed., New York: The Macmillan Company, 1964 に転載され、さらに *Faith and Knowledge*, 2nd ed. Ithaca, N. Y.: Cornell University Press, 1966, and London: Macmillan & Company Ltd., 1967, chap. 8 の中で展開されている。またこの意見は Paul F. Schmidt in *Religious Knowledge*, New York: The Free Press, 1961, pp. 58-60; William Blackstone, *The Problem of Religious Knowledge*, Englewood Cliffs, N. J.: Prentice-Hall, Inc., 1963, pp. 112-116; Kai Nielsen, "Eschatological Verification", *Canadian Journal of Theology*, IX, No. 4（October, 1963）; *Contemporary Critiques of Religion*, London: Macmillan & Company Ltd., and New York: Herder & Herder, Inc., 1971, chap. 4; Gregory Kavka, "Eschatological Falsification",; Michael Tooley, "John Hick and the Concept of Eschatological Verification", in *Religious Studies*, 12, No. 12（1976）によって批判されている。

（5） この「たとえ話」はわたしの著書 *Faith and Knowledge*, 2nd ed.（reissued London: Macmillan, 1988), pp. 177-178 からとられている。

（6） トマスは *Summa Contra Gentiles*, Book III, chap. 51 の中で、この考えをわかりやすいものにしようと試みている。

（7） この用語の説明については三三頁を参照されたい。

【第九章】

（1） David Hume, *An Enquiry Concerning Human Understanding*, para. 95.

（2） Wilfred Cantwell Smith, *The Meaning and End of Religion*, 1962. New York: Harper & Row and London: Sheldon Press, 1978.

（3） Wilfred Cantwell Smith, *Questions of Religious Truth*, London: Victor Gollancz Ltd., 1967, p. 73.

（4） Karl Jaspers, *The Origin and Goal of History*, 1949（『歴史の起源と目標』ヤスパース選集第九巻、重田英世訳、一九六四年、理想社）第一章を参照されたい。

（5） A. C. Bouquet, *Comparative Religion*, Harmondsworth, Middlesex: Penguin Books Ltd., 1941, pp. 77-78.

（6） Sri Aurobindo, *The Life Divine*, Pondicherry: Sri Aurobindo Ashram, 1949, and N. Y.: Matagiri Sri Aurobindo Center, Inc., 1980, Book II, chap. 2.

（7） *Dogmatic Constitution on the Church*, Art. 16.

（8）Paul Tillich, *The Courage to Be*, 1952, p. 190.（『存在への勇気』谷口美智雄訳、一九五四年、新教出版社、二二八頁）なお同書は大木英夫訳『生きる勇気』（一九九五年初版、平凡社ライブラリー）として文庫化されている。同書の最終章、最後の部分「神を越える神と生きる勇気」を参照されたい。

（9）Gordon Kaufman, *God the Problem*, Cambridge, Mass: Harvard University Press, 1972, p. 86.

（10）*Summa Theologica*, II/II, Q. 1, Art. 2.

（11）神秘主義についてのこの理解に関しては、さらに次の著書を参照されたい。Steven Katz, ed., *Mysticism and Philosophical Analysis*, New York: Oxford University Press, 1978.

【第一〇章】

（1）『パイドン』。

（2）われわれの身体的な感覚器官を通してわれわれに知られる世界。

（3）Jacques Maritain, *The Range of Reason*, London: Geoffrey Bles Ltd., and New York: Charles Scribner's Sons, 1953, p. 60.

（4）Kant, *Critique of Pure Reason*（『純粋理性批判』）、先験的弁証論、「霊魂の存続性に対するメンデルスゾーンの証明の論破」。

（5）Gilbert Ryle, *The Concept of Mind*, London: Hutchinson & Co., Ltd., 1949, and New York: Barnes & Noble Books, 1975（『心の概念』坂本百大他訳、みすず書房）はこの批判の古典的

な言明である。

（6）*Israel*, London: Oxford University Press, 1926, I, 170.

（7）創世記二章七節、詩篇一〇三篇一四節。

（8）コリント人への第一の手紙、一五章。

（9）以下のパラグラフは、*Theology Today*（April, 1960）に所収され、*The Existence of God*, New York: The Macmillan Company, 1964 に転載されたわたしの論文 "Theology and Verification" から、出版社の許可を得て採られている。さらに、本人と本人の生き写しとのあいだの個人の同一性についての最近の議論に関しては、次の著書を参照されたい。Derek Parfitt, *Reasons and Persons*, New York: Oxford University Press, 1985.

（10）コリント人への第一の手紙、一五章三七節。

（11）たとえば、Irenaeus, *Against Heresies*, Book II, chap. 34, para. 1 を参照されたい。

（12）英語の eschatological（終末論的な）はギリシア語の eschaton（終末）からきたことば。

（13）『新約聖書』の中で用いられ、通常「永遠の」とか「永久の」とか訳されるギリシア語 aionios は、この意味か、または、もっと限定された「for the aeon, つまり時代」の意味かの、いずれかを帯びる。

（14）心霊研究学会の過去の会長リストには、哲学者では、ベルクソン（Henri Bergson）、ジェームズ（William James）、ドリーシュ（Hans Driesch）、シジウィック（Henry Sidgwick）、シラー（F. C. S. Schiller）、ブロード（C. D. Broad）、プライス（H. H. Price）、心理学者では、マクドゥーガル（William McDougall）、マーフィー（Gardner Murphy）、プリンス（Franklin

Prince)、トーレス（R. H. Thouless）、物理学者では、クルックス（Sir William Crookes）、ロッジ（Sir Oliver Lodge）、バレット（Sir William Barrett）、レイリー卿（Lord Rayleigh）、そして古典主義者のマレー（Gilbert Murray）の名が含まれている。

（15） J. B. Rhine, *Extrasensory Perception*, Boston: Society for Psychical Research, 1935, Table XLIII, p. 162. さらに Rhine, *New Frontiers of the Mind*, New York: Farrar and Rinehart, Inc., 1937, pp. 69f. も参照されたい。

（16） ESPの証拠に関する最も新しくて、最も包括的な説明、およびその意義に関する徹底的な議論は、Benjamin Wolman, ed., *Handbook of Parapsychology*, New York: Van Nostrand, 1977の中に見出される。さらにロシア人による重要な研究に関しては、L. L. Vasiliev, *Experiments in Distant Influence* (previously *Experiments in Mental Suggestion*, 1963), New York: E. O. Dutton, 1976を参照されたい。

（17） Whately Carrington, *Telepathy*, London: Methuen & Co. Ltd., 1945, chaps. 6-8; H. L. Edge, R. L. Morris, J. H. Rushand, and J. Palmer, *Foundations of Parapsychology*, London: Routledge, 1986も参照されたい。

（18） 一つの有名な例証はチャフィンの遺言例で、たとえば超心理学に関する最良の著書の一冊として知られるC. D. Broad, *Lectures on Psychical Research*, London: Routledge & Kegan Paul Ltd., and New York: Humanities Press, Inc., 1962, pp. 137-139に見られる。

（19） S. G. Soal, "A Report of Some Communications Received through Mrs. Blanche Cooper", sec. 4, *Proceedings of the Society for Psychical Research*, XXXV, pp. 560-589.

(20) F. W. H. Myers, *Human Personality and Its Survival of Bodily Death*, London: Longmans, Green, & Co., 1903, and New Yok: Arno Press, 1975, I, 270-271. これは古典的な著書であるが、いまなお大きな関心を呼んでいる。

(21) 最近の関心の高まりは、Raymond Moody, *Life after Life*, Atlanta: Mockingbird Books, 1975の出版に始まる。この書が引き金になって、彼の別の著書をふくむ幾多の出版物を見るに至った。R. Moody, *Reflections on Life after Life*, New York: Bantam Books, 1977; Karlis Osis and Erlendur Haraldsson, *At the Hour of Death*, New York: Avon Books, 1977; Maurice Rawlings, *Beyond Death's Door*, Nashville: Thomas Nelson, Inc., 1978, and London: Sheldon Press, 1979.

(22) 次の著書を参照されたい。Sylvan Muldoon and Hereward Carrington, *The Phenomena of Astral Projection*, London: Rider, 1951; Robert Crookall, *The Study and Practice of Astral Projection*, London: Aquarian Press, 1961; Celia Green, *Out-of-the-Body Experiences*, London: Hamish Hamilton, 1968; *Journeys Out of the Body*, New York: Doubleday & Co., Inc., 1971, and London: Souvenir Press, 1972; Benjamin Walker, *Beyond the Body*, London: Routledge & Kegan Paul, 1974.

(23) 超心理学についての哲学的議論は、次の著書に見られる。C. D. Broad, *Religion, Philosophy and Psychical Research*, London: Routledge & Kegan Paul, 1953; James Wheatley and Hoyt Edge, eds., *Philosophical Dimensions of Parapsychology*, Springfield, Ill.: C. Thomas, 1976; Shivesh Thakur, ed., *Philosophy and Psychical Research*, New York: Humanities Press,

1976; Jan Ludwich, ed., *Philosophy and Parapsychology*, Prometheus, 1978; Stephen Braude, *ESP and Psychokinesis: A Philosophical Examination*, Philadelphia: Temple University Press, 1980.

【第一一章】

（1） このような事例について論じ、報告した一つの広範囲な文献がある。最も科学的に価値の高いものはスティヴンソン教授のものである。Ian Stevenson: *Twenty Cases Suggestive of Reincarnation*, 2nd ed., Charlottesville: University of Virginia Press, 1974; *Cases of the Reincarnation Type*, Vol. I: *Ten Cases in India*, Vol. II: *Ten Cases in Sri Lanka*, and Vol. III: *Twelve Cases in Lebanon and Turkey*, Charlottesville: University of Virginia Press, 1975–1979.

（2） Suryanarayana Sastri, "The Doctrine of Reincarnation in Educational Work", *Indian Philosophical Annual*, 1965, p. 165. 一般的にいって、生まれかわりについてのヒンドゥ教的、仏教的考え方に関しては、次の文献を参照されたい。Wendy Doniger O'Flaherty, ed., *Karma and Rebirth in Classical Indian Traditions*, Berkeley: University of California Press, 1980.

（3） C. D. Broad, *The Mind and Its Place in Nature*, London: Routledge & Kegan Paul Ltd., 1925, and New York: Humanities Press, 1976, pp. 536 ff.

（4） *Ibid*., p. 551.

（5） J. C. Jennings, *The Vedāntic Buddhism of the Buddha*, London: Oxford University Press, 1948.

さらに研究するひとのために

宗教の本性に関して

Wilfred Cantwell Smith, *The Meaning and End of Religion*, 1962, new ed. New York: Harper & Row, and London: Sheldon Press, 1978.

有神論的論証に関して

Richard Swinburne, *The Existence of God*, New York: Oxford University Press, 1979.

啓示の観念に関して

H. Richard Niebuhr, *The Meaning of Revelation*, New York: Macmillan Publishing Co., Inc., 1941.

悪の問題に関して

JOHN HICK, *Evil and the God of Love*, 2nd ed. London: Macmillan & Company, Ltd., and New York: Harper & Row, 1978. (Reissued, Macmillan, 1987.)

EDWARD MADDEN AND PETER HARE, *Evil and the Concept of God*, Springfield, Ill.: Charles C. Thomas, 1968.

死と不死に関して

JOHN HICK, *Death and Eternal Life*, London: Collins, and New York: Harper & Row, 1976. (Reissued, Macmillan, 1987.)

PAUL AND LINDA BADHAM, *Immortality or Extinction?*, London: Macmillan & Company, Ltd., and New York: Barnes & Noble, 1982.

宗教間のかかわりに関して

WILFRED CANTWELL SMITH, *Towards a World Theology*, London: Macmillan & Company, Ltd., and Philadelphia: Westminster Press, 1981.

JOHN HICK, *An Interpretation of Religion*, New Haven: Yale University Press, and London: Macmillan, 1989.

訳者あとがき

宗教の哲学は、伝統的には特定の宗教の立場に立っての、その宗教的信念に対する哲学的擁護であった。したがって、伝統的な宗教の哲学は、いわば特定宗教のための御用機関であった。たとえば、キリスト教の伝統で言えば、宗教の哲学は組織神学の一部門に組み込まれ、キリスト教的信念に対する哲学的な擁護としての弁証論であった。

現代における宗教の哲学はそうではない。現代における宗教の哲学は〈宗教について哲学的に思考する〉という主張のゆえに、特定宗教の教えのための御用機関ではない。それは特定宗教の立場に立って弁証論を行うべきものではないのであるから、神学あるいは教学の一部門ではなく、まさしく哲学の一部門なのである。事実、現代における宗教哲学のめざましい発展は、言語分析という現代の哲学運動の内部で生じてきたものなのである。

本書（ジョン・ヒック『宗教の哲学』第四版、一九九〇年）は、そうした現代の哲学世界の動向をふまえつつ、哲学や宗教学をこころざす真摯な学生たちのために書き続けられてきたテキストである。それは英語圏における最も標準的な、最もすぐれた、宗教哲学のテキストとして好評を博している。

著者ジョン・ヒックは一九二二年、英国スカーボロで生まれた。ケンブリッジ大学をはじめとして、英米の多くの大学で哲学、神学、宗教哲学を担当した。一九八六―八七年には英国エディンバラ大学にて神学・宗教学のノーベル賞ともいわれるギフォード・レクチャーを担当し、その成果は、この分野における現代最高の著書として（『宗教の解釈――超越者に対する人間の応答――』）一九八九年、ロンドン・マクミラン社から出版されている。

ギフォード・レクチャーの大任を果たすと、その後、二度にわたり来日。最初の来日（一九八七年）では比較思想学会（於大正大学）、国際シンポジウム「アジア太平洋文化の歴史と展望」（於天理大学）、慶應義塾大学、立教大学、京都大学、花園大学、龍谷大学で講演した。二度目の来日（一九八九年）では国際宗教・超心理学会（於東京・砂防会館）および慶應義塾大学で講演し、多くの日本人の学者、研究者と交流を深めた。一九九二年古希を迎えると教鞭からは退き、英国バーミンガムの郊外、セリオークで著述に勤しんでいる（追記。二〇一二年二月九日逝去。享年九〇）。

本書は、宗教について哲学的に思考する立場を貫いて、神論、神義論、宗教認識論、宗教言語論、宗教多元論等を扱っているが、中でも最も新しい議論は、第六章の「証拠主義・基礎づけ主義・合理的信念」である。ここには現代における分析哲学一般の動向が色濃く反映されている。

英米の経験主義の伝統の中では、感覚的経験から得られる証拠に基づいた明確な論証が重んじられてきた。このような手続きによって、真理の合理性が正当化できると考えられたのである。しかしながら、証拠に基づいて論証を正当化していく手続きはいったいどこまでさかのぼっていけばよいのであろうか。究極のところまでさかのぼっていけば、最終的にはわれわれが経験する外界の実在をそのまま信じ、受け入れなくてはならないのではないのか。否、受け入れないことはむしろ不合理なのではないのか。「証拠に基づく論証」というこれまでの経験主義で常識となっていた合理性の概念には、実は再考の余地があるのだ。(このあたりの議論は、大陸哲学で言えば、現象学のアプローチに比較しうる)

そして、このような合理性についての新しい理解は、感覚的経験の世界のみならず、宗教的経験の世界についても言えることである。神を信じ、そのような仕方で世界を経験している人々の生き方は、そのこと自体が合理的なのである。著者ヒックはこういった近年の、特に八〇年代以降のプランティンガやオールストン等の宗教的経験についての認識論

――カルヴァン主義の伝統から出てきていることから、しばしばリフォームド認識論の名で呼ばれる――を紹介したあと、これを宗教多元主義の議論（本書第九章）へとつなげていく。つまり、キリスト教的有神論について展開されてきた「証拠に基づかない合理性」の議論は、他宗教についても言えることではないのか。もしそうだとすれば、宗教多元主義の論理も十分な合理性をもって主張できるはずだ。これが彼の議論のあらかたの要点なのである。この戦略が成功しているかどうか、興味のあるところであるが、この点の吟味は読者一人一人に委ねられている。

宗教多元主義に関するヒックの著書は、すでに次の四冊（四はポール・ニッターとの共編著）が訳出されている。

一『神は多くの名前をもつ――新しい宗教的多元論――』間瀬訳、岩波書店、一九八六年
二『もうひとつのキリスト教――多元主義的宗教理解――』間瀬・渡部共訳、日本基督教団出版局、一九八九年
三『宗教多元主義――宗教理解のパラダイム変換――』間瀬訳、法藏館、一九九〇年
四『キリスト教の絶対性を超えて――宗教的多元主義の神学――』八木・樋口共訳、

春秋社、一九九三年

（追記――その後、邦訳出版されたヒックの著書を記しておきたい）

一 『宗教がつくる虹――宗教多元主義と現代――』間瀬訳、岩波書店、一九九七年

二 『宗教多元主義への道――メタファーとして読む神の受肉――』間瀬・本多峰子共訳、玉川大学出版部、一九九九年

三 『魂の探求――霊性に導かれる生き方――』林陽訳、徳間書店、二〇〇〇年

四 『ジョン・ヒック自伝――宗教多元主義の実践と創造――』間瀬ほか共訳、トランスビュー、二〇〇六年

五 『増補新版 宗教多元主義――宗教理解のパラダイム変換――』間瀬訳、法藏館、二〇〇八年

六 『人はいかにして神と出会うか――宗教多元主義から脳科学への応答――』間瀬・稲田実共訳、法藏館、二〇一一年

七 『神とはいったい何ものか――次世代のキリスト教――』若林裕訳、新教出版社、二〇一四年

これらの著書に一貫している課題は、宗教の多元性が存するという事実を宗教的観点か

らどのように理解すべきか、という点である。一般に宗教者たちは自分の生まれ育った宗教的伝統だけを真であり、それ以外のどれも程度の差こそあれ偽である、と想定している。しかし、そのような想定は明らかに任意にすぎて、容認しがたい。そこで、これに代わりうるものが、究極的に同一の〈神的実在〉に対する宗教的覚知と応答とを具体化しているものとしての、諸宗教についての多元主義的なヴィジョンである。このヴィジョンの展開が、先に紹介したギフォード・レクチャーの主内容であった。宗教的伝統の多元性に対する宗教的観点からの一般的な解釈は、〈宗教多元主義の哲学〉として、現在、欧米の神学界あるいは宗教学界において一層強く注目されている。

本書の訳出に際しては、哲学や宗教学をこころざす学生たちを念頭において、できるだけ読みやすいものにしようと心掛けた。その狙いを果たすために、慶應義塾大学研究生の矢嶋直規君（現在、国際基督教大学教授）に訳文の通読をおねがいした。英語表現に関しては、慶應義塾大学助教授の鈴木五郎氏（現在、同大学名誉教授）にご教示をおねがいした。出版に際しては、勁草書房編集部の富岡勝氏にひとかたならぬお世話になった。合わせて感謝の意を記しておきたい。

一九九四年春

間瀬啓允
稲垣久和

ちくま学芸文庫版訳者あとがき

本書は宗教哲学のテキストとしてもっとも標準的な、もっとも優れたテキストとして広く読み継がれている書物である。このたび文庫に収録されて、誰からも手軽に読んでもらえるようになったことはまことに喜ばしい。訳者としては望外の喜びである。

まずは本書の著者ジョン・ヒック（以後、「先生」とお呼びする）の足跡を、ここに思い出すままに記してみたい。

二〇一二年一月中頃、先生の「卒寿記念論文集」が手元に届いた。表題は『宗教多元主義と現代世界』、寄稿者は日本でもよく知られているポール・ニッター、アラン・レース、ギャビン・ドゥコスタを含んで計一九名。ブックカバーには私の短い推薦文が載っている。「先生の多元主義的宗教理解は日本人にも少なからぬ影響を及ぼしている。日本の代表的なキリスト教文学者、遠藤周作もその一人である。晩年の小説『深い河』のテーマは宗教多元主義であった。日本ではキリスト者のみならず仏教者にも先生の影響はみられる。宗教多元主義が世界の平和構築のための基礎理論となりうるからである」。このブックカバーには書斎でにこやかに微笑む先生の写真が掲載されている。その穏やかな表情には健やかに迎える卒寿の喜びが漂っている。

それから数日後、正確には一月二〇日付けで、先生からのメールが届いた。知人・友人たちに宛てた先生の「卒寿記念レター」である。「妻ヘーゼルに先立たれてから一六年になるが、ガンにも認知症にも罹ることなく、元気でいられることを幸せに思う。ただ慢性化した腰部脊柱管狭窄症で電動椅子の世話になっている。また年相応に老眼鏡と補聴器の助けも借りている」と近況を伝え、正直にご自身の半生を振り返っておられる。

先生はエディンバラ大学とオックスフォード大学で哲学を修め、ケンブリッジのウェストミンスター神学院で神学を修めて長老派教会の牧師になった。その在任中にコーネル大学から招聘があって渡米。コーネル大学で宗教哲学を講じ、さらに名門プリンストン神学校でも教えた。米国から帰ると、しばらくの間、ケンブリッジ大学で教えたが、その後はバーミンガム大学の神学部に腰をすえ、キリスト教倫理と宗教哲学を講じた。この在職期間中に先生は「多-信仰」(multi-faith) のための奉仕活動に従事され、ヒンドゥー教、シーク教、イスラーム教、仏教の信者たちと親しく交流された。そして宗教を多元的に理解されるようになり、その実践の成果を「メタファーとして読む神の受肉」「宗教の相容れない真理の主張について」等々、多数の論考を介して、宗教多元主義への道を拓いていかれた。しかし、この道はけっして易しいものではなかった。論争のさなかで「反キリスト教徒」「無神論者」「多神教徒」「軽率なポストモダニスト」等々と酷評され、異端視された。教会の保守陣営から激しく攻撃されながらも、先生は良心的キリスト者として「多ー信仰」のための奉仕活動を続けられた。この活動のさなかで、先生は「多ー宗教」(multi-religion)の情報源としての「まちの図書館」作り、多ー人種・多ー民族の集う地域の「コミュニティ・センター」の設立に尽力され、宗教多元主義の理論を実践的に構築されていった。さらに、その後、教職最後の一〇年間、再び渡米してロサンゼルス近郊にあるクレアモント大学院大学で宗教哲学を教えられたが、古希を迎えた一九九二年に教職を辞して帰国。以来、バーミンガム大学に近い閑静な住まいで書物に囲まれ、読書に、執筆にと、悠々自適な生活を過ごされた。

先生の著書は、編著も含めると二七冊を数えるが、中でも本書の『宗教の哲学』は四版を重ね、標準的なテキストとして、広く世界の大学で読み継がれている。また有名なギフォード・レクチャーを収録した『宗教の解釈』は、時代に即した重要な宗教研究書としてグレヴィマイヤー賞を受賞している。先生の知的関心は宗教認識論・神義論・キリスト論・終末論・世界宗教・神秘主義・宗教体験の脳科学への関わりにまで、広範囲にわたっているが、もっとも広く知られているのは後半期における業績によってである。この間に先生は、どの世界宗教も「真なる実在者」(the Real)と呼ぶところの言語を絶した超越的実在に対しての、さまざまに異なる形での、真なる応答に他ならないとする宗教理解を示された。これが「宗教多元主義」の主張である。ちなみに言えば、遠藤周作が晩年の小説『深い河』の創作にあたって強く心を惹かれたのが、この主張にほかならない。遠藤の「『深い河』創作日記」には、「(遠藤が東京のある書店に入り、ある本と出会う。それが)ヒックの『宗教多元主義』だった。これは偶然というよりまるで私の意識下が探り求めていたものがその本を呼んだというべきであろう。……ヒックは基督教神学者でありながら世界の各宗教は同じ神を違った道、文化、象徴で求めていると述べ、基督教が第二公会議以後、他宗教との対話と言いながら結局他宗教を基督教のなかに包括する方向にあると批判している。そして本当の宗教の多元主義はイエスをキリストとする神学をやめ、つまりイエスの受肉の問題と三位一体の問題にメスを入れるべきだと敢然として言っているのである。」と記されている。

遠藤の小説『深い河』では、カトリックの司祭になるために勉強しつつも伝統的な信仰には馴染めず、はみ出て行くので、教会からは受け入れられないでいる大津という若者によって、宗教多元主義のテーマが描かれている。先生による遠藤への言及は、先生の『自伝』第二四章「東洋仏教と出会う」の終わりの部分で読むことができるが、この章の始めには、「日本の仏教者たちとの対話」が克明に記されている。例えば、京都の東福寺に老師を訪ね、僧院の窓越しに木々の緑を見やりながら、老師が達した悟りについて尋ねている。老師はしばし沈黙を保ち、やがて窓越しに、身振りで示して、ポツリと言う。「私はこの全ての一部となった」。古松は般若(はんにゃ)を談ずという禅問答なのだろうか。石庭で有名な龍安寺の老師にも会い、般若を談じ合っている。

二〇一二年二月八日、ご家族から先生の入院の知らせが届いた。「内臓複合機能疾患で入院。一時は危篤状態だったが、入院二日後の今朝はトーストを食べたいと言うほどに回復の兆しをみせている」。しかしその後、病状が急変したようだ。二日後、悲しい知らせが届いた。「ジョンは、昨夕、息子ピーターの腕の中で安らかに永眠しました。葬儀については追ってお知らせします」。五日後、葬儀の知らせが届いた。

「葬儀は二月二〇日、ロッジ・ヒル火葬場で行います。不便な場所ですから、ご参加は無理かと思われます。日を改めて記念会を催すつもりです。……献花をお捧げくださる皆さまには、その分をアムネスティ・インターナショナルに、ジョン・ヒックの名前でお捧げください。父は人権擁護と言論・信教の自由のために戦う良心的運動家でしたから」。享年九〇。理論家であり、実践家でもあった先生の面影が偲(しの)ばれる。

私たちは大きな人物を失った。けれども、大きな足跡が残されている。宗教哲学・神学・宗教研究の領域で、その足跡は大きい。ちなみに言えば、その足跡は、現にバーミンガム大学の高等研究機関である「ジョン・ヒック宗教哲学研究所」（The John Hick Centre for Philosophy of Religion）を拠点に、全世界に広がっている。

二〇一九年九月

間瀬啓允

ちくま学芸文庫

宗教(しゅうきょう)の哲学(てつがく)

二〇一九年十二月十日　第一刷発行

著者　ジョン・ヒック

訳者　間瀬啓允（ませ・ひろまさ）
　　　稲垣久和（いながき・ひさかず）

発行者　喜入冬子

発行所　株式会社　筑摩書房
東京都台東区蔵前二―五―三　〒一一一―八七五五
電話番号　〇三―五六八七―二六〇一（代表）

装幀者　安野光雅

印刷所　大日本法令印刷株式会社

製本所　株式会社積信堂

ISBN978-4-480-09954-9 C0114

文語訳聖書を読む　鈴木範久

明治期以来、多くの人々に愛読されてきた文語訳聖書。名句の数々とともに、日本人の精神生活と表現世界を豊かにした所以に迫る。文庫オリジナル。

ローマ教皇史　鈴木宣明

二千年以上、全世界に影響を与え続けてきたカトリック教会。その組織的中核である歴代のローマ教皇に沿って、キリスト教全史を読む。（藤崎衛）

空海入門　竹内信夫

空海が生涯をかけて探求したものとは何か――。稀有な個性への深い共感を基に、著作の入念な解釈と現地調査によってその真実へ迫った画期的入門書。

釈尊の生涯　高楠順次郎

世界的仏教学者による釈迦の伝記。パーリ語経典や漢訳仏伝等に依拠し、人間としての釈迦の姿を生き生きと描き出す。貴重な図版多数収録。（石上和敬）

原始仏典　中村元

釈尊の教えを最も忠実に伝える原始仏教の諸経典の数々。そこから、最重要な教えを選りすぐり、極めて平明な注釈で解く。（宮元啓一）

原典訳　原始仏典(上)　中村元編

原パーリ文の主要な聖典を読みやすい現代語訳で。上巻には「偉大なる死」（大パリニッバーナ経）「本生経」「長老の詩」などを抄録。

原典訳　原始仏典(下)　中村元編

下巻には「長老尼の詩」「アヴァダーナ」「百五十讃」「ナーガーナンダ」などを収める。ブッダのことばに触れることのできる最良のアンソロジー。

ほとけの姿　西村公朝

ほとけとは何か。どんな姿で何処にいるのか。千体を超す国宝仏の修復、仏像彫刻家、僧侶として活躍した著者ならではの絵解き仏教入門。（大成栄子）

選択本願念仏集　法然
石上善應訳・注・解説

全ての衆生を救わんと発願した法然は、ついに、念仏すれば必ず成仏できるという専修念仏を創造し、本書を著した。菩薩魂に貫かれた珠玉の書。

空海コレクション3 秘密曼荼羅十住心論(上) 福田亮成校訂・訳

日本仏教史上最も雄大な思想書。無明の世界から抜け出すための光明の道を、心の十の発展段階（十住心）として展開する。上巻は第五住心までを収録。

空海コレクション4 秘密曼荼羅十住心論(下) 福田亮成校訂・訳

下巻は、大乗仏教から密教へ。第六住心の唯識、第七中観、第八天台、第九華厳を経て、第十の法身大日如来の真実をさとる真言密教の奥義までを収録。

鎌倉仏教 佐藤弘夫

宗教とは何か。それは信念をいかに生きるかということだ。法然・親鸞・道元・日蓮らの足跡をたどり、鎌倉仏教を「生きた宗教」として鮮やかに捉える。

観無量寿経 佐藤春夫訳・注 石田充之解説

我が子に命狙われる「王舎城の悲劇」で有名な浄土仏教の根本経典。思い通りに生きることのできない我々を救う究極の教えを、名訳で読む。（阿満利麿）

大乗とは何か 三枝充悳

仏教が世界宗教としての地位を得たのは大乗仏教においてである。重要経典・般若経の成立など諸考察を収めた本書は、仏教への格好の入門書となろう。

道教とはなにか 坂出祥伸

「道教がわかれば、中国がわかる」と魯迅は言った。伝統宗教として現在でも民衆に根強く崇拝されている道教の全貌とその究極的真理を詳らかにする。

増補 日蓮入門 末木文美士

多面的な思想家、日蓮。権力に挑む宗教家、内省的な理論家、大らかな夢想家など、人柄に触れつつ遺文を読解き、思想世界を探る。（花野充道）

反・仏教学 末木文美士

人間は本来的に、公共の秩序に収まらないものを抱えた存在だ。〈人間〉の領域＝倫理を超えた他者／死者との関わりを、仏教の視座から問う。

禅に生きる 鈴木大拙コレクション 鈴木大拙 守屋友江編訳

静的なイメージで語られることの多い大拙。しかし彼の仏教は、この世をよりよく生きていく力を与えるアクティブなものだった。その全貌に迫る著作選。

世界宗教史2
ミルチア・エリアーデ
松村一男訳
20世紀最大の宗教学者のライフワーク。本巻はヴェーダの宗教、ゼウスとオリュンポスの神々、ディオニュソス信仰等を収める。（荒木美智雄）

世界宗教史3
ミルチア・エリアーデ
島田裕巳訳
仰韶、竜山文化から孔子、老子までの古代中国の宗教と、バラモン、ヒンドゥー、仏陀とその時代、オルフェウスの神話、ヘレニズム文化などを考察。

世界宗教史4
ミルチア・エリアーデ
柴田史子訳
ナーガールジュナまでの仏教の歴史とジャイナ教から、ヒンドゥー教の総合、ユダヤ教の試練、キリスト教の誕生などを収録。（島田裕巳）

世界宗教史5
ミルチア・エリアーデ
鶴岡賀雄訳
古代ユーラシア大陸の宗教、八—九世紀までのキリスト教、ムハンマドとイスラーム、イスラームと神秘主義、ハシディズムまでのユダヤ教など。

世界宗教史6
ミルチア・エリアーデ
鶴岡賀雄訳
中世後期から宗教改革前夜までのヨーロッパの宗教運動、宗教改革前後における宗教、魔術、ヘルメス主義の伝統、チベットの諸宗教を収録。

世界宗教史7
ミルチア・エリアーデ
奥山倫明／木塚隆志／深澤英隆訳
エリアーデ没後、同僚や弟子たちによって完成された最終巻の前半部。メソアメリカ、インドネシア、オセアニア、オーストラリアなどの宗教。

世界宗教史8
ミルチア・エリアーデ
奥山倫明／木塚隆志／深澤英隆訳
西・中央アフリカ、南・北アメリカの宗教、日本の神道と民俗宗教。啓蒙期以降ヨーロッパの宗教的創造性と世俗化などを収録。全8巻完結。

シャーマニズム（上）
ミルチア・エリアーデ
堀一郎訳
二〇世紀前半までの民族誌的資料に依拠し、宗教史学の立場から構築されたシャーマニズム研究の金字塔。エリアーデの代表的著作のひとつ。

シャーマニズム（下）
ミルチア・エリアーデ
堀一郎訳
宇宙論的・象徴論的概念を提示した解釈は、霊魂の離脱（エクスタシー）という神話的な人間理解として現在も我々の想像力を刺激する。（奥山倫明）

無量寿経　阿満利麿注解

なぜ阿弥陀仏の名を称えるだけで救われるのか。法然や親鸞がその理解に心血を注いだ経典の本質を、懇切丁寧に説き明かす。文庫オリジナル。

道元禅師の『典座教訓』を読む　秋月龍珉

「食」における禅の心とはなにか。道元が禅寺の食事係である典座の心構えを説いた一書を現代人の日常の視点で読み解き、禅の核心に迫る。（竹村牧男）

原典訳 アヴェスター　伊藤義教訳

ゾロアスター教の聖典『アヴェスター』から最重要部分を精選。原典から訳出した唯一の邦訳である。比較思想に欠かせない必携書。（前田耕作）

書き換えられた聖書　バート・D・アーマン　松田和也訳

キリスト教の正典、新約聖書。聖書研究の大家がそこに含まれる数々の改竄・誤謬を指摘し、書き換えられた背景とその原初の姿に迫る。（筒井賢治）

カトリックの信仰　岩下壮一

神の知恵への人間の参与とは何か。近代日本カトリシズムの指導者・岩下壮一が公教要理を詳説し、キリスト教の精髄を明かした名著。（稲垣良典）

十牛図　上田閑照　柳田聖山

禅の古典「十牛図」を手引きに、自己と他、自然と人間、自身への関わりを通し、真の自己への道を探る。現代語訳と詳注を併録。（西村惠信）

原典訳 ウパニシャッド　岩本裕編訳

インド思想の根幹であり後の思想の源ともなったウパニシャッド。本書では主要篇を抜粋、梵我一如、輪廻・業・解脱の思想を浮き彫りにする。（立川武蔵）

世界宗教史（全8巻）　ミルチア・エリアーデ

宗教現象の史的展開を膨大な資料を博捜し著された人類の壮大な精神史。エリアーデの遺志にそって共同執筆された諸地域の宗教の巻を含む。

世界宗教史1　ミルチア・エリアーデ　中村恭子訳

人類の原初の宗教的営みに始まり、メソポタミア、古代エジプト、インダス川流域、ヒッタイト、地中海地域、初期イスラエルの諸宗教を収める。

向う岸からの世界史　良知力

「歴史なき民」こそが歴史の担い手であり、革命の主体であった。著者の思想史から社会史への転換点を示す記念碑的作品。（阿部謹也）

増補 魔都上海　劉建輝

摩天楼、租界、アヘン。近代日本が耽溺し利用し侵略した街。驚異的発展の後なお郷愁をかき立ててやまない上海の歴史の魔力に迫る。（海野弘）

子どもたちに語るヨーロッパ史　ジャック・ル・ゴフ　前田耕作監訳　川崎万里訳

歴史学の泰斗が若い人に贈る、とびきりの入門書。地理的要件や歴史、とくに中世史を、たくさんのエピソードとともに語った魅力あふれる一冊。

隊商都市　ミカエル・ロストフツェフ　青柳正規訳

通商交易で繁栄した古代オリエント都市のペトラ、パルミュラなどの遺跡に立ち、往時に思いを馳せたロマン溢れる歴史紀行の古典的名著。（前田耕作）

法然の衝撃　阿満利麿

法然こそ日本仏教を代表する巨人であり、ラディカルな革命家だった。鎮魂慰霊を超えて救済の原理を指し示した思想の本質に迫る。

親鸞・普遍への道　阿満利麿

絶対他力の思想はなぜ、どのように誕生したのか。日本の精神風土と切り結びつつ普遍的救済への回路を開いた親鸞の思想の本質に迫る。（西谷修）

歎異抄　阿満利麿訳／注／解説

没後七五〇年を経てなお私たちの心を捉える、親鸞の言葉。わかりやすい注と現代語訳、今どう読んだらよいか道標を示す懇切な解説付きの決定版。

親鸞からの手紙　阿満利麿

現存する親鸞の手紙全42通を年月順に編纂し、現代語訳と解説で構成。これにより、親鸞の人間的苦悩と宗教的深化が、鮮明に現代に立ち現れる。

行動する仏教　阿満利麿

戦争、貧富の差、放射能の恐怖……。このどうしようもない世の中ででも、絶望せずに生きてゆける、21世紀にふさわしい新たな仏教の提案。

バクトリア王国の興亡　前田耕作
ゾロアスター教が生まれ、のちにヘレニズムが開花したバクトリア。様々な民族・宗教が交わるこの地に栄えた王国の歴史を描く唯一無二の概説書。

ディスコルシ　ニッコロ・マキァヴェッリ　永井三明訳
ローマ帝国はなぜあれほどまでに繁栄しえたのか。その鍵は〝ヴィルトゥ〟。パワー・ポリティクスの教祖が、したたかに歴史を解読する。

戦争の技術　ニッコロ・マキァヴェッリ　服部文彦訳
出版されるや否や各国語に翻訳された最強にして安全な軍隊の作り方。この理念により創設された新生フィレンツェ軍は一五〇九年、ピサを奪回する。

マクニール世界史講義　ウィリアム・H・マクニール　北川知子訳
ベストセラー『世界史』の著者が人類の歴史を読み解くための三つの視点を易しく語る白熱の入門講義。本物の歴史感覚を学べます。文庫オリジナル。

古代ローマ旅行ガイド　フィリップ・マティザック　安原和見訳
タイムスリップして古代ローマを訪れるなら？　そんな想定で作られた前代未聞のトラベル・ガイド。必見の名所・娯楽ほか情報満載。カラー頁多数。

古代アテネ旅行ガイド　フィリップ・マティザック　安原和見訳
古代ギリシャに旅行できるなら何を観て何を食べる？　そうだソクラテスにも会ってみよう！　神殿等の名所・娯楽ほか現地情報満載。カラー図版多数。

アレクサンドロスとオリュンピアス　森谷公俊
彼女は怪しい密儀に没頭し、残忍に邪魔者を殺す悪女なのか、息子を陰で支え続けた賢母なのか。大王母の激動の生涯を追う。（澤田典子）

古代地中海世界の歴史　本村凌二　中村るい
メソポタミア、エジプト、ギリシア、ローマ――古代に花開き、密接な交流や抗争をくり広げた文明を一望に見渡し、歴史の躍動を大きくつかむ！

増補　十字軍の思想　山内進
欧米社会にいまなお色濃く影を落とす「十字軍」の思想。人々を聖なる戦争へと駆り立てるものとは？その歴史を辿り、キリスト教世界の深層に迫る。

本書は一九九四年一月、勁草書房より刊行された。

索　引

ア　行

カ　行

サ　行

タ　行

ナ　行

ハ　行

マ　行

ヤ　行

ラ　行